本书得到国家哲学社会科学规划重点项目"完善我国防控腐败的系统制度研究"（13AZZ007）和浙江省哲学社会科学重点研究基地浙江财经大学政府管制与公共政策研究中心资助

政府管制研究系列文库

The Research Archive on Regulation

传统政府治理与
监管模式下的公务腐败

——对腐败发生"动力—压力—能力"的制度分析

Official Corruption in Traditional Governance
and Supervision Model

郭剑鸣 著

中国社会科学出版社

图书在版编目（CIP）数据

传统政府治理与监管模式下的公务腐败：对腐败发生"动力—压力—能力"的制度分析/郭剑鸣著．—北京：中国社会科学出版社，2017.8

（政府管制研究系列文库）

ISBN 978 - 7 - 5203 - 0175 - 6

Ⅰ．①传…　Ⅱ．①郭…　Ⅲ．①职务犯罪—预防犯罪—研究—中国　Ⅳ．①D924.304

中国版本图书馆 CIP 数据核字（2017）第 080880 号

出 版 人	赵剑英
责任编辑	卢小生
责任校对	周晓东
责任印制	王 超

出　　版	中国社会科学出版社
社　　址	北京鼓楼西大街甲 158 号
邮　　编	100720
网　　址	http：//www.csspw.cn
发 行 部	010 - 84083685
门 市 部	010 - 84029450
经　　销	新华书店及其他书店
印　　刷	北京明恒达印务有限公司
装　　订	廊坊市广阳区广增装订厂
版　　次	2017 年 8 月第 1 版
印　　次	2017 年 8 月第 1 次印刷
开　　本	710×1000　1/16
印　　张	17.75
插　　页	2
字　　数	292 千字
定　　价	80.00 元

凡购买中国社会科学出版社图书，如有质量问题请与本社营销中心联系调换
电话：010 - 84083683

总　序

管制是英文 Regulation 的翻译，通常被译为"管制"、"规制"或者"监管"。在学术界，国内学者翻译国外论著和自己撰写论著时，同时使用"管制"或"规制"，两者不存在实质性的区别；而实际部门广泛使用的"监管"则可分为狭义监管与广义监管，其中，狭义监管概念和范围基本等同于"管制"，而广义监管通常被理解和分拆为"监督与管理"，等同于一般的行政管理。因此，凡是政府机关的所有行政监督与管理行为都被泛称为监管。笔者认为，被泛化的广义监管是对管制的误解。这是因为，管制不同于一般的行政管理。首先，从对象上看，行政管理发生在政府部门内部，其管理对象主要是政府部门的下级（下属）单位；而管制的对象则不是政府的下级（下属）单位，而是独立的市场主体（企业和个人）。其次，从主体与客体的相互关系看，行政管理是政府部门与政府部门的关系，主体和客体之间往往是上下级关系，并不是完全独立的；而管制实际上是政府与市场主体（企业和个人）的关系，其主体与客体之间是完全独立的。最后，从手段上看，行政管理可以依靠（主观的）行政命令来直接控制下级（下属）单位；而管制主要依靠（客观的）法律来规范和约束经济上、法律上独立的市场主体。

尽管不少国内外学者对管制有不同的定义，但不难发现管制至少具有这样几个构成要素：（1）管制的主体（管制者）是政府行政机关（简称政府），通过立法或其他形式对管制者授予管制权。（2）管制的客体（被管制者）是各种经济主体（主要是企业）。（3）管制的主要依据和手段是各种法规（或制度），明确规定限制被管制者的什么决策、如何限制以及被管制者违反法规将受到的制裁。根据这三个基本要素，管制可定义为：具有法律地位的、相对独立的管制者（机构），依照一定的法规对被管制者（主要是企业）所采取的一系列行政管理与监督行为。由于管制的主体是政府，所以管制也被称为政府管制。

管制经济学是一门新兴学科。虽然在20世纪70年代以前，经济发达国家的许多学者就发表了不少有关价格管制、投资管制、进入管制、食品与药品管制、反托拉斯管制等方面的论著，但这些论著各自在较小的领域就特定的对象进行研究，缺乏相互联系；而且，运用经济学原理研究政府管制的论著更是少见。到了20世纪70年代，一些学者开始重视从经济学角度研究政府管制问题，并试图将已有的研究成果加以系统化，从而初步产生了管制经济学。其中，美国经济学家施蒂格勒发表的《经济管制论》等经典论文对管制经济学的形成产生了特别重要的影响。20世纪80年代以来，美国、英国和日本等经济发达国家对一些垄断产业的政府管制体制进行了重大改革，并加强了对环境保护、产品质量与安全、卫生健康方面的管制。这些都为管制经济学的研究提供了丰富的实证资料，从而推动管制经济学的发展。

政府管制的研究内容比较广泛，但大致可以归纳为经济性管制、社会性管制和反垄断管制三大领域。其中，经济性管制领域主要包括那些存在自然垄断和信息严重不对称的产业，其典型产业包括有线通信、电力、铁路运输、城市自来水和污水处理、管道燃气、金融保险业等产业。社会性管制的内容非常丰富，通常可以把社会性管制分为卫生健康、安全和环境保护三个方面，因此又可以把社会性管制简称为 HSE 管制（Health, Safety and Environmental Regulation）。反垄断管制是一个具有相对独立的研究领域，其主要研究对象是竞争性领域中具有市场垄断势力企业的各种限制竞争行为，主要包括合谋、并购和滥用支配地位行为。

管制经济学是以经济学原理研究政府管制科学性的一门应用性、边缘性学科。从管制经济学产生和发展的过程看，它是因实践的需要而产生与发展的，其理论研究紧密结合现实经济实际，为政府制定与实施管制政策提供了理论依据和实证资料，其研究带有明显的政策导向性，显示出应用性学科的性质。同时，管制经济学涉及经济、政治、法律、行政管理等方面的内容，这又决定了管制经济学是一门边缘性学科。

经济学是管制经济学的基础性学科。这是因为，管制经济学不仅要研究政府管制本身的需求与供给，包括需求强度和供给能力，而且要分析政府管制的成本与收益，通过成本与收益的比较，以确定某一政府管制的必要性。同时，管制政策的制定与实施也要以经济学原理为依据，如经济性管制的核心内容是进入管制与价格管制，进入管制政策的制定与实施要以规模经济、范围经济、垄断与竞争等经济理论为重要依据，以在特定产业或领域形成规模经济与竞争活力相兼容的有效竞争格局；而价格管制政策的制定则以成本与收益、需求与供给等经济理论为主要依据。对每一项社会性管制活动都要运用经济学原理，进行成本与收益分析，论证管制活动的可行性和经济合理性。

行政管理学与管制经济学具有直接的联系。因为管制的基本手段是行政手段，管制者可以依法强制被管制者执行有关法规，对他们实行行政监督。但是，任何管制活动都必须按照法定的行政程序进行，以避免管制活动的随意性。这就决定了管制经济学需要运用行政管理学的基本理论与方法，以提高管制的科学性与管制效率。

政治学是与管制经济学密切相关的一门学科，从某种意义上讲，管制行为本身就是一种政治行为，任何一项管制政策的制定与实施都体现着各级政府的政治倾向，在相当程度上包含着政治因素。事实上，管制一直是发达国家政治学研究的一个重要内容，管制是与政治家寻求政治目的有关的政治过程。

法学与管制经济学也紧密相关。这是因为，管制者必须有一定的法律授权，取得法律地位，明确其权力和职责；同时，管制的基本依据是有关法律规定和行政程序，管制机构的行为应受到法律监督和司法控制。这就使管制经济学与法学存在必然联系。

管理学与管制经济学也有较大的联系。管制者与被管制者之间通常存在着较为严重的信息不对称性，管制者如何引导被管制者尽可能地采取有利于社会公众利益的行为，这是一个复杂的多重博弈过程，要求管制者必须掌握管理学知识，具有较强的管理能力。

管制经济学的这种边缘性学科性质，需要学者进行跨学科的协同研究。事实上，发达国家就是从多学科对政府管制进行多维度研究的，并强调跨学科研究。

中国对管制经济学的研究起步较晚，据笔者所掌握的资料，最早介绍到中国的管制经济著作是施蒂格勒著的《产业组织和政府管制》（潘振民译，上海三联书店1989年版），在这部文集中，其中有4篇是关于政府管制方面的论文。随后，出版了日本学者植草益著的《微观规制经济学》（朱绍文、胡欣欣等译，中国发展出版社 1992 年版），这是介绍到中国的第一本专门讨论管制经济的专著，在中国有很大的影响。从 20 世纪 90 年代以来，国内学者在借鉴国外管制经济学的基础上，并结合中国实际，出版了许多论著，为管制经济学在中国的形成与发展奠定了基础。但从总体上说，中国对管制经济学的研究还处于起步阶段，在许多方面需要结合中国实际进行深入研究。

在计划经济体制下，中国不存在现代管制经济学所讲的管制问题，不能把计划理解为管制，不能把计划经济体制理解为传统管制体制。因为市场是对计划的替代，而管制是对市场失灵的校正和补充。管制是由法律授权的管制主体依据一定的法规对被管制对象所实施的特殊行政管理与监督行为。管制不同于一般的行政管理，更不同于计划。否则就没有必要讨论管制经济学在中国的发展，就没有必要讨论通过改革如何建立高效率的管制体制问题。从国际经验看，就垄断性产业而言，美国等少数发达国家主要以民营企业为经营主体，与此相适应，这些国家较早在垄断性产业建立现代管制体制。而英国、日本和多数欧洲国家则对垄断性产业曾长期实行国有企业垄断经营的体制，只是在 20 世纪 80 年代才开始对垄断性产业实行以促进竞争和民营化为主要内容的重大改革，并在改革过程中，逐步建立了现代管制体制。

中国作为一个从计划经济体制向市场经济体制过渡的转型国家，政府管制是在建立与完善社会主义市场经济体制过程中不断加强的一项政府职能。传统经济理论认为，自然垄断产业、公用事业等基础产业是市场失灵的领域，市场竞争机制不能发挥作用，主张直接由国有企业实行垄断经营，以解决市场失灵问题。在实践中，长期以来，中国对这些基础产业实行政府直接经营的管理体制。但是，新的经济理论与实践证明，国有企业垄断经营必然导致低效率，并强调在这些产业发挥竞争机制的积极作用。因此，从 20 世纪 90 年代以来，中国像世界上许多国家一样，对这些产业逐步实行两大改革，一是引进并强化竞争机制，实现有效竞争；二是积极推行民营化，一定数量的民营企业成为这些产业的经营主体，在这些产业形成混合所有制的经营主体，以适应市场经济体制的需要。这样，政府就不能用过去管理垄断性国有企业的方式去管理具有一定竞争性的混合所有制企业或民营企业，而必须实行政府职能转变，建立新的政府管制体制，以便对这些产业实行有效管制。同时，在经济发展的基础上，中国日益强调对环境保护、卫生健康和工作场所安全等方面的管制。这些都使政府管制职能表现出不断强化的趋势。为此，党的十三大明确提出，政府的四大基本职能是：经济调节、市场监管、社会管理和公共服务，首次把市场监管（政府管制）作为一项重要的政府职能。

浙江财经大学是国内较早地系统研究政府管制经济学的高等学校，在政府管制领域承担了国家重大科技专项课题、国家社会科学基金和国家自然科学基金项目 20 多项、省部级研究项目 50 多项，在政府管制领域已出版了 30 多部学术著作，在《经济研究》等杂志上发表了一批高质量的学术论文，其中，一些成果获得了"孙冶方经济科学著作奖"、"薛暮桥价格研究奖"、"高等学校科学研究优秀成果奖（人文社会科学）"等。学校已形成了一个结构合理、综合素质较高、研究能力较强的研究团队。为适应政府管制经济学研究的需要，更好地为政府制定与实施管制政策服务，学校成立了跨学科的浙江财经学院政府管制研究院，其中包括政府管制与公共政策研究中心（浙江省社会科学重点研究基地）、管制理论与政策研究创新团队（浙江省重点创新团队）、公用事业管制政策研究所（学校与住房和城乡建设部合作研究机构）等研究平台。政府管制研究院的主要研究方向包括：政府管制基础理论研究、垄断性行业管制理论与政策研究、城市公用事业政府管制理论与政策研究、社会性管制理论与政策研究、反垄断管制理论与政策研究、金融风险监管理论与政策研究、政府管制绩效评价理论与政策研究等。为系统出版学校教师在政府管制领域的学术著作，在中国社会科学出版社的大力支持下，我们将持续出版《政府管制研究系列文库》，这也是学校对外开展学术交流的窗口和平台。欢迎专家学者和广大读者对文库中的学术著作批评指正。

王俊豪

2012 年元月于杭州

目　录

绪　论

一　问题的提出：走出碎片化防控腐败的困境

"把权力关进制度的笼子里"是习近平总书记为我党在新时期建立反腐败系统机制提出的根本要求。腐败发生与其他事物的发生一样有着多重的"生态性"原因，诸如人格修养、文化环境、传统习俗、公务程序、办事场所、法规制度等都对腐败的滋长起着不同的作用，归纳起来，不外乎是人的因素、文化因素和制度因素。因此，在防控腐败的策略选择上，就有人格的修炼、文化的改造和制度的完善几条路径。但从防控腐败的成效看，最为关键、最为长效，也最为稳定的因素仍然是制度内容的严密与否和制度实施的严格与否。"把权力关进制度的笼子里"既要求制度本身的设计要足够严密以便关得住权力，解决"牛栏关不住猫"的问题，又要求把所有权力不留死角和情面地置于制度的约束之下。换言之，就是要建立起高度整合的令官员不想腐、不敢腐、不能腐、不易腐的防腐反腐系统化机制。

在理论和实践上，无论国内还是国外，也不管是所谓的民主国家还是传统国家，这样的理想机制都还没有完全建立起来。因为，迄今腐败仍是全球性、跨制度的政治异化品。自腐败"毒瘤"生长以来，人们就在思考预防和治疗之策。人们对腐败的认识虽然有许多种，但基本之意是"以公权牟私利"。① 我们知道，公权力是"公意的化身"，其树立并得到认同，自然是为满足公共利益的目的的。为什么这样的公权力会经常被异化为牟私利的工具呢？学术界从不同的视角，给出了诸多碎片

---

① 2003 年 10 月 31 日，第 58 届联合国大会审议通过的《联合国反腐败公约》，将腐败界定为："直接或间接向公职人员许诺、提议给予或给予该公职人员或其他工作人员或实体不应有的好处"或"公职人员为其本人或其他人员或实体直接或间接索取或接受不应有的好处，以作为其在执行公务时作为或不作为的条件"。该定义很好地回答了腐败的行为主体、动机、手段方式和后果等要素。

化的结论。

政治学认为，"权力导致腐败，绝对权力绝对导致腐败"①，这既有权力结构设计不合理，专业化和分化度不高的因素，也有权力监督系统失效的因素。因此，反腐治腐的重点是完善权力监督系统、强化对公权力行为的监督。各国都应着力于建立一个由政党内控、议会审查（含宪法审查）、行政监察、审计、司法检察、肃贪和舆论监督组合而成的全方位公权力监督体系。

经济学认为，腐败是市场经济条件下权力租金的分配。政府干预相对强权和市场体制的不健全，权力"设租"和"寻租"既有市场，也有可能。②因此，预防腐败的关键是"政府最小化"，界定政府权力边界。

法学认为，腐败是廉政法制和法治的缺失或滞后的结果。廉政法制缺失或滞后容易使公权力行为的正当性规范模糊，行为主体无所适从或钻空子。而廉政法治不严则会使公权力行为异化所受到的惩处不足以抑制该行为主体对行为异化带来收益的欲望的追求。③亨廷顿早在其《变革社会中的政治秩序》一书中提出，标准变迁对行为的影响，使原先不是腐败范围的行为进入了腐败行为之列，同时，标准变迁过程中，行为与新制度磨合需要一个时期，这当中也常常发生不正当行为。反腐败的核心是健全反腐败的法律及制度建设。这些法律和制度体系基本上是以监督公权力与租金的连接过程为核心建立起来的。如《反贪污贿赂法》和《财产申报制度》等。

文化及心理学认为，腐败是公权力行为主体与各种环境变量博弈的选择。著名心理学家勒温的群体动力理论把个人行为解释为个人与环境相互作用的函数，即 $B = f(P \cdot E)$，其中，E 主要包括人格、文化氛围、法律制度背景、盈利机会等。也就是说，腐败是一种组合因素诱致的行为。有些人有良好的人格修养，在盈利机会面前即便制度存在一定的缺失，也能将其盈利行为控制在良心和制度边界以内；反之，一个人格不健全的人，即便面临好的制度背景，在盈利欲驱使下，也会尽其所能去

---

① 李泽厚：《应是"绝对权力绝对导致腐败"》，《读书》2001 年第 6 期。

② 吴敬琏：《中国腐败的治理》，《战略与管理》2003 年第 2 期。

③ 屈学武：《刑事廉政法治初探》，载李秋芳、杨海蛟编《反腐败思考与对策》，中国方正出版社 2005 年版，第 55 页。

破坏制度或钻法律制度的空子。也有学者认为，腐败是激励机制扭曲度与约束机制扭曲度合成的机会空间。①反腐败需要将官员腐败的警示教育经常化。同时，强化对选人、用人的管理，防止用人失当衍生腐败及用人过程本身流变为腐败过程。一是越来越多的公共官职采用民主选举的方式产生；二是完善任命制，强化了对候任官员的考察和公示。

上述诊断和开出的处方从各自的因果关系而论似乎都是准确、可行的。但同样确切的是，世界性的腐败之风并未出现欲止的迹象。

从世界范围看，根据透明国际2014年发布的全球175个国家和地区CPI（清廉指数）②，只有12个国家和地区是比较清廉的，40个国家有轻微腐败，82个国家存在比较严重的腐败，其余43个国家处于极端腐败之列。也就是说，超2/3的国家存在"不可接受水平"的"滥用权力、秘密交易和贿赂"。即便是表现很好的国家也存在内幕交易、竞选筹资和政府合同回扣等问题。与该组织1995年首次发布这一指数时比，全球比较清廉、比较腐败和极端腐败的结构变化不大。

我国的反腐败形势也不容乐观。改革开放以来，"我国的腐败现象呈现这样三大变化：在形态上，由实物形态向货币形态转变，货币形态又向虚拟货币形态转变；在领域上，由消费资料领域向生产资料领域转变；在环节上，由商品流通环节进入到权力流通环节。"③据相关研究统计，1980—2010年，全国被查处的省部级高官有103人④，而最近五年，被查处的腐败官员级别越来越高，单案涉案金额越来越大，已从千万元级跨越到亿元级。特别是党的十八以来，我国加大了打击腐败的力度，过去因种种原因潜藏的腐败得到较为集中的查处，查处腐败案件的数量、涉案金额和涉腐官员级别比此前都有提升。2012年12月至2015年10月间，共查处306名省、市、县委书记，涉及全国1/10的县市、1/4的省会城市。特别是，周永康、徐才厚、郭伯雄、令计划、苏荣等

---

① 何增科教授探索出一套反腐预警机制，含有50个指标，划分为激励机制扭曲度指数、机会结构扭曲度指数和约束机制扭曲度指数三个部分。
② 透明国际是1993年成立的专门研究全球腐败与反腐败问题的非政府组织，自1995年起发布全球清廉指数（CPI）。该指数以10分为最高分，表示最廉洁；0分表示最腐败；8.0—10.0分表示比较廉洁；5.0—8.0分为轻微腐败；2.5—5.0分腐败比较严重；0—2.5分则为极端腐败之列。2012年开始采用百分制。
③ 辛宇：《反腐败的沉思与启示》，《南风窗》2008年第12期。
④ 田国良：《高官腐败案例的启示》，《法治周末》2013年10月21日第3版。

副国家级官员的查处，既表明中央反腐败的坚强决心，也说明我国反腐的现状与态势还很严峻。《中国经济周刊》根据人民网、新华网等网站从十一届全国"两会"召开以来（2008—2014 年），对每年全国"两会"召开前夕网友最关注的热点话题排名进行梳理后发现，反腐倡廉、民生和高房价连续六年位列网友关注的前三位。①

那么，看似对症下药式的防治，何以腐败之风还会炙热不改呢？这不得不引起人们对以往防治腐败的理论逻辑和制度安排的反思。其中，碎片化反腐败是一个重要因素。②

根据我们对腐败的界定，分析和防治腐败应该有三条路径，即治制、治人和治文化习俗，也就是完善法规制度、提升干部修养和改良社会风气。但目前我们在反腐败的理论和实践中，没有从它们之间的内在关联贯通起来进行制度设计和执行。而强调干部管理的治人之策长期占据了优先的地位。比如，对公权力与腐败关系的认识是建立在无监督的权力会导致腐败的判断上。也就是说，在监督之下的权力是不可能导致腐败的。其实，这只说明了问题的一个方面。因为，无论怎样的监督，监督者总不可能对行权者进行贴身式的监督，同时也不能保证监督者不与行权者合流或被其收买。所以，仅仅立足于监督公权力来控制腐败的思想是有缺陷的。我们对行权者与腐败关系的认识是建立在拥有健康人格的行权者以权谋私的可能性较低，而对人格的不稳定性、隐秘性认识不充分，缺乏有说服力的关于人格好坏与谋私欲望强弱关系的实证研究。所以，当前仅仅把好行权者的产生和任免关，以此抑制腐败也是有缺陷的。自上而下的任命制暂且不说，即便是直接选举产生的官员上台后大贪特贪的也不在少数。东南亚国家和我国台湾地区那些贪腐的领导人都是选举上台的。所以，寄希望于通过组织考察、领导推荐、民主评议、公示等制度产生行权者的途径来防治腐败并非总能奏效。我们对行贿人与腐败关系的认识是建立在通过向行权者提供租金以获取更大的收

---

① 《全国两会热议榜：反腐民生高房价连续 6 年居前三》，《中国经济周刊》2014 年 3 月 4 日。

② 正如有媒体指出："单从反腐机构来讲，可能世界上没有哪个国家有中国这样多的反腐部门。但这套反腐体系将反腐力量分散在不同的部门，由不同部门行使和负责各自领域的反腐工作，虽有助于本部门和领域的反腐深入开展，但现在的腐败，形式多样，涉及的部门和领域众多，此种各守一摊的反腐模式其局限性就显露出来。"《必须打几只真正的"大老虎"才能兑现承诺》，红网，2013 年 9 月 21 日。

益的基础上。可是，行贿人为什么要向行权者提供租金而不将这笔投资投向生产要素市场呢？很简单，是因为行权者手中的权力可以为行贿人打通获取高回报的捷径。而行权者之所以敢于冒险收取租金，不是因为他们不怕被查处，而是因为行权者的权力迂回空间大，今天不收租、明天不收租，后天还有收租的诱惑和机会。许多腐败的官员并非一上任就贪，而是在公务中捞钱的机会实在太多，久而久之便麻木了，贪性一发不可收拾。因此，单纯地围堵行贿人和受贿人是不能阻断腐败之源的。

又比如，我们在研究腐败发生的原因时，更偏重寻找个人的思想信念、工作作风、生活作风、人格惰性等因素，而从公权力内部的运行体制方面寻找腐败发生的非个人因素相对少一些，特别是研究腐败发生的体制性"动力—压力—能力"的成果更少。这种研究与滋生腐败的现实过程是不吻合的。在思想理论上，我们习惯于思考人与"政举""政废"的关系，而对人与权力结合的制度和环境思考不多。人治观念虽说是历史遗留物，但从把"用干部、做决策"视作领导职责的两大基本要务便不难发现，设计什么样的权力运行制度并没有充分做好。在反腐败的制度建设上，我们对如何选人、用人、监督人的制度安排比较充实，涉及官员行为的范围也极为广泛。诸如《中国共产党纪律处分条例》《关于严格禁止利用职务上的便利谋取不正当利益的若干规定》《关于党政机关县（处）级以上领导干部收入申报的规定》《公开选拔党政领导干部工作暂行规定》《党政领导干部选拔任用工作监督检查办法（试行）》《关于中共中央纪委、中共中央组织部巡视工作的暂行规定》《财政违法行为处罚处分条例》等，全国省部级以上机关制定相关规范性文件更是数以千计。这些文件对党政领导干部的行为提出了许许多多的"不准"，在促进干部廉洁自律方面起到了重要作用。但仍然是防不胜防，腐败的发生已不是简单的个人内在品质好坏所能解释的，这的确值得深思。

之所以单靠"不准"难以管住官员的手脚，根本原因就在于没有系统地考虑到各级政府手中的权力没有确定、透明的配置机制，在权力结构建设上，还停留在思考集权、分权和放权问题上，对明确划分公权力边界或者说权力清单这一更为根本的问题举措不硬，使政府的权力边界难以确定，官员和一般民众都以为政府可以做这做那，即便有监督，也难免防不胜防，"东窗"不出事，"西窗"也会出事。特别是我们的反腐败工作重心放在规制用人方面，对政府及官员的工作机制和工作环境方面的约束制度不成系统，使许多上台时本来很好的干部，当他上台后不久就慢慢腐化了。①

显然，干部修身的成果需要与规范公权力的制度建设整合起来，才能充分地发挥防治腐败的作用。而控制权力边界的制度也不能是分割的，应该将明确公权力清单、明确公权力运行机制和程序与明确政府预算整合起来设计。因为权力本身具有扩张性，不进行引导和限制可以衍生各种交易（权钱、权权、权色、权情、权名），而预算本身就意味着金钱，更是以权谋私的直接标的，不加严格约束既可以直接导致贪污、侵吞、挥霍、奢靡等腐败行为，也可以成为衍生其他腐败的财力资源。严管权力分配和预算分配可以说是防控腐败发生可行与可能的一体两面机制。

如果初始性权力配置机制存在较大的漏洞，就容易产生"制度寻租"效应。即权力配置制度本身在内容和程序规定上不科学、不明确，使得制度执行人和利益相关方存在运用不正当手段，按照有利于本地区、本部门、利益相关方和个人的方式去争取更大权力或资源的空间，而这个空间的取得需要付出"租金"。也就是说，制度本身的漏洞创设了这种"租金"，各个觊觎权力或资源的部门（政府、企业和事业单位）需要向权力配置机构公关即交纳"租金"，从而使本来意义的行政关系演变为行政交换关系，在缺乏对这一关系严格规范的背景下，引发出大量的公务贿赂或者说公务腐败现象。

同样，单从限权角度来思考反腐败制度建设仍然是不系统的。因为，权力是国家治理体系的核心要素，从反腐败的需要讲，"把权力关进制度的笼子里"包括限制（减少）权力、分散权力和监督权力三大方面，其实质就涉及国家与社会、政府与市场、政府与政府、政府与企事业等关系的调整，它们又构成国家治理的核心内容。也就是说，限权、反腐与从根本上改善国家治理体系的结构是一脉相承的系统工程。可持续的限权、可促进反腐败和国家经济社会发展的限权必须建立在民

---

① 根据田国良对 1980—2010 年我国 103 例省部级高官腐败的案例研究，"谁掌控的公共权力资源多，公共权力运作的空间大，腐败的概率可能越大"，不少高官被查处前均有好的表现，被群众认可或政绩或能力可称。这说明健全约束权力的机制是反腐败的根本路径。田国良：《高官腐败案例的启示》，《法治周末》2013 年 10 月 21 日第 3 版。

主、法制、文明、有效的国家治理体系基础上。这里的关键是，在国家与社会关系中，国家的功能如何定位？在政府与市场的关系中，政府如何保障市场起配置资源的决定性作用，同时又更好地发挥自身的作用？在上下级政府关系中，双方的权责利如何定位？在政府与企事业关系中，政府的作用如何定位？如果这些定位不准、不予以制度化，被限制了的权力仍然会松绑，围绕权力的各种腐败性交易仍然会复燃，从而陷入"滥权—限权—滥权""腐败—反腐败—腐败"的循环怪圈。

在党的十八大深入开展反腐败斗争的背景下，一些官员明目张胆的贪贿谋私行为也许会收敛些，但如果不从制度层面消解这些行为的"动力—压力—能力"，腐败可能会以更隐蔽的方式来实现。其中，以谋公的名义，借助各种行政潜规则完成的交换就是这类腐败的主要形态。本书正是通过防控此类腐败的机制研究来实现其理论和现实价值的。

第一，理论价值。结合我国特定的相机授权体制下财政分权与行政集权的制度张力，尝试从财政分权诱发的利益驱动力、行政集权导致的竞争压力和软预算约束提供的行政交换活动能力，形成关于"公贿"式腐败生长的"动力—压力—能力"结合的三维解释理论，提升人们认识"公贿"式腐败的理论深度和科学性，丰富和深化我国反腐败工作的思维和理论基础。开展防控非传统腐败机制的研究，将反腐败工作从传统的私对私、私对公领域扩展到公对公的领域，从商业贿赂问题深入到"公贿"问题，有利于拓展我国反腐败的视野，创新反腐败的机制。

第二，应用价值。通过研究防控"公贿"式腐败的新机制，改善我国行政公务关系的环境，推进我国政务诚信建设。研究防控政府间、政企间和政事间违纪违规公关行为的机制，有利于推动县级以上政府和企事业单位"驻京办""驻省会城市办""驻地级市办"或各类联谊机构矫正其行为，降低"三公"消费；敦促省级以上政府的财政、规划和发展改革等有权（行政审批）部门，改善权力运作方式；规范政府间、政企间和政事间的公务关系行为，促进我国的政务诚信、依法行政以及地方间的有序竞争；促进对政府组织及干部个人考核机制的科学化。

二 研究对象与内容：防控公务关联行为中的腐败

（一）以防控腐败滋生为出发点，与通常讲的反腐败内涵有差异

反腐败包含防控和惩处两个方面，虽然好的惩处腐败制度有利于巩固防控腐败制度的效果，正如"最好的进攻是最好的防守"一样，但防控腐败与惩处腐败着眼的目的还是有差异的。前者瞄准不发生或减少腐败的发生，后者重在追究腐败发生的责任和后果。因此，防控腐败的制度设计重点在限制腐败发生的"动力—压力—能力"，使公职人员不能腐败，而惩处腐败的制度设计重点在打击腐败的力度和密度，确保腐败案件应惩不漏、惩处得当，使公职人员不敢腐败。所以，本书未将惩处腐败的制度列入研究范围。也可以说，重点研究"不想腐"和"不能腐"的系统制度，而不涉及"不敢腐"的相关制度安排。同时，也不涉及防控腐败体系（机构）的整合、过程优化和技术提升等问题。

（二）以防控"公贿"式腐败为对象，与防控通常讨论的"私贿"或"以权谋私"的传统腐败也有差别

我们认为，在公务活动中，所有的腐败都可区分为"因公"腐败和"因私"腐败两种类型。因为腐败是在请托和受托双方的博弈平衡中发生的。受托方始终是掌握主动权的拥有办理或如何办理公务的决策权一方，这一方不管他是个人还是机构，肯定是公权力代表方，通常简称为官方或公方。那么，两类腐败的差别就在于是"因公"请托而起还是"因私"请托而起，在于提请公权力方办理的是利私还是利公事务。比如，某人为解决自己家属的工作问题而请托某局长属于"私对公"（因私）腐败，而如果某人是代表单位为解决所属职工家属的工作问题去请托某局长就属于"公贿"式（因公）腐败。本书也正是从"公贿"（因公）的角度来界定和使用公务腐败概念的。关于"公贿"式腐败的具体内涵，第一章有详细阐述。这里，我们将重点对我国"公贿"式腐败的形态、体制根源和治理模式进行系统研究，探索我国预防非传统腐败的模式，推进我国反腐败机制的创新。

在现有的反腐败研究中，典型的以权谋私腐败主要剑指"私对公"腐败（因私腐败），即出于商业目的或者说营利目的，并以私人身份运作的商业贿赂和贪污。而事实上，有的贿赂是出于地区、部门或单位目的的，而且是以公务需要和公开的职务身份去运作的，行贿方是以公务的名义作出的，行贿资本也是出之于公家单位，可以称为"公务行贿"

或"因公腐败"。当然，受贿方不论出于什么情形代表的都是公方，当属以权谋私无疑。但一旦出现了以公务名义的行贿方，就容易消解受贿人拒贿的意志，甚至"拒之不能"，从而使腐败现象和腐败案值以几何级数增长。一般来说，人们对接受私人的请托特别是贵重物品、金钱的馈赠会更警觉，所谓"吃人嘴软、拿人手短"，而对于以单位名义给予的各种优待和"辛苦费"（各种名目的咨询费、信息费、顾问费、题词稿费、演讲费）则没有那么警觉，甚或以支持了地方和部门发展之功而心安理得地拿了。以往我们没有对之加以细分，依其不同特点，制定有针对性的防控机制。由于近年来这类腐败有愈演愈烈之势，的确需要我们反腐败理论工作者进行补课式的研究。本书愿作为尝试，将研究对象锁定为以单位公务的名义请托公权力机构或其公职人员而发生的腐败，也包括公权力机构或其公职人员自己假借执行公务需要超标准产生"三公"消费引发的腐败，而不针对纯粹的商业贿赂、贪污等因私而始、谋私而终的腐败。本书主要从以下几个方面研究"公贿"式腐败现象的发生和防控机制：

第一，研究我国行政交换关系及"公贿"式腐败的模式与形态特征。（1）分别研究我国央地政府间、地方政府间、政府与企业间、政府与事业单位间四种公务关系中的交换行为模式、形态、特征。（2）剖析行政公务部门运用行政交换手段催生公务腐败的三种典型模式："政企关联"模式（政企合谋）、"驻京办"模式（国家权力部门化—部门权力利益化）和"钓鱼执法"模式（部门创收）。（3）厘清非传统腐败的学术内涵。

第二，研究行政交换关系生长和"公贿"式腐败蔓延的机理。（1）相机授权体制为行政交换关系生长和"公贿"式腐败蔓延提供体制空间；（2）硬政绩激励机制为行政交换关系生长和"公贿"式腐败蔓延提供体制压力和动力；（3）软预算约束则为行政交换关系生长和"公贿"式腐败蔓延提供体制条件。形成关于我国行政交换关系生长的"动力—压力—能力"结合的三维解释理论。

第三，从理论与实证结合的视角，研究滋生行政交换及"公贿"式腐败机制。（1）相机授权体制的弊端与纵向政府间关系中的交换现象；（2）硬政绩激励机制的弊端与横向政府间的潜规则竞争；（3）交换权力、资源和非物质支持与政企、政事间的潜规则交往；（4）软预算约束的弊端与各种行政交换活动运行的物质条件。形成关于行政交换及公务腐败滋长的制度寻租生态链分析框架。

第四，研究防控行政交换和"公贿"式腐败行为的系统机制。(1) 以公开、公平和透明的制度化授权机制改革相机授权机制，堵塞违纪违规公关的空间；(2) 以政府政绩多元化评价机制改革硬政绩激励机制，缓解地方政府、企事业单位硬发展的动力和压力；(3) 以任期预算平衡机制改革软预算约束，消解相关方违纪违规公关的物质条件；(4) 以公开、轮换的行政联系机制防控政府官员私自与下级政府和企事业单位的关联；(5) 建立"三公"消费的财政约束和社会监督机制。构筑一条防控"公贿"式腐败蔓延的新制度生态链。

三 分析框架：传统发展与治理下的公务活动制度环境

根据前文对公务腐败与一般腐败现象的区分，它是在公务活动中发生的用不正当手段为某一特定群体谋利的行为。那么，它的发生必须利用正式制度的漏洞，因为它是以公务的名义，是场面上的事由。同时，这种行为需要有强大的动力和压力支撑，否则，没有人愿意"以身许公"，因为，尽管他可能执行的是特定单位的集体意志，但一旦事发，他逃脱不了受惩处的干系。进一步说，一个合法组织甚至一级政府为何要采取不合法的手段去达成某项目的呢？还有就是公务腐败一定有合适的背景模式（场域）支持，否则，它没法向公众交代，没法祭出"公务"的大旗。再有就是公务行贿动用的是公共资源，没有人会贴钱去搞公务消费，这些公款请客、送礼、搞关系的钱从何处出呢？最后，不论以什么名义，腐败行为总是不合法的，它需要掩护，需要一种可以完成交易，又不易为人发觉的形式。把这些因素串起来，就构成了公务腐败蔓延的"动力—压力—能力"模式，而且这个"动力—压力—能力"模式一定是正式制度提供的，或者公务腐败行为人利用其中的漏洞发掘出来的。因此，我们对腐败发生的分析除了从人的因素、文化的因素挖掘之外，不能不把视角伸向传统发展与治理模式下的公务活动制度环境。

2014 年 5 月，习近平总书记在河南考察时首次提出的中国要容忍经济增速放缓的"新常态"。其核心要义就是经济发展要从重速度向重质量转型、从重规模向重结构转型、从重总量向重民生改善转型。①
2014 年 12 月 5 日召开的中央政治局会议首次以会议报告的形式提出新常态的思维。习近平再次总结，新常态有三个主要特点：速度——"从高速增长转为中高速增长"、结构——"经济结构不断优化升级"和动力——"从要素驱动、投资驱动转向创新驱动"。相对于新常态的传统发展模式，在目标上强调数量和速度的增长，在动力上依赖政府主导的要素与投资驱动，在方式上放任重复建设的粗放积累。与此相适应，政府内部治理也活跃着一套体制机制，他们未必是明文规定的，但却在实践中长期运行着，我们将其概括为：相机授权—政绩激励—行政交换—软预算约束—行政潜规则，其中，每一个制度环节都可能创设"租金"，而且具有一定的相辅相成的关系，构成了相互强化的制度寻租的链条。

　　其一，相机授权是公务腐败蔓延的体制性根源，是一种容易诱致腐败的权力分配机制。作为处理纵向政府间权力关系的一种体制，它是指上级政府以辖区总体目标为标准，根据不同时机、不同事件、不同对象向下级政府授予不同权限内容和范围的行政权。但是，由于相机授权体制具有明显的主观性、不规范性、不公平性、不透明性的特点，其长期运行对我国中央和地方政府间关系以及地方上下级政府间关系、政府与企业关系、政府与社会关系以及政府与官员个人的关系都产生了深刻的影响，是上述关系运行中滋生潜规则行为和腐败现象的体制根源。相机授权体制原本是适应我国单一制和渐进改革国情的具有探索性的权力分配体制，但由于我国相关体制机制的制度化水平难以杜绝其兼具的负面影响，诸如：政府考评机制过于政绩化、预算软约束、信息不对称以及监督机制不规范等，进一步放大了该体制在我国改革步入正轨后对国家治理所产生的不良后果。其中，最明显的就是诱致各种行政关系向行政交换关系演化，使各种潜规则交换现象蔓延。比如，中央和地方政府间就存在形式多样的潜规则交换关系，中央政府通常采取特许政策、转移支付、"鞭打快牛"、晋升锦标赛、"行政化"及单方面改变游戏规则等具有明显相机授权（也包括收权—负授权）性下的举措调控地方，而

---

　　① 2014 年 8 月 5—7 日，《人民日报》连续三天在头版位置发表了"新常态下的中国经济"系列评论《经济形势闪耀新亮点》《经济运行呈现新特征》和《经济发展迈入新阶段》。

地方则以"财源最大化""藏富于民""勤于跑部"政策"选择性"执行等措施应对。其他的行政关系——地方政府间关系、政企关系、政社关系等也都有类似的潜规则式的交换行为。这样就不可避免地会产生不同于一般意义的腐败形式——公务贿赂，即因公腐败。从中我们可以归纳出公务腐败泛滥的第一条"动力—压力"制度生态逻辑链："相机授权—不公平（不公开、不规范）授权—政绩考核—地方竞争—公务腐败"。

其二，扭曲的任期政绩激励（官员集体）和晋升竞赛（官员个体）是公务腐败蔓延的动因和压力。特别是在财税分权与行政集权的制度张力并行的环境下，政绩激励和晋升竞赛产生公务腐败的动力与压力会成倍放大。从中也可以归纳出公务腐败泛滥的第二条"动力—压力"制度生态逻辑链："财税分权—激发发展动能—行政集权—机会、资源短缺—政绩激励＋官员晋升竞赛—公务贿赂衍生、膨胀"。

这两个逻辑都是以权力分配机制的漏洞为起点，在政绩激励的压力传导下，促使行政关系向行政交换关系演变，导致大量潜规则行为和公务贿赂的衍生。

其三，行政交换是公务腐败蔓延的场域。行政交换关系的存在，常常可以为公务腐败行为的发生提供"借口"和现实需要。行政交换是交换理论应用于解释政治关系的新热点。随着"经济人"假设、网络治理、善治和市场型政府、服务型政府等理念的传播和接受，以政府为中心开展的各种关系，比如，政府间关系、政企关系、政社关系和官员与政府组织的关系，都不是简单的行政线性关系。"强制—服从"模式越来越难以解释上述关系的运行。相应地，发生关系的各方以利益为中心的交换行为越来越盛行。各方的交换行为之所以能够发生，是因为各方都拥有对方没有又想得到的资源：权力、信息、资金、荣誉、选票和评价影响力等。政府资源的核心当然是权力，这种权力又可以分为两大类型：一是用人权；二是用财权。其他权力，如决策、执行、管理和服务，都可理解为用人权和用财权组合的衍生品。因此，就下级政府、企业、社会和官员个人而言，行政交换又可简化为权力交换，即以他们拥有的其他资源换取政府的权力。如果没有科学、合理和有效的权力分配制度约束这种交换关系，潜规则式的交换行为就会蔓延。这里的关键问题是，政府的权力配置制度往往难以达到"制度化"的水平。用亨廷顿的话说，这是转型国家（变革社会）现代化进程中普遍面临的制度瓶颈。以央地政府间关系为例，我国自改革开放以来，两者关系就出现了各种复杂的变化。一方面，中央政府作为全国整体的治理者，必须要调动地方的积极性，同时要保证地方对国家的忠诚；另一方面，随着经济体制改革的深化，尤其是在财政体制改革的推动下，地方政府自主性不断增强，不仅各地方之间竞争不断加剧，地方政府和中央政府也展开了各种形式的博弈。政府之间的博弈形式实质上是一种正常的交换行为，通过交换行为能够取得双方在既定规则下可能的最大化预期。通过交换，各方都从中得到了他们认为需要得到的东西，因而，尽管方式放不到台面上，但对本区、本部门也有个交代和说法，毕竟，利益大家均沾了。正是这个场域，使类似的公务腐败降低了许多负罪感，而敢于大肆地复制和模仿。

其四，软预算约束则可为公务腐败行为挤出源源不断的资金。科尔奈提出的"预算软约束"理论指出：由于委托人迫于体制和环境约束，事前不能明确承诺不向代理人提供补助，导致代理人激励不足，不会积极控制支出。虽然科氏指出的是社会主义国家中国家与国有企业间存在的现象，但实际上，世界各国的上下级政府间都存在类似的关系，特别是没有建立现代公共预算制度的国家，预算使用的刚性约束有限，上级政府往往不会听令下级政府破产而给予其预算补贴。除此之外，软预算约束还包括由于政府会计制度不健全和内部控制不严格，导致批准的预算金额和使用事由与实际执行情况可以南辕北辙。这样一来，一些地方和部门就可以利用制度的漏洞将预算资金挪作他用，当然包括用于行贿、打点关系。比如，一所学校要申报重点学科、重点基地，相关部门可能就需要去活动关节，这些不合规使用的经费如何处理？这种行为搭上了公务需要和公家的名义，经费自然由公家出，如果没有预算制度的漏洞，这类跑关系的腐败行贿就难以发生。因为，为公家的事埋单、担风险是没有多少个人愿意为之的。

其五，形形色色的行政潜规则充当着公务腐败"遮羞布"，使之大行其道又能掩人耳目。行政"潜规则"是指政府与相关方围绕双方利益所发生的交换关系中运行的不同于正式规范的行为准则总和。这种规则虽然基于社会生活中各种形象化的陋习本质而发生，但比一般意义上请客送礼等传统陋习更加深化和隐蔽，对于国家和社会的影响和危害也更广泛、更深化、更长远。从主体架构上看，行政潜规则的主体一方为各级政府（或有行政授权的组织），另一方为与政府有交换需求的利益相关方，也包括同级政府部门和下级政府。潜规则同正式规则一样具有规则的运行机制，也即潜规则的激励机制和惩处机制。从运行过程来看，潜规则的形成过程是在政府与利益相关方多次互动交换中形成的，是双方经过理性的权衡和计算形成的互动试错的结果，是在双方的利益关系以及围绕利益所形成的权力关系、财政关系和公共行政关系的互动中形成的。① 从表现形式来看，潜规则表现在双方的各种交换行为中，比如央地关系的潜规则现象就包括中央对地方调控的各种政策以及地方应对中央调控措施的各种方式。从与显规则的关系上看，潜规则或者隐藏于显规则之下，以显规则作为其存在的外衣或存在于显规则所不能覆盖之处，作为正式规则的对立面，侵蚀了正式规则的权威作用。从潜规则的本质来看，潜规则是对公权力和公共利益处置的一种私下约定②，存在于中央和地方之间的潜规则更多的是以中央和地方的公共事务为载体，不限于私人领域但在很多情况下是通过私人活动来完成的。特定情况下，正式规则的缺失甚至使潜规则不能冠以违法之名，但潜规则总是缺乏法理上的正当性。

行政潜规则可能现身于行政权力运行的各个领域，表现出各种形式。比如，政府之间、政企之间、政社之间、官员之间、官员与公民个人之间等，在他们的相互交往中都有可能会运用潜规则行事。为使研究主题更加可控和具有规定性，本书仅涉及其中以公务的名义进行交换的潜规则现象，即发生在政府之间、政企之间、政社之间潜规则交换行为。滋生腐败几乎是行政潜规则行为的一个必然恶果。同样，限于研究主题的规定，本书也仅观察在公务活动中运用行政潜规则行为引发的腐败现象，即公务腐败。

薪酬制度没有与其他管理制度同步现代化。在长期的高标准定位公务员角色和固执的"高薪不能养廉"的思维支配下，公务员的薪酬体系难以恰当地反映公务员的付出和责任无限担当。这会促使低级别、青

---

① 谢庆奎：《中国政府的府际关系研究》，《北京大学学报》2000 年第 1 期。
② 郭剑鸣：《地方行政行为中的潜规则：形态、风险及其整治》，《中共浙江省委党校学报》2008 年第 2 期。

年公务员工作热情不断流失，而有一定支配权的公务员就可能在体制之外寻找报酬。① 理性的薪酬制度设计思想应该是虽然"高薪不能养廉"，但不排斥基于工作复杂性和责任大小分类给予公务员相当差异的薪酬。

最后，没有建立全方位吸引广大公众参与评估政府廉政建设的预警机制，则令潜规则可能制造的形形色色的腐败可以采取欺瞒上级和纪检部门的方式坦然地存在下来。公众对政府廉政与否的感知评价就像一架先敌发现腐败的"预警机"，因为公众对腐败的感知最能揭示什么样的腐败、什么人的腐败、什么层次的腐败、什么腐败行为最让他们痛恨，最需要遏制，最需要先行遏制。公众的感知也最能给出什么样的机制、方式才是最有反腐败效果的。因此，如果能挖掘并发挥公众感知评估地区腐败程度的机制，一切可能滋生腐败的"压力—动力—能力"都会在公众的感知和评估压力中衰减，最大限度地降低腐败发生的风险。可惜，符合我们自身特点的廉政建设公民感知评估机制和技术指标的研究还不多见，更不用说对各地政府廉政建设进行常态化的年度公民感知评估。

简言之，相机授权为公务贿赂创设了体制空间，行政集权和财税分权并存既约束了地方发展的资源和机会，又激发了地方发展的动力和压力，扭曲的政绩激励和官员晋升竞赛则进一步强化了地方发展竞争的压力和动力，而行政交换关系则成为竞争发展动力、压力转换成公务贿赂行为泛滥的场域，软预算约束是公务腐败的资金来源，行政潜规则行为是公务腐败的具体形式，而公民感知的预警评估机制的缺失，则给腐败提供了"规上不避下"的生存环境。归纳上述逻辑，我们可以形成如第 16 页图所示的防控公务腐败的分析框架。

四　研究方法：制度分析、学科交叉和实证研究有机结合

首先，在揭示公务腐败滋生的机制时，我们把腐败置于生态分析视域下，把腐败解读为腐败行为人与环境相互作用的函数，即 $C = f(P \cdot E_{1-N})$，其中，E 主要包括人格素养（党性修养）、文化习俗、法律制度

---

① 根据《新闻晨报》的调查，2015 年，公务员与企业薪酬的平均差约为 0.6∶1。薪酬低直接导致政府、公共事业、非营利机构行业的白领跨行业跳槽人数比上年同期上涨 34%，开启了新一波公务员"跳槽热"。参见谢克伟《新一波公务员"跳槽热"或开启 薪酬低是主因》，《新闻晨报》2015 年 11 月 22 日第 3 版。

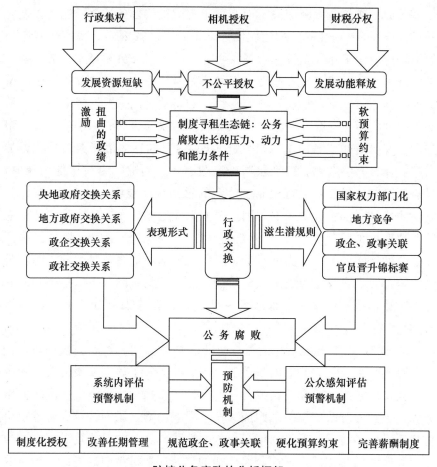

防控公务腐败的分析框架

背景、盈利机会等环境因素。而在解剖所有环境因素 E 时，将制度作为核心影响的权重因素进行分析，着力剖析公权力的分配与运行机制存在的漏洞是如何为公务腐败的滋生提供"动力—压力—能力"的。这一分析方法和框架贯穿全篇。

其次，在揭示公务腐败滋生的机理时，我们把腐败发生的理论关注重点置于政治学与经济学两个与公权力关联最紧密的学科内，利用两大学科交叉形成的最新成果——财政政治学，来揭示政府间、政府与企业间、政府与事业单位间为何有那么强的"动力—压力—能力"去突破公权力的底线以谋求其发展空间。

财政政治学关注国家活动的财政基础，将国家划分为领地国家、税收国家和预算国家。① 按照公务腐败滋生的逻辑：财权—事权—"寻租"空间—"设租"需求或压力—公务腐败行为，不论是民主国家理论、专制国家理论，或是工业化国家理论、后工业国家理论，包括社会主义国家理论、资本主义国家理论，都不如预算国家理论解释行政潜规则滋生来得直接和贴切。

西方资产阶级革命以来众多著名经济学家，如亚当·斯密、凯恩斯、马斯格雷夫、布坎南等都把财政与国家权能的关系作为其学说的一个核心。斯密基于"节俭财政"，提出"最小国家观"；凯恩斯基于"赤字财政"，提出"国家干预主义"；马斯格雷夫基于"公共财政"，提出"国家补位干预"；布坎南基于"理性财政"，提出"公共选择理论"。当前，我国也有许多学者从经济学和政治学交叉的视角研究腐败问题。如胡鞍钢的《中国挑战腐败》（2001）、吴敬琏的《中国腐败的治理》（2003）、倪星的《腐败与反腐败的经济学研究》（2004）、马蔡琛的《政府预算管理中的寻租活动分析》（2004）、高培勇的《打造反腐倡廉的财政制度基础》（2005）、马骏的《中国公共预算改革：理性化与民主化》（2005）、王绍光的《从税收国家到预算国家》（2007）、王绍光和马骏的《走向预算国家》（2008）、马骏和倪星的《打造廉洁政府：预算改革的前景？》，等等。而中国大量的腐败现象都是在潜规则行为中孵化、蔓延的。这些成果都不属于纯粹的经济学、政治学和财政学，而是关于国家权力来源及其作用过程的财政问题的思考，是属于财政政治学的。

财政政治学研究行政交换、腐败和潜规则行为的基本方法是将财政权力及其在政府间（纵横向）配置的合法性研究与财政资源配置的有效性研究结合起来，一方面关注政府财权变化对政府事权的影响、对政府与社会关系变化的影响、对政府与市场关系变化的影响；另一方面关注政府财政资源配置方向、方式和配置过程产生的社会效益、地区发展和官员政绩等方面的变化，从而找出一级政府、一个企业事业单位何以会为拓展发展空间不惜以腐败的方式来与上级有权部门开展关联行为。

从政治学和财政学相结合的视角观察，在国内治理中，财政权及其在政府间的分配、财政资源在政府与社会、公民间的分配是决定政府间

---

① 王绍光：《从税收国家到预算国家》，《读书》2007 年第 10 期。

（纵横向）关系、政社关系、政企关系和政事关系的基本因素。因此，公平、合理和科学的财政权配置制度是维持上述关系和谐最基本的制度之一。政府相机授权体制对社会最具"瓶颈"性的影响以及对官员行为预留的最有吸引力的自由裁量空间，无疑是财政权配置的相机性。因为，其不透明、不公平、不确定性弊端为各方采取行政潜规则行为提供了动力。地方政府与上级政府开展潜规则公关、争取发展空间的核心诉求落脚点不可能偏离财税分配的盘子，企业与政府开展潜规则公关、争取发展空间的核心诉求落脚点不可能偏离税收减免的盘子，事业单位与主管部门开展潜规则公关、争取发展空间的核心诉求落脚点也不可能偏离财政拨款的盘子。以规范政府财权、改善政府财政资源配置方式、监督政府财政配制过程为突破口，不仅可以解释公务腐败发生的"动力—压力—能力"机理，也可以为全面实行制度化授权、规范行政交换关系、控制潜规则行为和公务腐败现象探索可行的路径。离开财税博弈轨道来解释公务腐败的滋生和治理都难有"点睛"之功。

最后，研究公务腐败发生的机制和机理都还只是理论推演，公务腐败发生的"动力—压力—能力"能否站得住脚，还需要事实的验证。为此，本书分别运用实地调研和典型案例方法对政事、政企公务关系中发生腐败关联行为的"动力—压力—能力"分析模型进行了验证。

五　基本结论：转变发展方式和推进整体性治理

整体性治理理论是在对新公共管理进行批判的基础上发展而来的，被认为是对新公共管理的一种修正。整体性治理理论的代表人物佩里·希克斯（Perry Hicks）和帕特里克·邓力维（Patrick Dunleavy）认为，20世纪80年代的新公共管理运动导致了政府的碎片化状况，碎片化导致各行政区之间以及政府内部各部门之间互相隔绝，彼此竞争，并引发了目标和手段的冲突。碎片化问题需要依靠整体性治理来解决，整体性治理主要包括互动的信息搜寻和服务，以顾客为基础的组织重建，"项目小组"的工作模式等。整体性治理理论为解决中国政治体制下行政权力的碎片化问题提供了解答，也为地方政府之间的协作提供了新的思路。整体性治理相对于碎片化治理而言，是一种将"碎片化的责任机制和信息系统的整合，充分体现包容性和整合性的整体型政府运作模式"。① 其核心目的就是要实现治理目标和治理手段之间都相向强化。

如前所述，在防控公务腐败问题上，我们曾存在一定程度的碎片化做法。不同制度、不同主体和不同层级间的协同性差，表面上看各种机制都不缺，但各种机制想要达到的目的却不尽相同，形不成防控公务腐败的合力，更织不成严密的网络，出现"牛栏关猫"现象。

因此，运用整体性治理思维来设计、建构和执行防控公务腐败的系统机制是势所必然的。一般而言，反腐没有秘诀，世界上所有国家对腐败的治理，走的都是限权和公开化之路。但各国的腐败滋生都有其自身的特殊因素，在实施限权和公开化方面也各有其特殊的机制。基于这样的思维和理论，我们发现，我国公务腐败的滋生存在一个特殊的"动力—压力—能力"生态机制，即"相机授权—硬政绩激励—行政交换—软预算约束"构成了一条制度寻租的生态链，使"公贿"式腐败的生长既有体制空间，又有体制性动力、压力和条件。相机授权体制为"公贿"式腐败生长提供了体制空间、硬政绩激励机制为之提供了体制压力和动力、行政交换是"公贿"式腐败生长的场域、软预算约束则为其提供了物质条件。它们环环相扣形成一个催生"公贿"式腐败的制度生态链，而这些体制机制都是在传统发展模式和治理方式下形成的。因此，要长效防控公务腐败，不能简单就腐败治腐败，而必先转变发展模式和治理方式，使那些催生腐败的体制机制难以在"新常态"下附着。只有当我们在追求更全面目标的发展模式和现代治理方式下建立起与之相适应的政府权力配置机制、政企政事关系机制、预算约束机制、政府内部考核与激励机制和公民对反腐败的感知评价五位一体的反腐机制，腐败生存的制度空间就能得到最大限度的抑制。

第一，要有常态化的预警机制。这包括党政系统内部的各种巡视、考核、审计、监察和述职等机制，更要有公民对政府廉政状况的常态化的感知评估机制形成内外部约束相结合的腐败预警体制机制。因为公众对腐败的感知最直接，能够起到在腐败萌芽期就预警的作用，也最能揭示什么样的腐败、什么人的腐败、什么层次的腐败、什么腐败行为最让他们痛恨，最需要遏制，最需要先行遏制。公众的感知也最能给出什么

---

① 曾凡军、韦彬：《后公共治理论：作为一种新趋向的整体性治理》，《天津行政学院学报》2010年第3期。

样的机制、方式才是最有反腐败效果的。如果能挖掘并发挥公众感知鞭策反腐败的力量，廉政建设一定会更顺利地推进。从这个意义说，政府自主的反腐败与公众感知鞭策反腐败是有效防控腐败的一体两面。

第二，要从整体性防控的高度，推进抑制"公贿"式腐败的制度现代化。主要包括综合改革政府权力分配（行政审批）体制、政绩激励机制和预算约束机制，全面规范政府间、政企间和政事间公务关系，解构制度寻租的生态链。（1）权力管理制度现代化，以公开、公平和透明的制度管理好党权、军权、立法权、行政和司法权，堵塞违纪违规公关的空间；（2）考评制度现代化，以政府政绩多元化评价机制改革硬政绩激励机制，缓解地方政府、企事业单位硬发展的动力和压力；（3）财政与预算制度现代化，以任期预算平衡机制改革软预算约束，消解相关方违纪违规公关的物质条件；（4）政企、政事关系机制现代化，以公开、轮换的行政联系机制防控政府官员私自与下级政府和企事业单位的违规违纪关联；（5）积极探索和推进公务员薪酬制度的现代化，逐步建立起公务员的奉献、责任履行与报酬相匹配的工薪制度。

第三，以转变发展方式改善政府治理是实现防控公务腐败的关键。我国渐进式改革的基本矛盾——经济体制改革与行政体制改革尚未完全协调推进，本书将其概括为财税相对分权与行政相对集权的矛盾。这一矛盾使各方存在开展交换的动力、压力和条件。而由于各地发展的不平衡性和条件禀赋的差异，中央和上级政府在把握授权的后果及利益的分配上就难以有确定的准则，相机授权作为一种渐进开放的机制成了相对满意的选择。但问题是，中国的改革经过30多年的探索式前进，不能总停留于改革初始性阶段，它所触及的社会矛盾、涉及的权力、利益调整格局，已不能简单地以相机的方式化解。随着改革步入常态化，改革的目标设计、手段选择、资源调配，尤其是其中的核心问题——权力配置，都需要通过制度化的方式予以确定。否则，改革就走不出"以产生新问题的方式解决老问题"的怪圈。那种计划好的但未必都是科学的经济增长，连同强力对标考核的政府与官员治理方式，必然会使相关政府和官员产生强大的通过非规范权力运作达成考核目标的动力和压力。腐败在很大程度上是传统的计划或半计划发展方式及其副产品。对改革和防控腐败而言，相机授权向制度化授权转变都具有一种顶层性的制度创新意义。

第一章　公务行为中的潜规则与公务腐败

腐败分子不同于明抢强盗，公然索要的有，但究属少数。腐败的滋生通常总要一些"遮羞布"、模棱两可的道道作掩护，好让双方都有台阶可下。尤其是在"公贿"式的事务处理中，要搞点见不得人的交易，更需要这样的"遮羞布"。通俗点说，就是潜规则。

第一节　行政潜规则的内涵及特征

一　行政潜规则的内涵

所谓潜规则，就是"不好明说，而又双方认可的行为准则，是彼此心照不宣的期待"。有学者曾从历史政治的"陋规"中概括出"潜规则"的含义："真正支配历史官僚集团行为的东西，在很大程度上是非常现实的利害计算。这种利害计算的结果和趋利避害抉择的反复出现和长期稳定性，构成了一套潜在的规矩，形成了许多本集团内部和各集团之间在打交道的时候长期遵循的潜规则。这是一些未必成文却很有约束力的规矩。"① 虽然政府行为中的潜规则情形复杂，但这一概括精辟地道出了潜规则的基本特征：形式上的隐形约定和本质上的非规范强制。由于公务行为的环境日益复杂，公务活动的主客体之间的利益分化现象也日益明显，正式规则并不能有效地调整公务活动中的所有关系，或者说，仅仅秉承正式规则行事，存在公务关系的各方都难以得到自己满意的利益诉求，因而，公务性潜规则行为就有生长的空间。说起行政潜规则现象，人们的感触往往多于言表。主要是对潜规则的认识，在市井和学术界都还没有定论。潜规则作为市井的谈资，由来已久，但学界对潜

---

① 吴思：《潜规则：中国历史中的真实游戏》，云南人民出版社 2001 年版，第 2—3 页。

规则的专门研究却深入不够。"潜规则"一词由吴思先生首先提出。他通过对明史中一个个令人深省的历史故事总结了我国历史中的各种潜规则。

继吴思提出潜规则的概念之后，国内对潜规则的研究便从各个角度展开了。目前已有的文献多是从研究潜规则的定义、成因、在各个领域的表现、与显规则之间的关系以及如何消除潜规则提出简易方法等角度来进行的。梁碧波将制度体系分为正式制度、与正式制度相容的非正式制度以及与正式制度不相容的非正式制度，并将其中与正式制度不相容的非正式制度界定为"潜规则"（梁碧波，2004），方旺贵认为，"潜规则是对内生博弈规则的另一种说法，是对正式规则的偏离"（方旺贵，2007），社会学视角中的潜规则通过各种潜在和暗行的社会规则予以表达，包括所有的人情关系和礼数习惯（何洁，2010）。综合起来，目前对潜规则的界定主要有四种观点：

其一，"陋规"说。吴思先生最先用"潜规则"来概括历史政治中的"陋规"，强调"潜规则"的负面性质。他说："在中国历史上的帝国时代，官吏集团极为引人注目。在仔细揣摩了一些历史人物和事件之后，我发现支配这个集团行为的东西，经常与他们宣称遵循的那些规则相去甚远。……我找不到合适的名词，姑且称之为潜规则。"他认为，这些其实就是古人官场所特指的"陋规"。"陋，自然不好明说，说起来也不合法，但双方都知道这是规矩，是双方认可的行为准则，是彼此心照不宣的期待。"①

其二，对应说。认为潜规则是与显规则相对应的概念，是指在组织正式规定的各种制度之外，在种种明文规定的背后，在一定范围内实际存在的某些不成文的，一般人（局内人）难以或不愿明确概括但又获得普遍认可和遵循的规则，它在较大程度上影响和支配着组织人的行为和现实的管理活动。② 它主要从潜规则滋生的领域上强调潜规则对显规则的寄生性和附着性。在没有显规则规范的地方和领域，也就无所谓潜规则，不论在该领域真正起作用的是什么规范。

其三，非正式说。明确潜规则与显规则的形式分别，认为潜规则是

---

① 吴思：《除蔽的秩序——拆解历史弈局》，海南出版社 2004 年版，第 80 页。
② 王德应、张仁华：《潜规则的管理学思考》，《财贸研究》2005 年第 3 期。

相对于正式规则而言。正式规则是那些法律、法规、规章、规定等成文的关于"为"与"不为"以及"如何为之"的规范；潜规则则是那些虽无成文之规定却在实践中指导官员"为"与"不为"以及"如何为之"的另类规范。① 正因为非正式，它看不见、摸不着，无条文，有"潜藏的规则"之义。

其四，暗流说。主要从潜规则的负面约束力来理解潜规则的"顽症"特性。认为："官场规则有显规则和潜规则之分。显规则是写在文件、规范、制度里的，往往是为了正确的目标而设定的，是维护官场清明的保证。潜规则则是在官场演进过程中形成的一股暗流，它裹挟着官员们按照自己的流向前进，一旦有人想逆它而行，就会有被吞噬的危险。"②

这些认识分别对潜规则的形式、潜规则与显规则的关系以及潜规则的危害性进行了有益的探索，但现有的解释仍然较为模糊，一些基本问题还需要进一步明确和充实。要完整地把握行政潜规则的含义，就必须弄清"潜规则"的本质属性。

从本质上看，行政潜规则是关于公权力运用和公共利益处置方式的非正式约定，而不是纯粹的私利和私生活的规范。任何行政潜规则都没有正式制度的确认，不论其是否起作用，也不论其是否有管理效能，合法性要件缺损是其根本属性。从形式上讲，行政潜规则是不成文的约定俗成，有的附着在显规则背后，有的完全是自在自为的，在没有显规则规范的领域，也可能有潜规则的影子。这时，它只是没有形式合法的"外衣"。作为一种私下约定，潜规则会随要约各方力量的对比变化而发生改变，从而进入新的潜规则均衡，因而，潜规则并非固定不变。从结构上讲，潜规则和显规则一样有行为调节部分和违规惩处部分，只不过这个结构是隐藏在各行为主体内心的。从形成过程来说，潜规则是非合法交易的参与者多次博弈的结果，是特定时期行政行为参与人不断试错的经验积累。从功能效应来讲，多数潜规则与正式规则相抗，侵蚀显规范的合法权威，干扰正常的行政秩序，只是在显规则缺席的情况

---

① 彭云望：《潜规则生发机制及其遏制——兼论吏治规范》，《北京行政学院学报》2003年第6期。

② 汪宛夫：《官场潜规则与党的意志"中梗阻"现象》，《领导科学》2004年第22期。

下，潜规则才有补缺的功能。

正式规则与非正式规则是不可分割、相互依存、互为条件、相互补充，共同构成了的社会规则体系，而潜规则是正式规则的逆向选择和异化（樊慧玲，2008）。潜规则在各个领域中的表现都是以一种隐藏于正式规则之下的形式表现出来，并对社会形成了巨大的破坏作用。造成社会经济系统失衡紊乱、行政系统腐败蔓延、文化系统萎靡不振（李颖，2007）。制度经济学是对非正式约束与正式制度关系研究的重要理论。新制度经济学的代表人物 D. 诺斯、R. 科斯、H. 德姆塞茨、T. 舒尔茨、张五常以及林毅夫、盛洪等把制度看作由规则所构成的秩序。诺斯认为"制度是社会中的游戏规则。较为正式的说法是：制度是人为设计的，用于人际互动的约束条件"①，制度从纵向又可以分为规范性行为准则、宪法秩序和制度安排三个层次。他在 1990 年又增加了"非正式约束"作为补充，提出制度是由一系列社会认可的非正式约束、国家规定的正式约束及其实施机制所构成。诺斯认为，非正式约束主要包括价值观、道德规范、习俗和意识形态等，它们在人类历史活动中逐渐形成，并得到了社会的公认。非正式约束广泛存在于社会的各个层面，是人类文化遗产的一部分。② 在潜规则滋生原因的研究中，也有人直截了当地将其归纳为利益或面子。一般情况下，利益诱惑大于人情，则直接选择利益驱动；若利益取舍不碍大体，人情的成分就会多一些。总之，利益和面子都可能成为潜规则行为的动力。③

一些学者认为，要遏制潜规则的蔓延，消除潜规则对社会造成的不良影响，就要保证在系统运行的过程中加强公开性和透明度，特别是在有关财务、干部选拔任用、公共事务管理、审批、决策等方面，更有必要公开透明（王俊，2007）。从法治建设的角度看，通过法律公平分配利益、运用权力制衡压缩潜规则空间、增加交易成本，能够减少潜规则的发生（王耀海、盛丰，2010）。从行政系统的监督检查机制而言，潜

---

① North, Douglass C., *Institution*, *Institutional Change and Economic Performance*, Cambridge: Cambridge University Press, 1990, p. 3.

② ［美］R. 科斯、阿尔钦、诺斯等：《财产权利与制度变迁》，刘守英等译，上海三联书店 1991 年版，第 377 页。

③ 杨国枢：《中国人的心理与行为：本土化研究》，中国人民大学出版社 2004 年版，第 103 页。

规则遏制的核心问题是如何提高控制的有效性，在当前的转型期社会，吏治规范的主要思路是强化人民代表大会的监督职能，建立相对独立的监督行政体系（彭云望，2003）。构建法治社会，通过重塑传统人情观、构建公民的法治精神并加强对权力的制衡与监督来破除潜规则根源（潘雪江，2007）。

二　行政潜规则的特征

行政潜规则具有紧密的公权力关联性、不合法性、不成文性、集体和个体共束性、隐蔽性、沉积性、非主流性和危害性等特征。

（一）不合法性

行政潜规则是对公权力运用和公共利益处置方式的一种"私下约定"，而公权力必须以法律和制度等正式规定为依据，公共利益的处置必须以公众的集体利益为目标。违反了正式制度便是违反了这些基本前提，不具有合法性。上下级政府间、政企间、政事间的很多互动博弈行为就是在没有受到法律制度的严格规范下进行的。比如，高校与教育主管部门间在招生计划核准上的讨价还价，在总额一定的情况下，给 A 高校多一点，还是给 B 高校多一定，很难有客观公认的标准。最终结果很可能受各高校与主管部门的关系亲疏影响。这种亲疏关系就是潜规则的一种表现形态，由它来影响资源配置显然是不合法的，也可能带来潜在的腐败。

（二）隐蔽性

行政潜规则通过双方的互动行为表现出来，这些行为比一般的私人社会领域的"陋规"更加隐蔽，甚至隐藏在双方对公共事务的治理和政治过程中。比如，地方在执行中央的各种政策时进行有选择的执行，这种打"擦边球"的做法正是央地间博弈行为的隐蔽表现，再如地方"勤于跑部"也是通过隐蔽的方式对中央资源和政策所进行的争取。隐蔽的原因就在于这些行为背后的驱动因素或者达成这些驱动因素的行为方式突破了正式规则的限制，不便像正式规则那么公开透明地展开。

（三）不公平性

潜规则因为不合法，它既不能公开也不能强制要求相关方遵守，其形成的约束就不是普遍的。那么，处于关联行为的利益各未必都运用潜规则公关，或者说，即便用了但与其他相关方相比力度还不够，如果有权机关基于这样的原因来决定资源和机会的分配显然是不公平的。在所有的公务关联行为中，如涉及竞争性利益分配，都会形成一对多的博弈格局。其中的"一"就是决定分配方案的一方，通常都是政企关系、政事关系中的政府，上下级政府间的上级政府；其中的"多"是指有意争取相关利益的各方，即多家企业、事业单位和下级政府。"一"总是居于改变关系的主动地位，而"多"总是处于被动地位。在"一"对"多"的关系中，存在信息不对称问题，在"多"对"多"的关系中，还有利益不对称问题，这就可能迫使"多"方竞相采取潜规则公关方式向"一"方示好，而"一"方则坐视"多"方不同的公关程度，给予不同的政策安排和发展机会。

（四）易复制性

潜规则从无到有呈现出不断扩大的状态，一方面，潜规则圈内主体希望潜规则圈不断扩大，参与的行为者越多，潜规则圈受显规则惩处的概率越小，因为大家"在一条船上"，圈内人力量越大，达到期望目标的成本越低，熟悉的环境必然降低形成"关系"的成本；另一方面，圈外行为者具有加入潜规则圈的需求，尤其是通过显规则达到期望目标不断受挫而通过潜规则可以达到目标的情况下这种诉求会更加强烈。圈内行为者和圈外行为者的共同需求使潜规则呈现出从原来的小团体不断向外扩展的"外卷式"扩大路径。地方通过"驻京办"这一特殊的机构设置争取中央的特别待遇过程中也表现出这个特征。这种通过血缘、乡缘、学缘、业缘等连接而成的利益关系网，本身就以最初结成关系的双方为基点不断向外延伸，呈现由内到外，由小到大的变化趋势，设置驻京办本来最主要的职能并非是"拉关系、要资金、要政策"，但当少数地方通过这种方式可以用较低的成本获得地方的目标利益时，其他地方自然纷纷效仿，"拉关系、要资金、要政策"也自然成为驻京办的首要职能之一。

第二节　府际、政企、政事关系中的潜规则行为

潜规则存在于社会中的各个领域，在政治行政领域中，政府间、政企间、政事间同样存在各种潜规则，并且潜规则的产生正是对权力规范

利用的一种侵蚀。而对政府管理过程中产生的潜规则进行描述较多的是对官场潜规则的描述，多是以零散的、个别的事例为视角对贪污腐败现象的一种批判，而很少涉及政府在社会管理过程中的宏观管理行为。汪宛夫提出了官场潜规则以及党的意志中梗阻的现象，对政府在执行上级政府的政策过程中形成的"上有政策，下有对策"现象进行了研究（汪宛夫，2004）。从某种程度上说，潜规则就是"暗中左右或影响公权力运用和公共利益处置方式的不合法规范。"①

央地关系中的潜规则主要是指央地政府的某些部门或个人在公务活动中通过长期的利害计算和趋利避害抉择形成的关于公权力运用和公共利益处置方式的非正式约定。这些约定并没有明确的法制规范认可，其运行方式也具有较大的随意性，但拘束力却非同小可。这些部门和个人之所以偏好于按照非正式约定来行事，既是在央地现行的权力配置体制下，各方不断"试错"和反复博弈的经验积累，又是各方"共赢"的权宜之策，他们可以从中得到利益、效率和便利，又不需要承担正式约定给自己增加的成本以及法律和道义责任。央地互动过程中的潜规则现象多发生在事权、财权和用人权的配置问题上。从中央层面讲，主要表现为国家政策的部门化，即"行政部门利用法定职权和掌握的国家立法资源，在起草国家法律、行政法规时过于强调本部门的权力而弱化相应的责任；制定部门规章、编制行业规划、实施宏观政策时，偏离了整体的国家政策方针和公共利益，力图通过国家法律、法规、规章来巩固和扩大本部门的各种职权以及本部门、相关企业和个人的既得利益"②；从地方层面讲，主要表现为迫于非理性的地方竞争而曲意向中央示好，即在行政集权和财税分权背景下，各地方为争取财税资源、发展空间、优惠政策和晋升机会而采取体制外的方式取悦或应对中央有权部门。这类潜规则形式多样，下面分别从中央调控地方的潜规则和地方应对中央的潜规则两方面略述一二。

一　中央对地方关系中的潜规则形态

（一）"扩权卸能"

中央政府部门利用自身主持或参与国家政策安排的便利，不断在改

---

① 郭剑鸣：《地方行政行为中的潜规则：形态、风险及其整治》，《中共浙江省委党校学报》2008 年第 2 期。

② 熊文钊、张伟：《国家政策部门化存在严重弊端》，《求知》2006 年第 9 期。

革中扩充财税支配权和行政审批权，同时又把大量的职能和事能卸载给地方，令地方不堪重负。1994 年分税制体制改革的一个目标便是提升中央财政收入占全国财政收入比重，从 1994 年分税制以后，中央财政收入呈现上升的局势。从 1994 年开始至 2014 年，中央财政收入占全国财政收入大幅度上升。2014 年，中央一般公共财政收入 64490 亿元，地方一般公共财政收入（本级）75860 亿元，央地财政收入占比从原来不到 3/7 的水平提高到 4.6/5.4，而同年中央本级支出 22570 亿元，地方财政支出 129092 亿元，央地财政支出比重则由 3/7 下降到 1.5/8.5。从世界平均水平看，中央财政收入占全国财政收入的 50% 属于正常范围，但是，由于我国分税制对中央和地方之间的事权划分规定并不明确，在中央财权不断上升的同时却将大量的公共管理事物交与地方进行，造成中央财权不断上升，事权不断下降，而地方则呈现相反的局面：财政力量相对较弱反而要承担大量的公共事务支出。在此背景下，中央各职能部门一方面尽可能在中央政府的权力和资源总盘子中扩大本部门的份额、做大本部门预算①，以积累其调控地方政府的权威基础和资源总量；另一方面又采取"共建""配套""放权（事权）"等方式转移许多外溢性、区域性的公共服务职能，"其结果是地方政府特别是基层政府的财政压力增大"，"地方政府不得不寻求财政收入的增长点"，其中就包括求助中央的资助。② 这种行事规则也可以称为"财权上收、事权下放"，使地方形成对中央财政补助的路径依赖。

（二）"鞭打快牛"

分税制虽然在抽成问题上缓解了中央实施"鞭打快牛"策略的冲动，但由于我国区域发展的不平衡性，中央"抽肥补瘦"的财政平衡手段从未退出。一方面，中央总是不满足地期待经济基础好、资源禀赋好的地区有更好的经济增长业绩，并对其贡献的预期提出特殊要求。③ 另一方面，在资源分配上，中央又一直都根据各地方的经济发达程度区

---

① 根据国家审计署的审计，2014 年接受审计的 46 个中央部门虚报预算的现象比较普遍，"存在问题"的资金总额 142 亿元，七成单位的"三公"经费有违纪违规现象。国家审计署：《2014 年中央 46 个部门预算执行情况审计公告》，2015 年 6 月 28 日。

② 杨志勇：《地方竞争秩序的财力约束》，《人民论坛》2009 年第 4 期。

③ 比如 2008 年汶川大地震后，中央首先要求东部八省对口援建灾区，并根据各省经济实力将灾情最重的几个区县的援建任务分配给他们：广东—汶川、山东—北川、江苏—绵竹、浙江—青川、上海—都江堰。

别对待，对欠发达地区，中央会既给政策，也给资助，而对发达地区通常是只给政策，经费自筹。总体上看，地方受到中央资助和优惠的程度是与其经济发达程度成反比的。①

（三）"晋升锦标赛"

中央除了用财税资源分配手段调控地方，还格外注重用人事安排的手段，使各级地方官员加入持久的"政治晋升锦标赛"，以强化地方执行中央政策。② 中央对什么样的干部可以在这场竞赛中胜出握有裁决权，其中的标准与地方经济的发展、财税贡献度关系密切。一般情况下，有发达地区工作经历的干部获得晋升的机会更多③，以致地方干部心中都有同样的心理印记："有经济业绩不一定就行，但没有经济业绩则万万不行。"当然，中央对这样的承诺从来就没有正式过，但这一隐形承诺却对符合晋升年龄的地方干部构成了一种刚性约束和激励。

（四）"行政化"调控

中央作为国家宏观调控的总调节师，通过经济、法律和行政手段对国家经济生活进行总体的宏观调节，保证国民经济发展的总体方向，中央的宏观调控是无可厚非的，并且这种调控在过程中均需要地方政府予以配合贯彻执行。但由于我国并未完全建立起市场经济体制，在国家调控过程中还存有一定的计划色彩，中央对经济进行调控的过程中，充满了各种"硬性规定"的行政化手段。这种行政化的调控其实彰显着某些特定部门的权力，当地方认为此类调控对地方经济社会发展不利时，容易消极执行或者与相关调控部门做交易。

（五）单方面改变游戏规则

在中央和地方之间的博弈过程中，中央始终掌握着博弈规则的制定

---

① 我国分税制改革引入的财政转移支付制度由财力性转移支付和专项转移支付构成。财力性转移支付是指为弥补财政实力薄弱地区的财力缺口，均衡地区间财力差距，实现地区间基本公共服务能力的均等化，中央财政安排给地方财政的补助支出，由地方统筹安排。2014 年中央对地方转移支付 46787.09 万元，这一数量占 2014 年全国 14 万亿元一般公共财政收入的三成多，相当于 2013 年中央财政收入的七成。财政部：《2014 年中央对地方转移支付 4.68 万亿元 占中央收入七成》，2015 年 2 月 2 日。

② 周黎安：《中国地方官员的晋升锦标赛模式研究》，《经济研究》2007 年第 7 期。

③ 我国官员升迁的概率与其任职地区的经济发达程度呈明显的正相关性。张军、高远：《改革以来中国的官员任期、异地交流与经济增长：来自省级经验的证据》，《经济研究》2007 年第 11 期。

权和主动权，地方在中央集权模式下处于被动的从属地位，需要按照中央不断变化的游戏规则改变行为策略以应对中央的变化。新中国成立初期中央集权所具有的"权力中心"色彩并未随着改革以后对地方的放权逐渐消失。相反，目前对中央和地方关系缺乏完整的法律制度约束以及现行宪法对中央职权过于宽泛的规定为中央政府采取单方面改变游戏规则形成了机会主义。① 如在分税制之初，中央和地方的共享税种包括增值税、资源税和证券交易税。其中，央地分享增值税的比例分别为75% 和 25%，而随着地方经济的发展程度所形成的增值税不断增加，到 1997 年中央将对增值税的分享比例改为中央占 80%，地方只享有20% ;② 证券交易印花税也从分税制初期中央地方各占 50∶50 的分享比例逐渐调整为 1997 年后的 80∶20，并在之后又再次分别调整为 88∶12 和97∶3 的分享比例。③ 中央对政策的调整一方面是基于我国经济实际发展的变化，是灵活运用中央权力的表现；另一方面中央在调整过程中没有相应地依据标准或原则，很容易被某些部门和地方利用作为交换的手段。

二 地方应对中央的潜规则形态

与中央对地方的潜规则行为对应，地方与中央博弈不仅要争取财政资源，还涵盖了实现其利益的其他各种资源，包括中央的项目支持、政策支持以及抵制中央各种不利于地方利益的政策行为等。

（一）"财源最大化"

地方政府达到最大化财源通过两种途径：一种是体制内办法，即争取最大化的预算配置；另一种是通过体制外的扩大预算外收入增加地方财政收入。在预算配置过程中，因为地方政府预期中央会在预算审批过程中砍掉其中一部分预算需求，（而在现实中，中央也的确会对地方的需求提出减少的修正意见）因此地方往往多报、谎报预算配置需求数。而由于地方对中央"砍"掉部分只是经过多年经验的粗略推算，而中

---

① 金太军、赵晖：《中央与地方政府关系构建与协调》，广东人民出版社 2005 年版，第238 页。

② 高培勇：《中国财税体制改革 30 年研究——奔向公共化的中国财税改革》，经济管理出版社 2008 年版，第 105 页。

③ 刘玲玲、冯懿男：《分税制下的财政体制改革与地方财力变化》，《税务研究》2010 年第 4 期。

央对地方实际需求并不知晓，结果是经过中央裁剪的预算往往会高于地方的实际预算需求，而地方得到的多余实际需求的预算往往会在预算年底以各种名目突击消费，以证明地方拿到的预算确实仅仅足够甚至不足地方的实际需求；同时，地方政府还通过争取中央的新增投资来"充实"地方的财源，例如，通过在预算中安排造价低、见效快的"钓鱼工程"来获取中央的新增投资，并通过后期变更预算资金，使投资部门追加预算投资来获取额外的财政收入。①

（二）"藏富"

分税制财政体制改革以后，中央政府通过税收上解的方式获取地方经济发展的成果，并且中央存在"鞭打快牛"的取向，随着经济发展的不断加速，中央的财政上解幅度不断上升，对地方上解形成巨大的压力。由于上解额是与地方经济发展速度相联系的，地方在经济形势较好的年份以较高的比例上解以后势必会在经济形势不好的年份造成一定的压力，并且上解幅度由低到高的变化更能证明地方经济发展是由于执政官员能力的发挥，因此，地方往往会在经济形势较好的年份保留一部分税收，对企业免征税收或少征税收或与企业商定暂时少收取一部分税收，等到来年或地方政府认为需要时，企业将地方少征收的部分一次性补齐。产生所谓的"藏富"效应。

（三）"跑部钱进"

所谓"跑部钱进"，是指利用地方驻京办的关系网，在各部委部门跑动"沟通"，达到要项目要资金的目的，不仅"上面"早已"心照不宣"，而且在"下面"更以此为衡量一个干部能力、政绩的重要标准。"跑部钱进"乱象产生的最根本原因是"权力部门化"、"部门利益化"所导致的财政支出随意性。2012年3月10日，全国人大常委会委员、中纪委副书记刘锡荣在发言时说，现在各地都在"跑部钱进"，给反腐败工作带来很大压力。什么时候各地驻京办事处没有了，就政治清明了。"驻京办"现象是中央和地方博弈过程中的另一典型现象。据统计，从分税制改革以后，全国驻京办的数量急剧上升，2003年至今，全国共有5572家左右的驻京办，其中52家副省级以上驻京办；520家

① 刘洪涛、孙耀州：《我国地方政府在公共预算配置中的博弈关系分析》，《党政干部论坛》2009年第3期。

市级驻京办；5000 家县级驻京办。驻京办的主要功能转变为"政务联络，重点项目，接待服务，收集信息，实体经营，信访维稳，人才服务，招商引资等"。[①] 在这些功能中，最吸引眼球的莫过于驻京办的"跑部"功能，也就是政务联络、重点项目、收集信息等功能。"跑部"是"权力部门化""部门利益化"环境下，地方政府获得利益的"必修课"，而不跑或少跑则意味着在争取资源和政策的过程中"不够用功"，因此地方为获得中央的政策和财政支持，形成了竞相跑部的热烈场面。通过跑部获取财政支持和政策支持是中央和地方之间的行为关系，而某一地方获取这种支持则意味着其他地方对这种支持的失去，这就必然会使此类潜规则行为愈演愈烈。目前我国仍有 1/3 左右的省份是"输血财政"，争取中央财力性转移支付和专项转移支付是欠发达地区实现财政收支平衡和履行公共服务职能的重要支柱。[②] 而分配这些财力资源的部、委、办、局少则三四十家，多则一百余家，地方政府必须经常跑、分头跑。比如，"财政部 2014 年上报专项转移支付 133 个，执行中实际安排明细专项 362 个；抽查 343 个明细专项有 43 个部门参与分配，涉及 123 个司局、209 个处室"。有关地方想要得到这些补助，就得尽可能勤"跑部"。[③] 而每当中央大规模启动财政投资干预经济行动时，各地便会以各种形式与发改委密切过往。[④] 发达地区"跑部"主要是为项目审批、规划核准和政策许可，他们很清楚"哭穷也没有用"，因此，

---

① 殷存毅、汤志林：《基于选择性政策的"驻京办"及其运行模式》，《公共管理评论》2010 年第 1 期。

② 从普洱市兼云南省水利厅驻京联络处四年争取的项目资金涨了 10 倍便可见一斑。他们从 2005 年开始成立，当年就获得水利部项目资金 2.5 亿元，2009 年则是 25.5 亿元。《一位驻京 20 年老办公室主任"撤办"前现身说法》，《南方日报》2010 年 1 月 28 日第 3 版。

③ 国家审计署：《2014 年中央 46 个部门预算执行情况审计公告》，2015 年 6 月 28 日。

④ 2008 年 11 月 13 日《21 世纪经济报道》一篇题为《各省进京分切投资，发改委周边酒店爆满》文章称：在 2008 年 11 月国家发改委召开紧急工作会议，开始讨论 1000 亿元年内新增投资方案的半个多月的时间里，"国家发改委所在的北京三里河，就成为当下中国的焦点。赶赴这场千亿元盛宴的地方各路人马就迅速在京城集结，国家发改委周边住满人，连周围胡同的地下室也住满各地来客，全是各省市来跑项目的，停车场上停满挂外地牌照的车辆……不少车还挂着京西宾馆'国家发改委工作会议'的牌子。"由此可知，央地关系中的一些潜规则现象十分普遍。另据《华夏时报》2012 年 5 月 26 日的报道：5 月 23 日召开的国务院常务会议发出了启动一批"事关全局、带动性强"的重大项目的明确信号，立即引发各地再次齐拜发改委的现象。

这些地区设立驻京办的动力不是那么足，驻京办的职能更侧重于摸清中央的发展思路、搜集经济信息和联结乡谊。①

（四）政策"选择性"执行

中央政府通过财政和人事方式控制地方政府及官员行为，但这并不意味着地方对中央行为的全盘接受。由于中央和地方之间存在的信息不对称，中央往往不能获取或很少获取地方的真实信息，因此，地方在贯彻执行中央政策时往往采用"选择性"的执行方法。"选择性"执行方式既包括地方对中央政策的"象征性执行"，也包括地方"按需"解读中央政策指令。地方"象征性"执行中央政策是对中央已经颁布的所有政策进行有目的的辨别，挑选其中有利和便利的部分执行，并将此作为已执行中央政策的"代表"，而对于不利于地方的政策和较难执行的政策则象征性地执行，往往只造声势不见行动。地方对中央政策的"按需"解读则是指对中央颁布的指令性文件在解读过程中按照地方的需要加以变通。我国不同地区具有不同的实际情况，中央所颁布的政策只能是宏观的条条框框，地方政府应运用自由裁量权对中央政策作出适应本地实际的解读，而地方政府的自由裁量权却被"恰到好处"地运用到对中央政策的变通上来。中央不具有掌握地方信息的能力和精力，因此地方政府总是能大胆且成功地按照需求对中央政策进行执行，这也是现实中的"上有政策，下有对策"和中央政策的"梗阻"。

（五）"预算软约束"

"预算软约束"② 可以说是地方应对中央"扩权卸能""鞭打快牛"和"晋升承诺"的总策略。因为中央这三条调控地方的办法，条条都会挤压地方的财力空间。地方多采取倒逼的办法——"做大开支、隐藏收入、上交债务"。地方在财政支出方面，往往尽可能做大项目、做大

---

① 2009 年 3 月，山东潍坊市人事局负责人在撤销该市驻京办时表示，"市场经济体制成熟和通信手段发达的背景下，驻京办的使命已经完成"，此举开了全国撤销驻京办的先河，从中可知东部地区设立驻京办的职能定位与中西部地区有所不同。《山东潍坊撤销包括驻京办在内的所有外驻》，《新京报》2009 年 4 月 7 日第 4 版。

② 科尔奈提出的"预算软约束"理论指出：由于委托人迫于体制和环境约束，事前不能明确承诺不向代理人提供补助，导致代理人激励不足，不会积极控制支出。

政绩，这样既可以提高年度支出基数①，又可以给主政官员在"晋升锦标赛"中加分，因而，几乎没有哪个地方政府不举债的。尽管中央三令五申，严禁地方政府用财政担保借债，但地方政府很少用心去控制债务，因为政府只有一家，他们不相信中央会见死不救，听任他们破产。

三　政府与企业单位关系中的潜规则行为

政府行为的典型特征是行政化、等级化和官僚化。政府在处理与企业事业单位的关系中，特别强调行政审批、讲究行政归属、注重行政效果。这些行政性的行事方式，与企业事业单位追求的自主性、市场（社会）评价和"4E"标准存在很大的反差。潜规则行为便成为弥合上述反差的主要方式。

根据田志龙、张建君等的研究，我国企业政治行为的常用策略：直接参政、寻找代言人、信息咨询、社会动员、政府关联、财务资助和引导政策变革。② 由于相关规范不健全，其中不少策略都是用潜规则方式推进的。

（一）政治参与

政治参与原本是任何国民和法人的基本政治权利。但在政企关系中特指企业家或企业中的其他高管通过各种制度化的途径参加现有的政治组织，包括人大、政协、工商联、党代会等，以获得政治地位或经济利益。其中，并非所有的企业家或高管都能如愿地获得相关政治待遇，也并非所有加入其间的企业家是真正履行参政议政责任的。到底什么样的企业家能与政府形成密切的互动关系，并没有确切的标准。但只要研究一些案例，就不难发现其中存在的潜规则运作秘密。"柳传志、王文京、鲁冠球、宗庆后、李东生等都曾经是（或仍然是）全国人大代表；柳传志和王文京等还是（或曾是）全国工商联副主席。"他们成功参与政治体系后，大都充分利用这一制度途径来保护自身利益。比如，宗庆后在 2007 年 3 月的人民代表大会上提出了《关于立法限制外资通过并

---

① 据西南某省一地市级驻京办不愿透露姓名的驻京办主任称："20 世纪 90 年代，国家税制改革时，他打听到各地的开支指标要以上一年为准的信息后，马上跟市长汇报。当地做出决策，年底时花掉大笔资金，拉高了地方上一年开支指标。第二年税制改革后，按照政策，当地获得了充裕的开支资金。"《一位驻京 20 年老办公室主任"撤办"前现身说法》，《南方日报》2010 年 1 月 28 日第 3 版。

② 参见田志龙、高勇强、卫武《中国企业政治策略与行为研究》，《管理世界》2003 年第 12 期；张建君、张志学《中国民营企业家的政治战略》，《管理世界》2005 年第 7 期。

购垄断中国各个行业维护经济安全的建议》，建议严格限定外资并购国内企业的条件，以保护其在与达能竞争中的优势。

（二）迎合政府需求

政府有发展地方经济的主体目标，在不同时期也会面临具体的任务或困难。如果企业能够利用自身的力量为政府排忧解难，做政府（官员）希望或推荐的事情，那么就会相对容易地赢得良好的政府关系。除了增加 GDP 和税收贡献，也包括做些政府鼓励的社会义务，特别是当该类事务是由与企业关系亲近的分管领导倡议的，比如设立慈善基金，支持教育、体育、卫生、扶贫和环保事业，积极参加赈灾救济，赞助社会福利等。这些活动既改善自身形象，又能为政府及相关领导增加政绩，便于他们为企业有需要时提供帮助。

（三）直接与政府关联

比如雇用政府官员（退休高官），包括其亲属、利害关系人，请政府官员视察或背书，重要场合邀请有关官员出席、邀请政府官员参观视察等。

（四）物质刺激

它是指直接或间接向政府（官员）提供财务或其他物质方面的支持。在中国，这一行为有各种各样的表现形式，包括从财务上支持和参加政府部门组织的各种活动、为政府提供服务、向政府官员赠送礼品、通过物质甚至金钱等手段影响政府官员、资助官员出国旅游、为官员提供个人服务等，不一而足。

比如，在季建业主政时的昆山，曾有 10 万台商及其家眷云集。即便在其落马后，中国台湾媒体对季建业也多有褒奖。中国台湾"21 世纪基金会"董事长高育仁曾说，"去昆山投资就是为了季建业"，不少岛内名流也将昆山台商云集的缘由更多地归结于"地方官员的热忱"。究其原因，就在于企业投资能给当地政府带来政绩和利税，而地方政府没有底线的招商热情，则能给企业经营"遮风挡雨"。昆山市政府曾公开宣称："来帮我们投资的是恩人，来投资我们的老板是亲人，能打开招商局面的是能人，影响投资环境的是罪人"。为此，昆山市甚至划定"保护时段"不让执法机关去监督检查，以免"破坏发展环境"。

昆山模式在当时并非个案。不少去昆山学习过的地方政府，纷纷效仿这一所谓的昆山"亲商"模式。河南省洛阳市列出一批"重点民营工业企业",对其实施"挂牌保护";浙江省温州市准备探索"摇号抽查"方式以"最大限度减少执法检查次数";江苏省扬州市将执法机构的工作行为纳入纪检监察的督察范围,对"随便检查企业"的执法单位"严肃追究问责"……更有甚者,有些地方将环保、安监部门纳入"限制行为能力"的监控名单。①

在这些案例中,企业为政府站台,政府为企业撑腰,但在双方利益的交换中,把一些不合规、不合法的行为洗清了。GDP 增长的价值能否抵消事故、员工安全造成的灾害暂且不说,关键是要把"造饭碗"与违法区分,不能说我是来为地方经济发展做贡献的,就可以胡搞,更不能因为是市长请来的,就可以不纠责,不护法。但事实就是如此,这里折射出的潜规则就是"政府说行就行"。

另外,政企合谋也是很多地区催生"地王"的潜规则之一。现实中地方政府有利益激励和开发商合谋炒高地价,尤其通过几个"地王"的"羊群效应"来带动其他开发商入场,拉高地价,进而炒热区域房地产市场。

地方政府的迎合措施可能发生在两个期间:在拍地前,地方官员可能会和较有意向并且资金实力充足的开发商进行"贵宾室"谈话,双方达成企业高价拿地后,事后地方政府给予奖励或政策优惠的口头承诺。或者开发商拿下一块"地王"后无力开发,可以找地方政府谈条件。政府开出的优惠条件可能包括修改土地建设规划,增加好的配套,调整容积率,增加限高,减免回购房,延缓缴纳土地出让金,部分税收返还等,甚至低价"内定"其他地块。有这样的利益输送方式,自然摊薄了拿地成本,又帮了地方领导的"忙",企业当然会积极响应,即使这块地皮看似吃亏,但利益的天平最终会平衡的。

四 政府与事业单位关系中的潜规则行为

相对于企业来说,事业单位对政府的依附性更高,相互间的潜规则交往更加密切而无恐。企业以潜规则对待政府大多是要求政府给政策优惠、贷款便利,而事业单位不仅开办资源(人、财、物)要直接仰仗政府的鼻息,而且其事业开办审批权和事业质量的评价权也拽捏在政府

---

① 《昆山爆炸曝政府招商黑幕:投资送人大代表名额》,《中国经济周刊》2014 年 8 月 12 日。

主管部门之手。可以说，改革以来，政企间的"婆媳"关系基本解除，但政府与事业单位的"婆媳"关系大体未变。因此，政府与事业单位间的潜规则交往必然有过之而无不及。虽然，事业单位范围广，但各行各业与其主管部门的关系大体相当，"行政化"就是政事关系中最大的"潜规则"。在此简单以教育行政部门与学校的关系为例，略做介绍。不过，我们更换一种表述方式，不列举具体的潜规则行为类型，而以几个典型案例来分析之。

例一：2008 年，广西师范大学六位校领导隆重迎接教育部教学评估专家组女秘书一例是学校与主管部门关系行为规则的一个缩影。据报载：

"2008 年 4 月 6 日，教育部教学评估专家组到达桂林后，该校六位校领导全部出动，远迎贵宾，对专家组两位女秘书，也亦以鲜花迎宾之礼相待。他们把这些消息与图片发在了广西师大校园网首页。

校方没料到的是，迎接女秘书的图片会流传到互联网上，并引起媒体报道和公众非议。

然而，这只是广西师大迎接评估的隆重礼仪中最普通的一个细节，如今实行的其实已经是'瘦身'后的迎接方案，原方案包括警车开道迎专家，后被获知情况的教育部官员要求取消。

两位秘书只是科员，专家们也只是普通的高校教授与校长，但他们位列教育部评估中心两千余名专家库之中，作出何种结论的评估，决定着一所高校在主管部门眼中的优劣。

在一些教育界人士看来情况更为严重：为了评估得优，中国的很多高校校长都用足了'手段'，有的不惜调动全校师生一起造假。"①

事后，当记者采访教育部高等教育评估中心相关负责人时，他也表示，这样的接待确实过度了。"作为一个秘书，是为学校和专家组服务

---

① 傅剑锋、王霞、吴冰清：《广西师大教育评估调查》，《南方周末》2008 年 4 月 17 日第 3 版。

的，以后不允许出现这种情况。"

关键是广西师范大学如愿以偿地拿到了优秀评价（从当时评估的整体情况看，也应该得到这样的评价），很难说这种高规格的接待起到了什么作用，但至少这一行为没有产生负面影响。俗话说，"礼多不怪"。不管学校的领导是自愿还是不得已而为，你都得为。因为学校发展的前景、办学资源和办学效果不是由自己说了算，也不是由社会说了算，而是由教育行政主管部门说了算，就是其中的潜规则。其中，用足了"手段"的说法，的确不是危言耸听。这从下面一则由申报博士学位授权点引发的争议中可以得到进一步的阐释。

例二：2009 年，陕西高校博士学位授予权引争夺，媒体挖"黑幕"。据相关媒体披露：

"2008 年，国务院学位委出台了 29 号、30 号文件，由全国统一评审博士学位授权，改为各省学位委进行评审，评审结果报省政府批准，国务院学位委备案。

据此，国家把陕西省划归 Ⅱ 类地区，在下一个规划周期（2016—2020 年）中，将采取同'研究生教育发达，学位授权体系能够满足需要'的 Ⅰ 类地区相同的政策进行管理，也就是说，今年的博士学位授权评审，也许是陕西省高校的最后一次机会了。

国家学位办给陕西下达的新增博士学位授权点建设单位名额是 2 个，由于几年前由部委划转到陕西省的高校多、够资格参加评审的多、水平接近的多，名额少，竞争激烈，矛盾突出，8 所参与高校均视作头等大事，压力很大。政府也很为难。

2009 年 3 月 27 日，由陕西省学位办邀请 21 名专家票决形成的'拟规划立项建设单位名单'出台后，这个环节引起了落选高校极大的非议。

首先，陕西省学位委员会，竟然 11 年未曾换过届，按照四年一换届的规定早已超期，29 名委员中退休、调离、返回老家赋闲者不在少数，以至于 4 月 10 日学位委召开第一次会议时，竟无法判断能够与会的委员还有几人。

其次，为什么上面只给陕西省两个申博指标？依据是什么？陕西省的两个指标，又是谁定下来的'一文一理'？特别是为什么西工院借调去到省学位办的工作人员郝某，3 月之前一直不回避申博工作？8 所高校第一次的申报材料都是递到他手里的，作为本身与结果有一定利害关系的当事人，郝某理应回避。

再次，学位办邀请专家的决定是怎么出台的？为什么人数是21 位？又为什么要从江苏、北京、陕西各请 7 位？为什么要组成混合专家组，而不是像国家学位委前 10 次评审那样，博士学位授权点的评审由类型上相近的高校领导来评，而学科必然要经由同行专家评审和学科评议组专家的评审？混合式的评审使得工科、体育、法学、哲学、文学、医药等学科的专家会聚一堂，对各类高校发表实质性评审意见，其荒唐不言而喻。

最后，专家们用一天的时间，能看完 8 所申报学校呈送的几千页材料吗？如看不完，又是如何做出投票的决定的？如果他们主要是根据 8 所高校校长 20 分钟的答辩，那么在此环节中，入选的外院、西工院两个学校的校长，与落选的西北政法、石油大学两个校长的 PK 表现如何？

4 月 20 日，西北政法大学正式向陕西省政府法制办递交了《行政复议申请书》，请求对陕西博士学位授权立项建设单位进行重新评审。

4 月 24 日，陕西省政府法制办向除西北政法外的 7 所申报大学，寄出了他们可以作为行政复议第三人参与复议的通知，要求其10 天内递交答辩状。至此，'申博'事件的几方当事人，都骑到了老虎背上。"①

正如媒体所析，由于办学自主权的缺乏，各高校为了争夺这些办学层次、办学水平的"标志"，可能付出数代人的努力。然而，最终的结果却未必是真正有办学特色、办学质量的单位胜出。因为，评审本身很难有众人都信服的客观标准，加之，评审的时间也有限，专家未必能在那么短的时间内了解你的特色，这就需要在平时与主管部门及其聘请的专家保持较好的关系，这需要手段。至于需要什么手段，能使出什么手

---

① 石破：《陕西高校博士学位授予权引争夺，媒体挖"黑幕"》，《南风窗》2009 年 5 月28 日。

段，因人因地而异，一言难尽。

但案例中谈到的派出工作人员到主管部门"上挂"锻炼，确实是一种通常的办法。所谓"上挂"锻炼，探听情报信息、沟通主管部门的关系是主要的任务，锻炼工作能力倒是次要的。这种"上挂"机会很珍贵，需要下属单位努力争取，主管部门同意哪个下属单位的人员"上挂"事实就意味着认可了他们与该下属单位不一般的关系，许多需要竞争的资源分配关系就好处理了，至少要占些先机。

以致某大学校长直接质问说：是谁逼得我们"跑部钱进"？"如果说中国的教育体系包括中长期教育规划的实施要真正解决行政化导向的问题，我认为，有两个最根本的问题需要解决：一是资源配置体系，二是学校的办学自主权。"而当前的情况是"该有的没给，应控制的又缺乏监督"。①

第三节　公务腐败及其形态

一　公务腐败的概念界定

"公务行贿"或"因公腐败"一词，学术界尚未明确界定，是个尚在探索中的概念。不过，在实践中，公务腐败却常被人揪住不放，诸如公务贿赂、公款吃喝、公款旅游等。正因如此，加之研究防控典型意义（笼统）的腐败的成果很多，本书选择防控"公务行贿"的机制为研究突破口，尝试做点创新，以求教于学界同行。这里我们将"公贿"式腐败界定为政府间、政府与企业间和政府与事业单位间在公务活动中以组织的名义、动用公共资源发生的交换权力、物质资源和非物质支持等违纪违规行为，其政治、经济和社会危害都远比单纯以权谋私的传统腐败严重。众所周知，腐败是以权谋私，如何在这个具有共识性的界定中，安放因公腐败的位置，并建设预防和惩处机制，确实值得思考。2014 年 8 月 26 日，腾讯评论在《今日论坛》栏目专门发表"公款行贿与犯罪"的讨论，列举出以下四种"公贿"形式："单位为谋取某种利

---

① 《一位校长看高校行政化：是谁逼得我们"跑部钱进"》，《中国青年报》2011 年 6 月 6 日第 3 版。

益给予单位公款；单位为谋取某种利益给予个人公款；个人为谋取某种利益给予单位公款；个人为谋取某种利益给予个人公款"。① 应该说，他们都具有公务腐败一个或多个特征。就我们观察到的现象而论，公务腐败与一般的以权谋私行为和商业贿赂相比有三个不同的特征：其一，它以公务的名义，通常是集体行为，甚至由单位、领导班子和一级政府的决定，不是某个人的自作主张，即便情况紧急，也会履行"先斩后奏"的程序，在小范围内通气，或被班子成员所默认；其二，它的资源是公共资源（公款、公物、公共资产），不是个人掏腰包；其三，它的受益面不仅仅是行贿人和受贿人，不仅行贿所得可能为一个单位、一个地区，甚至也可能为这个地区的民众所共享，而且接受贿赂方也可以是一个集体，受贿所得也未必为受贿人所有，而可能是代表一个单位受贿，受贿所得由单位集体支配。比如，某地区通过其驻京办工作人员向某部委"公关"，为该地区争得一个重点投资项目、一笔转移支付资金。这一行为就符合公务腐败概念的全部规定性。

"公贿"现象由来时久，已成积弊。正如一位颇有经验的县委书记曾说："不要只请人家吃一顿，吃完一抹嘴，什么效果也没有。要重点花，集中送，让拿到钱的人头发热，手发烫，心里有疼痛感。"② 就是此类腐败手法的典型写照。这一现象发展究竟有多严重，很难准确估计。下面我们只对几组司法机关已审案由文件做一梳理，便可窥见其程度非同一般：

河南省检察院的统计数据显示，2001—2002 年审理的贿赂案中，公款行贿高达 60% 多；山东日照市中级人民法院在 1996—2003 年审理的贿赂案中，公款行贿比例更高达 83%。③ 这些公开的数据虽然已时过多年，但如果相关的权力配置、政绩考核、官员晋升和预算审核等制度变革还不能有机融合以预防此类腐败发生的话，"公贿"现象仍有滋生的动能。

最为典型的案件，是万庆良在 2008 年主政揭阳时期，曾用公款向周永康之子周斌进贡 5000 万元，希望游说当时的中石油董事长蒋洁敏，

---

① 《公款行贿，竟然不算犯罪？》，《腾讯评论·今日话题》2014 年 8 月 26 日。

② 胡忠英：《重拳出击：遏制"公贿"刻不容缓》，《改革与开放》2000 年第 12 期。

③ 莫清青：《从"公"着手，细数"公款行贿"两宗罪》，人民网，http://cpc.people.com.cn/pinglun/n/2014/0827/c241220-25551269.html。

将一个世界级石化项目落户揭阳，最后该项目真的"无中生有"落地揭阳。

从此类现象发生的过程中，可以清晰地看出，投资审批权、决策权的运行存在较大的自由裁量空间或者说随意性；干部晋升的政绩压力大及其考核机制存在偏废；政府预算约束缺乏刚性。这些体制机制问题，一环扣一环地强化着公务腐败发生的"动力—压力—能力"。因此，健全和完善上述几方面的体制机制是从制度上防控公务腐败发生的源头性举措，值得深入研究。

二 公务腐败的主要模式

根据职能大类划分，行政立法、行政审批和评估考核是行政部门的基本职能领域，政府在履行上述职能时，都不同程度地受到各种潜规则的干扰，形成不同的"因公"腐败模式。①

（一）模糊立法—自由解释："郭京毅模式"

利用行政立法权，为相关法规预留较大的自由解释空间，并将此转化为寻租空间，接受受到此类法规规制的企业的请托，已成为该领域一些公职人员渔利的潜规则。该领域的腐败模式因郭京毅案爆发而引人关注，本书将其概括为"郭京毅模式"。② 该案腐败手法是充分利用我国立法程序上的漏洞，巧用"模糊立法—自由解释"的潜规则，进行寻租。其主要特点是：

（1）利用相关行政法规的制定和修改权，为特定企业规避管制开"绿灯"。采取立法调研、政策咨询的名义，"削足适履"式地将有关公司的利益、主张转变为法规条文或修改为法规意思。

（2）利用法律政策中的模糊地带，把解释法律的义务转化为权力寻租。当相关企业在发展中遇到相关法规的限制性障碍时，他又做出有利于请托企业的法规解释。

（3）吸收有直接利害关系的律师事务所进入法规创制体系，参与

---

① 当然公务腐败的模式还远不止这些。比如，2012 年，相关部门审理查明的温州菜篮子集团公司领导班子合伙侵吞国有财物 2.16 亿元的案子，就是一种明显不同于个人贪污的腐败形式。该公司董事长、党委书记、9 名副总经理、3 名总经理助理和 2 名重要的部长组成的全部班子成员参与该案，形成了共意分配国有财物的潜规则，班子成员大体按不同地位侵吞不同数额的公产，这种分配虽然未经集体讨论，但却是大家心知肚明的约定。《温州一国企现浙江近年最大腐败窝案 涉案金额达 3.7 亿元》，《第一财经日报》2012 年 5 月 23 日。

② 《郭京毅案敲响防范立法腐败警钟》，《21 世纪经济报道》2008 年 10 月 8 日。

法规的制定、修改和意见征求工作，为其承揽诉讼业务提供便利。

该模式中，郭京毅将行政立法的抽象调节特征变通为具体调节，亵渎了立法的精神，使具体的被调节主体在适用法律时有可能受到不一样也是不公平的调节。由于法律调节的对象是广泛、普遍的，如果不同的对象可以通过不正当的方式形成有利于自己的法制政策环境，其洞开的寻租空间就难以想象了。向郭京毅行贿的 7 家企业有 4 家是国有控股公司。一个完整的腐败行为包括行贿和受贿两个方面，只要有一方是因单位事业发展的需要而做出行贿、受贿的行为就构成"因公"腐败。正是因为在行政立法环节存在这样或那样的潜规则，相关单位才会采取不法、腐败手段排除发展中的法制障碍。

（二）行政审批权"寻租"："驻京办"模式

自 1949 年我国首个地方驻京办设立以来，全国几乎所有的县级政府都设立了类似的机构，其设立的初衷也由信息沟通演化为关系联络，以致社会上戏称驻京办为"关系办""接待办"①，各级各类驻京机构引发的腐败现象已引起社会的声讨。以驻京办为载体而衍生的"因公"腐败是我国国家政策和资源配置权力存在部门化的漏洞与地方政府间的竞争关系越来越走向非理性化共同作用的结果，是一种典型的国家权力部门化—部门权力利益化的审批权"寻租"行为。其基本特征是：

（1）"寻租"手段采取信息租金和权力租金结合。一方面，驻京办利用地缘近、人缘广的优势探听中央部门不便正式化或尚未正式化的信息，为地方政府的超前决策提供可信的中央精神支持，便于地方主政官员选准工作思路，助其早出政绩。中央有关部门及其工作人员未必向地方提供直接的权力支持，但他们选择性地提供了不该提供或应统一公开的信息，而谁被选择为提供对象，就要看谁与他们的关系更近。另一方面，相关部门利用缺乏刚性约束的行政审批、试点授权、财政转移支付或补贴，直接向关系较好的地方倾斜，从中提取租金。

（2）关联双方比较普遍。一方面，各地驻京办为争取优惠的资源、指标和政策而采取的灰色公关行为比较普遍，只是形式不一、程度不同

---

①　倘若驻京办真的以收集经济信息为任务，那么何以各地驻上海这个内地最大的经济都市的机构才仅有 900 家呢？驻京办与驻沪办不仅在数量上相距甚远，其规格更是有天壤之别。如非中央政策性信息的吸引是很难解释的。

而已。另一方面，对地方发展有重要审批、管制和调控能力的部门及其内部机构接受驻京办灰色公关的亦非个案。早在 10 年前就有资料显示，各地办事处每年在疏通关系方面的灰色消费达 200 亿元。[①] 这么大的规模，当然不会集中在少数机关和人员身上，即便按人均年灰色消费 10 万元计算，也将涉及 20 万人，其普遍性可想而知。因此，驻京办逐渐演化成了复制腐败的窝点，由驻京办牵扯出的腐败案件接二连三，驻京办成为腐败的高发区已是不争的事实。

但是，应该看到驻京办衍生腐败还只是问题的表象，其实质是权力配置机制存在问题的一个缩影。它表明我国央地、政企、政事间的权力配置存在不公平性、不规范性和承诺的不确定性等明显漏洞，给关联双方都留下了太多的自由裁量空间，也埋下了央地间采取潜规则方式协调关系的种子。有关部门有权力采取不确定、不规范的方式向地方分配资源、提分外的要求；而另一利益相关方也有压力、动力和条件去采取不确定、不规范的方式争取到相关的资源和扶持。发改委价格司 5 位正副司长"前腐后继"的"群蛀"式腐败，就是这种模式的代表。[②] 以此类推，省市之间、省县之间、市县之间、县乡之间的互动中也会复制这种模式，滋生更大规模的腐败。长此以往，从中央到地方各级政府之间的割裂性会增强、系统性会削弱，使整个治理结构的碎片化矛盾不断加深。

（三）评估考核软化：交换支持模式

随着政府职能转变的推进，以及放松事前规制、严格事后监管理念的践行，评估、监督和考核越来越成为影响资源配置的重要方式。但是，在评估监督实践中，由于评估专家信息的保密性差，特别是实地考察评估根本无法保密，而第三方评估的商业化倾向，事后评估监督容易演化为交换支持的"大餐"。这其中包括部门间、企业间、事业单位间以及专家间的交换支持等多种形式。这种交换支持的实质是亵渎评估监督权，造成质量监督的失效。其基本特征是：

（1）权权交易。这类腐败主要不体现在金钱上，即便有贿赂情形发生，数额也仅在数千至数万元之间，而主要表现为评估权交易。因为，评估权具有流动性，在一定时间、一定事项上，甲单位（专家）

①　朱四倍：《驻京办有什么样的秘密》，《光明观察》2006 年 9 月 4 日。
②　《发改委价格司里的"前腐后继"并非偶然》，《新京报》2014 年 9 月 3 日。

拥有评估权，但在另一些事项和时间节点，评估权可能换位为乙单位（专家）。在这种情形下，评估结果的选择余地实际上具有硬约束的背景，而不完全由被评估对象事实上的优劣决定。因此，评估本身反而被软化了。这也正是为什么我国许多正式的评估检查都是你好我好大家好的结果，很难发现真正的问题。在这里，对评估权的亵渎无疑是最大的腐败。

（2）评估权单位与专家二合一交易。在评估监督检查中，专家不仅代表自己，也代表单位，因为相当一部分专家就是由单位推荐的，因此，专家给被评估单位评定什么意见，不完全是专家本身意志的表现。有时，专家对被评估对象的某些条件的确不满意，但考虑到两个单位间的友好关系，以及对方也可能在不可预知的领域和时间评估自己及其所在的单位，也只好手下留情。最典型的是在2003—2008年开展的教育部本科教学工作水平评估中，评估结果优秀率之高、不合格率之低与我国本科教育实际水平的反差，不得不令人质疑该项评估中的交易行为是多么的普遍。①

那么，这些看似"因公"的行为，何以应纳入腐败范畴呢？根本原因就在于它符合腐败行为规定的本来精神。上述所谓"公务需要""公共资源"和"公共受益"都仅仅是对利益交换双方而言的，如果范围再放大点，这些"公共"的属性就难以成立了。比如，某部委接受A地的请托，为其批准项目和资金，可能会影响到他们在考虑给B、C等地核准相同事项的公平性。因此，从这个意义上讲，该行为仍然逃脱不开"以权谋私"的界定。如果不认真研究并切实防治公务贿赂，一些表面上的行政行为就会在行政潜规则的掩饰下，变成"有组织的犯罪"。

但是，由于公务腐败的出发点容易混淆视听，其得益面并非某个人，有时可能是一个单位，甚至一个地区，与反腐机构博弈的不是个别人，而可能是一个集团、一个班子，乃至一级政府，因而，防止和惩处

---

① 在党的十八届四中全会通过的《中共中央关于全面推进依法治国若干重大问题的决定》中，"将财物扩大为财物和其他财产性利益"纳入贿赂范围。法学家洪道德举例说，"其他财产性利益"，可以包括"机会"（如工作机会、工程承揽机会等）以及利益等价交换。单位之间交换支持也同样会侵害公权力不可收买的客体，就应该定性为受贿罪。中央将财产性利益这个名词提出，一是弥补法律上的空白，二是显示出对腐败的深入了解。孙思雅：《中央将加快推进反腐败立法，编撰民法典》，《京华时报》2014年10月29日。

此类腐败将面临比治理纯粹的个人贪腐和商业贿赂更大的阻力和压力。① 特别是在我国相对偏激的任期激励机制的刺激下，加之预算约束制度缺乏刚性，下级政府、部门和企事业单位不仅有动力，也有条件采取潜规则的方式争取权力、政策和优惠。如果深究，我国不少官员的贪腐行为都与此类"制度设租"效应相关。

（四）部门创收："钓鱼执法"模式

所谓"钓鱼执法"是指当事人原本没有违法意图，在执法人员的引诱之下，才从事了违法活动，结果遭到执法部门的行政、刑事和经济处罚，为免除处罚，当事人不得不向有权机关集体行贿。其滋长的主要原因是"执法经济"的盛行。将执法权力当成一种创收的手段，其中暗藏着这样的潜规则：地方政府不给交通执法部门经费或所给经费很少，不足以维持部门生存，而是寄望于其创收；执法单位创收多少与单位和领导的绩效考核挂钩，创收越多，单位提成和政府财政返回就越多，领导和员工的奖金、福利等也就越多；末端是执法人员，单位又将创收任务分解给每一个执法人员，并与个人奖金、福利、考核、提职加薪等挂钩。这样就在地方政府、执法部门和执法人员之间结成了一个公权力与私利错位纠缠的利益共同体，共同体及其成员的目标是各自利益的最大化，一损俱损，一荣俱荣，形成了一个长长的腐败链。

根据 1996 年施行的《中华人民共和国行政处罚法》的规定，"任何行政部门都没有权利私自处理罚没款，都要上交国库"，但各地财政一般会按 40%—50% 的比例将罚没款返还给行政执法部门，有关部门再按照四六或五五的比例返还给各分支机构，此办法被俗称为"两次五五分成"。这就等于是政府及其职能部门与个人联手设套盘剥执法对象。

相关部门之所以乐此不疲地沿用"钓鱼执法"模式，是可以打着执法的幌子，可以借罚没入库的名义，得集体腐败之实惠，是一种没有风险的腐败模式。因为，整个过程的运行见不到行贿，也没有人受贿，

① 比如，北京市检察院第二分院反贪局长张京宏在查处几个部委的机要干部合伙套取公款的案件中，人刚被带走，这家单位的电话就打过来了，态度十分强硬，说"从来没有人敢查我们的人，限你们下午下班前放人！"这是典型的反腐败工作因危及特定单位的利益而受到的阻力。陈菲、涂铭：《反贪局长带走官员被对方单位威胁：下班前放人》，《北京日报》2014年2月5日。

所有分成都转化为合法的工作奖励和单位经常经费的留成。除了人们常见的交通执法领域的"钓鱼执法"外，刑事执法领域也出现类似的腐败手段。据《南方周末》记者的跟踪调查：海口市公安局刑警支队就曾借办案之便进行"创收"。其基本做法就是：养案、查案和交保撤案、最后没收保证金。①

其中的各种理由就是说不清道不明的"潜规则"，先让交钱，再设立种种你无法不犯或已经违反的规矩，使你无法也不敢提出取回保证金或扣留物。

无独有偶，据《新京报》记者调查，2012—2014 年，长沙城区 24 个交警中队收受德邦物流礼金，为该公司无证车辆放行的例子，也颇有"钓鱼执法"式的"公贿"特征。报道称：

> 长沙市公安局交通警察支队发布《关于市区部分区域道路限制货运车辆通行的通告》，要求"载货汽车、混凝土搅拌车、专项作业车确有需要在禁行时间、禁行区域道路上通行的，应到市公安局交通警察支队办理通行手续并持证通行"。结果，让德邦物流股份有限公司在长沙接收、运送货物的货车面临极大困境。德邦物流在长沙有四十多个网点，业务量极大，德邦物流只有两个通行证，但在长沙市行驶的德邦物流车辆达到五六十台。没有通行证，被交警抓到会扣车罚款，所以行政部逢年过节都要和交警"应酬"。哪个中队突然扣车多了，公司"应酬"就会勤快。②

其中，德邦物流向有关交警中队行贿非为个人目的、也非个人行为，而有关中队收受贿赂也是集体行为或者至少大家是心照不宣的。城区道路禁止货车通行的规定是交警系统颁布的，接受贿赂后，货车可以通行，也是交警系统默许的。规定发布和执行的合法性、合理性都没有监督机制，这就是"钓鱼执法"式的腐败大行其道的根本原因所在。因此，针对腐败形式、动因和背景的新变化，预防和惩治腐败的重心和

---

① 金永明：《刑警支队的生意经》，《南方周末》2012 年 4 月 26 日。

② 萧辉、韩雪枫：《长沙 24 交警中队被曝收钱"送礼清单"流出》，《新京报》2014 年 8 月 29 日。

手段要更加关注防治"因公"名义发生的腐败，要更加注重创新权力配置理论和制度，从源头上堵塞"制度寻租"的漏洞。

第四节　行政潜规则行为催生公务腐败的机理、机制与方式

那么，何以行政潜规则的泛滥会催生腐败呢？根本原因就在于行政潜规则是附着在正式规则中，却又发挥着影响、约束乃至支配政府间和官员之间的生活规则、交往规则和利益冲突化解规则。由于它具有紧密的公权力关联性，又是通过非正式性、不公开性和不合法性等方式发挥作用的，其滋长和蔓延必然会给公权力的正常运作和行政秩序带来极大的负面冲击，从而诱发公务腐败。

一　行政潜规则催生公务腐败的机理

从理论层面看，有三种因素促使潜规则与"公贿"式腐败发生紧密关联：

其一，因公行贿（送礼物、送礼券、送服务）在动机上"理直气壮"，甚至作为一项重要的工作，一般不轻易委与他人，受命公关的人员也确实有临危之感，需要通过做好、做成这样的事来证明其能力，获得进位的机会。因此，因公去行贿公关的人员会使出各种招数将事情办妥。谁能够在国家部委机关或者其他上级机关搞得到钱，这个人就是能人，就要加以重用。

其二，单位往往对这样通过潜规则行为为部门和地方获取利益给予特殊的奖励。正如有的驻京机构人员透露：如果他把事办成，又不愿意当官，提出其他要求，如跑来的钱与之"分成"，安排家属子女、亲朋好友等，地方政府往往会尽力满足。对"跑"来的钱，地方政府通常也会制定"奖励"政策，开始时，按跑来的多少的比例"奖"，一般不超过10%，而且还规定不再报销差旅费等其他费用。为了充分体现"重赏之下必有勇夫"，有的地方后来把奖励提高到30%甚至40%。并

说，即使给了他90%，我们还是可以得到10%，没有"赊本"。①

其三，"公贿"式腐败不便预防，也不易举证。恰如后面所举平遥一例，地方纪检部门对此类行为统统按公务需要，表现出严重的"色盲"症状。特别是一些地方党委和地方政府会暗示纪检、监察、审计机关要开"绿灯"，规定不准查、不准问。如果谁不遵守，要查要问，谁就是破坏地方经济建设，谁就没有好"果子"吃。说实话，纪检干部也都是久经考验的，他们何尝不知地方这样做也是逼出来的。另外，真有人被检举而不得不查，腐败嫌疑人也不会轻易就招了。因为，真要是集体决定要去做的公关行为，就涉及一干人，尤其是单位的主要领导，这样一个一个"咬"出来，对具体经办人没有什么好处，他还指望着他们把他捞出来呢。退一步说，招了，那些人也不一定认啊，这种事情有谁会给你写条子说是他指示你去做的。风险很大。各方面权衡下来，这类案件通常是查无实证，大事化小、小事化了。除非内部利益出现严重冲突。所以，市井中才会流传"坦白从宽，牢底坐穿"、"抗拒从严、回家过年"的詈语。

实际情况也可以得到一些印证。我们从两个方面进行观察：一是受贿人案由分析，采集浙江省2014年审理的2041起贪腐案件的公诉词，探寻公务腐败蔓延的趋势；二是行贿人案由分析，采集2015年中央巡视组巡视国企的报告，分析公务腐败发生的规模和程度。虽然，这样的分析只是管见，但仍然能够窥视个大致情况。

2014年，浙江法院系统审结贪污贿赂、渎职侵权犯罪案件2041件，通过分析其中的案由，大致有以下几种情形：一是接受单位的请托（以中间人或单位领导出面），为相关组织（政府部门、企业和学校）网开一面办事往往是党员干部走向贪腐的第一步。这类案件有1059件，约占51.9%。二是省级机关处级以上干部、市县级机关科局级以上干部超过80%有接受单位请托的经历，因为他们多多少少有影响资源分配和政策执行的能力。三是在具体经办公务接待、公务请托、公关过程中，贪挪、私分公共财物比较普遍，这类案件集中发生在较低级别的公职人员身上。这种情形，在南京市2011年查处的违规违纪案件中也得

---

① 《愿"跑部钱进"现象能够早日克服》，四川在线，2005年12月12日，http://www.scol.com.cn。

到了印证。①

党的十八大后，开启的"巡视风暴"中，挖出的"国企行贿"等公务腐败行为更是触目惊心。据报道，在 2015 年中央巡视组第一轮巡视 26 家国有企业中，就有 20 名高管涉腐落马。其中，"中国石油天然气集团公司 3 人，中国海洋石油总公司 1 人，中国南方电网有限责任公司 5 人，国家电网公司 2 人，宝钢集团有限公司 1 人，中国东方电气集团有限公司 2 人，中国电子科技集团公司 1 人，中国移动通信集团公司 3 人，中国电信集团公司 1 人"②，提供关联交易和利益输送等方式的腐败成了通病。这种腐败早在 2011 年查处的刘志军案中就很突出。因为，即使是国企，如要拿到承包业务也要有人打招呼，有中间人介绍，上下打点，才可能拿到总包权。其中的"潜规则很巧妙，国企是不能直接给回扣的，他们拿到总包后要分包，有些就分包给私营公司，通过私营公司给中间人回扣，有的是个人对个人走账。也有私营分包商自己有关系，能分段或在子项目下拿到订单，再找国企合作。"③

这些行贿行为在一定意义上讲都不只是图私利那么简单。国企老板说是为了拿到项目养活工人，私企老板不也一样吗？像这类腐败行为都有公务腐败的因素，如果其中还有趁火打劫的，那就算公私兼顾型腐败。要看到这类腐败很大程度上是某些体制和环境因素使然，受到各种潜规则因素所强化，有顽强的生命力，应该重视剖析此类行为滋生的制度链。

二 行政潜规则催生公务腐败的两大机制

潜规则的运行如同正式规则一样，是依靠激励机制和惩处机制来保障的。前者通过给予遵守潜规则约定者以利益回报的方式来引诱公务人员；后者通过给不遵循潜规则办事的人员设置障碍的方式来威逼公务人员。它们都可能不断强化原则性不强的机构和人员遵循潜规则的约定，增加腐败发生的机会。

---

① 《今年我市查处县处级以上干部违纪违法案件 58 件》，《南京日报》2011 年 12 月 8 日。其中重点剖析了医保、环保部门接受相关企业或下属定点单位请托的受贿案件。

② 《今年中央首轮巡视结束期间近 20 名国企高管被查》，《腾讯财经》2015 年 5 月 4 日。

③ 于宁、张伯玲、曹海丽、王和岩、梁冬梅：《大国企靠行贿分羹高铁　刘志军案牵出惊人腐败链》，《新世纪》（周刊）2011 年 2 月 28 日。

（一）潜规则的激励机制

潜规则的激励机制就是令遵从潜规则一方能获取期望的利益并降低交易成本的机制。在行政潜规则的内部结构及其运行实践中沉淀出一种激励约定：在遵从者与不遵从者之间，存在利益释放的差异，遵从者总能获取期望的利益。这样就容易形成一种类似"外卷"式扩张的效应，使遵从潜规则形式的人逐渐增加并自成团体。而潜规则使用者一旦形成一个团体，团体内的交易成本因其沉淀性而呈现边际递减的规律。利益对相关主体的吸引是潜规则最强烈的激励机制。

河北秦皇岛北戴河供水总公司原总经理马超群利用潜规则敛财过亿就是潜规则激励机制发酵衍生的"公贿"式腐败典型。据报载，马超群利用手中的供（停）水自由裁量权玩起了潜规则的把戏，给谁供水、给谁停水，全凭马与相关单位的关系，而这种关系又是由有关单位进贡来构织和维护的。随着进贡与保障供水、不进贡与停水紧密相关的潜规则确立、传播，那些不想影响生产、工作和生活秩序的单位大多会选择与马超群搞好关系，其中向马超群行贿的动机、使用的资源和行贿后得到的利益显然不是私人和个我的，而是具有"公共性"。这样，马超群非法之财越敛越多，而各单位的"公贿"数额也越来越多。①

（二）潜规则的惩处机制

与利益的强烈吸引相对应，违反潜规则则要付出代价。不仅难以获得所期望得到的利益或机会，还可能被早已为潜规则"俘虏"了的人和机构视为"另类"。而当运行潜规则的圈内人背叛原有的潜规则团体时，他所面临的首先是团体内部的惩罚，也就是使背叛者的交易成本远高于其期望的利益，形成背叛者的利益损失。同时，背叛者还面临着正式制度的惩罚，因为团体内部显然已是在"同一条船上"，当违背正式制度的潜规则暴露以后，曾经按照潜规则行事的人，即便改邪归正了，也未必都能既往不咎。也就是说，潜规则的惩处机制包含来自内部的软约束以及来自外部的正式制度的硬约束。对潜规则是否加以采用就是利害相关者在对运用潜规则的激励和惩处的比较。由于潜规则具有成本边际递减的规律和"在同一条船上"的内心约束机制，采用潜规

---

① 《北戴河自来水公司经理马超群被抓　家藏上亿现金背景或涉黑》，《南方都市报》2014 年 11 月 13 日。

则的团体内部倾向于"内卷"式防御，以此来降低成本并维护团体的稳定。

曾任北京市西城区检察院副检察长的张京宏，曾经讲述过他们办理的一起部委官员违规违纪案件的经历。他说："办理这些'大衙门'案件，经常是'进不去门、见不着人'，有的单位的个别人甚至帮着犯罪嫌疑人'玩失踪'，案件往往因此陷入僵局。"有一次，在办理一起涉及多个部委机要干部虚报邮费套取公款窝案的过程中，甚至还出现，"人刚被带走，这家单位的电话就打过来了，态度十分强硬，'从来没有人敢查我们的人，限你们下午下班前放人！'"① 之所以会出现这种情况，就是与违规者抱团式防御有关。

三 行政潜规则催生公务腐败的主要方式

（一）破坏正式规则的运行环境

其一，行政潜规则泛滥会衍生另类制度环境，破坏正式制度的生长链。正常的行政秩序来源于人们接受正式行政制度的安排。制度环境好比是生成制度的土壤，制度环境不好就不能充分保证合乎大众理性的制度的创制和运行。正式制度是在公开、公正、民主和科学的程序环境中创制出来的，它保证了正式制度的合法性、有效性和科学性。而潜规则是非公开交易的隐形约定，它生成并运行于中国传统的由血缘、乡缘、学缘、业缘等非正式组织构成的人情网络和狭隘的部门利益、地方利益链中，代表的是局部理性的意志，脱离了大众理性的监控。如果既有的行政潜规则得不到遏制，就等于认可了潜规则的合法性，因此，一个个地方和部门的小圈子、小团体都有可能成为创制规范的"土壤"，行政潜规则也将不断衍生和复制出来。

其二，行政潜规则泛滥将直接侵蚀正式规范的权威，形成多规则治理格局。潜规则的存在是对显规则体系的一种反制，因为潜规则往往是对显规则的曲解、过滤和变通，使好的政策或者政策中的核心精神难以落实，产生政策执行中的"梗阻""走样"现象。特别是当潜规则现象形成一定的气候后，显规则的发布往往难以立即引起社会的关注，也不会在民众中产生乐观的预期，因为他们要等潜规则的反应。在这里，显

---

① 陈菲、涂铭：《反贪局长带走官员被对方单位威胁：下班前放人》，新华网，2014 年 2 月 5 日。

规则与潜规则的关系俨然是"坐皇帝"与"站皇帝"的关系，显规则到底能执行到什么程度要看潜规则反应的强度。久而久之，坚守显规则的环境就会被破坏，勇于抗拒潜规则的公职人员也容易受到不公正的对待，造成行政官员无法充分地照章办事，社会及民众也难以指望正式制度的安排会给他们带来稳定的发展预期的局面。

其三，行政潜规则的泛滥会催生"亚行政"现象，损毁政府形象。著名社会学家贝克在谈到"亚政治"时曾表达过这样的意思，认为"亚政治"是政治系统失去自主性，非政治因素介入政治生活，并把风险丢给政府，而政府需要为超出其控制的东西负责的现象。① 套用贝克的思想来解读潜规则的危害是十分贴切的。行政潜规则不是本来意义上的行政规范，却时刻约束着政府的行为，它像一股不断刺激和逼迫公职人员偏离政治本来的宗旨而为少部分人谋利的力量。由于潜规则是隐蔽的、寄生的，它从来不用为所引发的不良行政后果负责，社会及民众无法找潜规则发泄怨恨，最后，这些账都赖在显规则身上，由整个政府来"背黑锅"。从这个意义上讲，行政潜规则是对正式规范、合法政府和正常行政秩序的绑架。

（二）降低公务人员的行政道德水平

一方面，行政潜规则泛滥会直接冲击公正、公平、公开和公益等基本的行政道德准则，限制其作用范围。潜规则的基本特征是隐形、非正式和不确定性，它保护的是小圈子的利益，它提供的所谓便捷的行政效率是通过不公平的机会和手段获得的，其作用过程是隐秘的，完全脱离了大众监督的视野。如果行政潜规则肆意在央地互动关系中弥漫，中央有权部门就不可能真正秉持公正、公平、公开和公益的原则来审批项目、配置资源，地方各级政府也不可能完全充分地向中央反馈信息、执行中央政策，原本以公心事公务之德可能成例外，而机会主义取向则可能变成常态。

另一方面，行政潜规则泛滥会强制性或诱致性地将央地的一些部门和官员拖入"逆向选择"的道德拷问深渊。央地互动的一些潜规则之举在一定意义就是遵循潜规则支配的受益性诱致和拒绝潜规则约束的高昂代价强制的结果。好比 A、B 两地同时竞争中央部门的某个行政许

---

① 乌尔里希·贝克：《风险社会》，何博文译，译林出版社 2004 年版，第 225 页。

可，假设结果是唯一的，如 A 获批，B 将出局；反之，A 出局。再假设过程和标准是模糊的，则 A、B 都不可能仅仅遵守显规则的约束，而不采取潜规则的方式。因为，A 没有确切的信息也不敢冒出局的风险相信 B 和中央主管部门的互动是无瑕疵的；反过来，B 也一样。除非信息绝对对称和监督无死角，而事实上，这样的条件是不存在的。因此，只要存在潜规则选项，参与竞争的各方都会不同程度地尝试潜规则。在地方官员面对中央组织的"晋升锦标赛"时，其采取的行为模式也是如此。按潜规则行事的模式大多是多次经验试错的结果。起初，它往往只是很小的利益关联圈子内认可的一种处置公权力和公益的方式，但随着这个小圈子掌握的行政资源越来越多，并对圈子外的机构和个人产生强大的吸附力，圈外成员也会尝试接受潜规则进入圈子分享资源。比如，那些热衷去"跑官、买官"的公职人员不少都是已经尝试或害怕正常晋升失败而遵循潜规则行事的，并非一开始就采取这样的方式。地方政府在政策执行中的"打擦边球"现象、在治理明显外溢性的公共事务时的"搭便车"做法、在寻求中央扶持时的"报忧不报喜"或"报喜不报忧"取向以及为抵制"鞭打快牛"而"隐瞒收入"和为增加留成基数而"恶意支出"等行为，概莫如此。[①] 也就是说，存在零和竞争和潜规则运作空间的条件下，竞争各方做出逆向选择或被逼"为娼"的风险并非虚构。

（三）破坏政治生态

不同地方政府在与中央和其他地方政府互动过程中基于地方利益的目标必然会尝试各种方式，包括正式制度下的博弈方式以及潜规则化的博弈方式，而究竟采用何种方式最终取决于不同方式的成本和收益比较。在潜规则的作用下，地方政府的支出包括正式制度下争取政策和资源的支出，同时还要额外付出对中央示好以及传递各种非真实信息过程中克服正式规则的支付，总体而言，付出较大。我们假设地方运用潜规则没有被正式规则惩处的情况为 A，此时的支出为 $P = a + m$，收入为 $I = b + n$，a、b 为正式规则下的支出和收入；m、$n \geq 0$ 为潜规则下的额

---

① "安徽凤台县连续多年财政收入位居安徽省县财政收入第一位，然而就是这样一个经济强县，却仍然戴着'安徽省扶贫开发工作重点县'的帽子"。新华社 2007 年 2 月 1 日对此发表评论说这样的逆向选择现象并非个案。岳红：《"贫困县"帽子好处真是说不完》，《扬子晚报》2007 年 2 月 2 日。

外支出和收入。但在潜规则下地方政府的收入与支出成正比，除中央按照正式制度分配的资源外，地方政府可以通过潜规则获得额外的收益，因此收入也较大。而采用正式制度的成本排除了各种向中央"示好"和"不断传达信息"的成本，支付相对而言较小，但地方政府通过正式制度所获得的是中央根据真实情况所做出的资源配置，地方政府可能是失去很多潜规则下的获利机会，相对而言，获利也较小，设这种情况为 B，$P = a$，$I = b$。而在潜规则下地方政府可以将运用潜规则的成本体制化，即通过正式制度部分或全部承担这一部分付出，例如，通过预算编制时夸大地方的预算需求，将预算通过的财政收入中大于实际财政支出的部分作为运用潜规则向中央示好的支出，这样不会影响地方实际的财政支出水平。而通过潜规则获得的成果则可以成为地方政府所享用的实际收益，m 趋向于 0，而 n 不变。此时，地方在争取中央资源配置过程中的支出和收入成为 A：$Pa = a$，$Ia = b + n$；B：$Pb = a$，$Ib = b$，显然，$Pa = a = Pb$；而 $Ia = b + n > Ib$。即在支出水平大致一致的情况下，潜规则下的收入水平要大于正式规则下的收入水平。此时，地方政府自然会更倾向于通过潜规则的方式与中央进行互动，尤其是相机授权体制下正式制度尚不完善，地方利用潜规则与中央互动的动力会更大。但从整个国家而言，由于中央所有的资源是有限的，利用潜规则的地方获得越多的资源，则其余地方获取的资源就越少，因此，从整体而言这种运用潜规则的方式对国家是不利的。

（四）改变公务活动的本来意义

公务活动的本来意义是运用公共权力或公共资源以实现和保障公共利益。比如，行政审批、检查、评估、公务接待等。但由于行政潜规则的渗透，它就可能演变为将谋私利与不正当地为地方、集团获取利益兼得的活动。比如，被民众视为"眼中钉"的公务接待，本来是为有关方面履行公务提供的一种简便服务环节，但在"八项规定"切实履行之前，不少这样的活动演变成下属单位最头痛的事情，又是他们最有希望改善条件的机会，因而，也是许多单位精心筹划的一项公务。其最大特征是以体面、合情合理，表面上看又不违法的方式行贿，以联络感情或答谢。

在党的群众路线教育实践活动中，为何要把严控公务接待当作一项重要的治标任务呢？一个重要的原因，就在于公务接待活动中暗藏着形形色色的公务腐败行为。相对贫困的山西平遥县挪用扶贫款用于公务接待就是一个典型的例子。据相关媒体披露，在"八项规定"实施之前：

> 由于平遥古城是保护相对较好的历史古迹，每年来平遥县大大小小的领导或者家属有好几万人，好多人到了平遥，不但要免费吃、免费住、要拿礼品，还都认为按照自己的级别，吃饭时必须有书记或者县长这样的主要官员陪同，"去个副县长人家还不高兴，说小看了人家。"每年算下来全县至少要上千万元的接待经费。暂且不说这些经费从哪里来，关键是纪检审计部门和参加接待的干部都认为，所有的接待行为都是出于公务，从来没有进行过调查。就连审计局，每年的接待费用都高达 10 多万元，资金来源于他们对一些单位进行审计时获得的"业务费"。①

那么，其中涉及哪些公务腐败的形式呢？没人能说清楚，能说清楚的是这些形式在不断地翻新，因为"跑部钱进"（与有权部门疏通关系）已成为一项没有终点的竞赛，需要不断地有新的点子和做法，不仅需要不断弥合老朋友的新口味，还要弥合新上任官员的新口味。比如，中部某省某市一位"驻京办"主任在接受媒体采访时曾坦言："我的工作就是送礼、公关。说到公关，就是要做到对一些官员的喜好了如指掌，再据此陪他们打牌、旅游、喝酒、听戏，或买字画、古玩。礼物不在贵，贵了给人家添麻烦，也不能太便宜，关键是要投其所好"。②

更值得警示的是，不少公务腐败性消费已经开始侵蚀到正常的业务预算。那些不允许开支的活动消费，大都通过开具别的能纳入正常报销范围的发票冲抵。这样就不可避免地挤占、挪用了专项业务支出。③

在这一案例中，透露出我国公务接待中腐败现象蔓延的几个特征：

---

① 李建军：《山西平遥部分单位被指挪用扶贫款进行公务接待》，四川新闻网，2010 年 6 月 19 日。

② 李松：《"驻京办"：第二行政中心》，《中国证券报》2005 年 7 月 30 日。

③ 根据审计署的审计，2014 年中国工程院、商务部等 10 个部门和单位超标准列支或由其他单位承担公务接待费 169.66 万元。国家审计署：《2014 年中央 46 个部门预算执行情况审计公告》，2015 年 6 月 28 日。

（1）公务接待中的腐败现象也很难控制。比如，按每人三菜一汤的标准属于正常的公务接待，那么，接待方可以在菜的质量上下功夫；按每人80元的标准接待，接待方可以在人数上做文章，多填报几个人，这样，实际花在每个人身上的接待费就多了；不让搞"洗脚""洗澡"等特殊服务，接待方可以把这些消费开成住宿费开支。因此，只要接待的客人对当地、对接待单位是重要的，公务接待中的腐败就会是防不胜防的。

（2）公务接待容易成为复制、放大腐败现象的场所。公务接待的客人通常都是上级有权部门的领导和利益关系人，他们不光只去你一个地方，也不光只交你一个朋友，他们是可以"走四方"的贵客。你接待他们时，他们会很自然地把你们接待的方式和程度和其他地方比较。而你们也会去打听学习别的地方的接待招数。谁也不希望在领导和贵客面前落个怠慢的口实。如此循环，接待的标准只能是越来越高，接待的方式只能是一个比一个新。自然，潜藏于其中的腐败也一个比一个更为严重。正因如此，平遥县财政再不宽裕，也不敢压缩接待开支，而将其作为公务支出走账。

（3）公务接待中的腐败现象之所以敢于放大是因为它以公务的名义，也是一件"合算"的交易。平遥超标接待可以维系，是因为在财政预算之外还有扶贫款、罚没收入和向企业摊派。而接受这种超标接待的客人通常又是掌管扶贫款划拨、掌管各类收费审批和对企业经营的政策环境、监管环境有重要影响的人。把这些人侍候好了，拨款自然会更多，收费可以更宽松，监管也可以更放松。而且，通常是一本万利的"买卖"。因此也有人说，公务接待怎么做都不过分，因为接待费实际上是客人"带来的"。对接待方来说，做好公务接待可以为当地经济社会发展带来更多实惠，对当地公众也好交代。对客人来说，他们更清楚你接待好了，他们给你的回报会更多，因而他们接受你给予的高规格、超标准、特殊化接待也心安理得。

（4）公务接待中的腐败已经不是个别现象，不是某个地区、单位可以控制的，它已成为一种行政潜规则，一种官场文化，是体制漏洞的产物。俗话说得好，官场上来的都是客。他也许不一定现在就能帮你这个地方很大的忙，但如果让他不高兴，完全可能做不利于你的事。吴思先生将其概括为"合法伤害权"。① 因此，客人只要来了，就要好生接待。你也许不指望他帮你，但一定希望他不害你。这就使得靠一个地方、一个单位之力去遏制公务接待中的腐败是无济于事的。但是，真要一起努力，又难有齐心，谁也不乐意挑头。真要是有谁严格按标准进行公务接待，杜绝其中的腐败现象，去你那个地方的客人肯定会少了，但同时，关注你那个地方的人也少了。不要说优惠、方便之类的好事不会落到你这个地方，能按正常的程序办事、按正常的标准拨款给你就很不错了。这显然不是你这个地方希望看到的结局。

历史上，这种方式更为盛行，有个专用名词，称为"敬"，尽管还不能完全概括现代的公务接待。《官场现形记》中曾这样描述过当时迎来送往的规矩：

> "向来州、县衙门，凡遇过年、过节及督、抚、藩、臬、道、府六重上司或有喜庆等事，做属员的孝敬都有一定数目，甚么缺应该多少，一任任相沿下来，都不敢增减毫分。此外还有上司衙门里的幕宾，以及什么蓝印、文案、文武巡捕，或是年节，或是到任，应得应酬的地方，亦都有一定尺寸。至于门敬、跟敬，更是各种衙门所不能免。另外，府考、院考办差，总督大阅办差，钦差大臣过境办差，还有查驿站的委员，查地丁的委员，查钱粮的委员，查监狱的委员，重重叠叠，一时也说他不尽"。②

其中的耗费颇巨。据吴思的研究，道光年间，陕西粮道一年送给陕西巡抚的各种"敬""礼"就多达五千二百余两（合百万人民币）。③

这些迎来送往活动的开销自然来自公款或巧立名目的搜刮，但其行为动机也不能说都是图一己之私。这里确实有为改善该单位办事环境，为该地区争取更多的政策、资金、优待、豁免等利益的目的。因此，也可视为公务腐败，至少是公私兼顾型腐败。要不，他们何以还要照应那些"查驿站的委员，查地丁的委员，查钱粮的委员，查监狱的委员"呢？

---

① 吴思：《潜规则：中国历史中的真实游戏》，复旦大学出版社2009年版，第5页。
② 李伯元：《官场现形记》第四十一回，上海古籍出版社2005年版。
③ 吴思：《潜规则：中国历史中的真实游戏》，复旦大学出版社2009年版，第102页。

第二章　相机授权、纵向政府潜规则
　　　交往与公务腐败

"任何一个国家，中央和地方的关系问题都将直接决定整个国内政府间关系的基本格局。"① 自新中国成立以来，中央和地方政府的关系主要分为两个大的阶段：新中国成立初期至改革开放之前的传统模式——等级控制模式阶段；改革开放以来，政府间关系呈现网络模式发展的趋势。但这样的区分只是相对的，因为不论哪个阶段，地方权力的不断扩大都是源于中央政府对地方政府的放权。不过，恰如中央可以放权给地方政府一样，中央政府可以随时收回已下放到地方的权力。中央的这种可以放权也能根据中央目标随时将权力回收的体制，便是学界所指的相机授权的主要特征。这种特性不仅在中央与省级权力配置中存在，省与市、市与县、县与乡镇之间也存在。这种相机授权机制的不确定性、不透明性，给了纵向的上下级政府间预留了潜规则交往的空间，也给公务腐败的滋生开了方便的体制之门。

第一节　相机授权体制的内涵与特征

一　相机授权体制的内涵

在对央地政府间关系理论模式的研究上，围绕中央和地方政府间的各种关系，不同学者提出了对央地政府间关系研究的不同模式和理论，尤其是针对分税制以来中央和地方之间关系的巨大变化，学者提出了各种对央地关系的解释，包括分权说、财政联邦主义说、选择性集权说、非零和博弈说以及职责同构说等观点。他们对中央和地方政府间博弈行

---

① 林尚立：《政府间关系》，浙江人民出版社1998年版，第19页。

为中存在的各种不规范行为及其阻碍央地政府间正和博弈形成的各种可能性提出了不同的解释。

其中，薛立强提出，应将授权体制作为理解中央和地方关系的一种理论维度。他认为，中央政府通过职权的"放"与"收"来调整中央和地方政府之间的关系，并将这种权力"收""放"模式用授权体制来概括。后来，他通过对国外典型国家政府间关系的各种相关因素进行划分和归类，并对照我国的实际情况，得出改革开放以来我国政府间纵向关系的各种要素所形成的授权体制，并在此基础上描述了授权体制的运行。① 授权体制下中央和地方之间的关系发展存在各种可能，而中央和地方之间存在的各种问题则是由于中央所使用的相机授权体制，相机授权体制是将授权体制中的特殊部分抽离出来形成更细致的视角作为中央和地方之间的不规范关系发展的研究视角。笔者也对相机授权体制提出过概念界定，认为："所谓相机授权体制是指中央政府根据不同的时机、环境有差别地决定对地方授权的内容、程度和方式的央地政府间权力配置体制，相机授权体制是中央和地方政府间潜规则化博弈的体制归因。"② 对相机授权体制的研究是从中央和地方之间的各种不规范行为中开始的，在对央地互动过程中所产生的大量驻京办机构及其所形成的"跑部钱进"等不规范现象进行研究过程中，还有学者指出了中央与地方在资源配置过程中采用"选择性政策"与非正式机制是这些不规范行为产生的原因（殷存毅、汤志林，2010），"选择性政策"实际上和"相机授权体制"在本质上具有一致性。将授权体制尤其是相机授权体制作为中央处理与地方之间关系的体制模式进行研究的现有文献并不是很丰富，但相机授权体制在中央和地方政府间关系尤其是在其博弈关系中的重要地位却是不容忽视的。

相机授权体制的本意是指中央政府在处理与地方政府的关系的过程中，以中央的总体目标为标准，根据不同时机、不同事件、不同对象所作出的不同授权已达到调控央地政府间关系的一种体制。其内涵包括：（1）相机授权体制的主体为中央政府，即掌握最高治权的一方；

---

① 薛立强：《授权体制：改革时期政府间纵向关系研究》，天津人民出版社 2010 年版，第 8 页。

② 郭剑鸣：《相机授权体制下我国央地关系中的潜规则现象及其矫治》，《浙江社会科学》2010 年第 6 期。

（2）相机授权体制的客体为地方政府，包括省政府以及省政府以下的各级人民政府；（3）相机授权体制一般以规范性文件作为依据，包括法律、法规、规章，行政机关的决定、命令、批复以及党的文件等①，但授权的探索性和弹性空间比较大，所以，相关规范性文件所做出的规定多是原则性的，授权文件通常需要许多实施细则来充实，而这些细则的制定和执行有很大的自由裁量性；（4）相机授权体制的本质是中央与地方的一种自上而下的控制体制，中央政府对地方政府具有监督控制权，因此可以相机收回已授予的权力；（5）授权的内容、时间、地域范围的可预见性较差，这通常是个可争取或者可建构的领域。作为一个超大规模、区域发展不平衡的单一制国家，我国采取相机授权机制，既有利于发挥中央宏观调控功能，也有利于发挥地方资源禀赋的优势。但是，相机授权体制存在权力配置的不公平性、不规范性和承诺的不确定性等明显漏洞。特别是中央有关部门未必有充分的信息和动力去把握地方禀赋的差异，这样，相机授权就容易造成授权失误或效率流失，引发地方不公平竞争。

由于央地政府间权力配置方式的示范效应，相机授权体制已成为地方上下级政府间、政府与企业间、政府与社会组织间以及政府与政府官员之间处理交换关系的基本体制。相机授权体制是诱发利益相关方采用潜规则方式应对政府调控、管制和许可的体制性根源。

二 相机授权的主要形式

中央政府在处理与地方政府之间的关系上所运用的相机授权体制主要表现为全面授权、层次授权、个别授权和选择性集权四个方面。前三者均为中央向地方的放权行为，选择性集权是中央对地方的一种集权。分权和集权作为对权力处理的正反方面是相互对应的。授权与分权不同，分权是将权力予以划分，意味着对权力所有权的划定；授权的语境则是权力始终掌握在中央政府手中，中央对地方权力的授予是中央意志的一种表现。当然，中央既可以授予地方权力，也可以将授予的权力收回。因此，在书中采用"授权"与"集权"而非"分权"与"集权"。下面讨论后三个方面的授权。

---

① 薛立强：《授权体制：改革时期政府间纵向关系研究》，天津人民出版社 2010 年版，第 8 页。

（一）层次授权

层次授权也可将之理解为倾斜授权，是中央政府根据不同地方的不同条件以及中央政府的政治、经济目标追求针对不同地方所做出的不同广度、不同深度的授权行为。例如中央政府在改革开放过程中将全国分为东部地区、中部地区和西部地区三大区域，并在全国范围内先后形成经济特区、沿海开放城市、沿海开放经济区、台商投资区、上海浦东新区、保税区、沿边开放城市以及沿海和开放内陆城市、天津滨海新区、四大自由贸易区等不同层次的授权区域。基本上形成从辽东半岛至海南半岛的沿海开放区；从上海到四川的沿长江开放区；沿上述开放城市形成的次级开放区。层次授权与全面授权相比具有了一定的"特殊性"。特殊待遇就意味着拥有较其他地方更多的特殊权力，意味着在发展过程中可以"先行一步"，可以"为他人所不能为"。因此，层次授权具有一定的不公平性。但是，这种层次授权的受益者并非单一主体，而是具有共性特征的某类群体。

（二）个别授权

个别授权是较层次授权更为特殊的一种授权形式，是中央政府针对特殊时期的特殊目标对单独某一个或某几个地方所形成的授权。这种授权可以说是中央政府的一种"个别待遇"，因此这种授权的不公平性更强。例如，在改革开放初期，中央政府赋予广东福建两省特殊权力，在全国仍旧实行计划经济的背景下让广东率先进行开放，打开国门，吸引外资，促进经济发展。"中央授权给广东省，对中央各部门的指令和要求采取灵活办法，适当的就执行，不适合的可以不执行或变通处理。"① 正是凭借中央所赐予的这把"尚方宝剑"，广东的经济发展有了一个良好的开端。

（三）选择性集权

集权作为放权的对立面，是中央政府对已赋予的权力重新集中起来。选择性集权是相机授权的另一特殊表现形式，是中央政府根据特定情境下的特殊目标对地方权力有选择地重新集中。选择性集权的例证在新中国成立以后的改革过程中不断上演。例如，在财政体制改革过程中

---

① 中共广东省委办：《中央对广东工作指示汇编（1979—1982 年）》，广东省委办公厅，1986 年，第 110 页。

不断地调整财政政策，其中不乏是将已经下放给地方政府的财政权力重新集中起来以解救中央政府的财政负担。分税制的实行正是中央处于财政悬崖所做出的重新集中中央财力的财政体制改革。① 中央和地方政府的关系在"放权—集权—放权"的怪圈中不断循环，同样是中央政府进行选择性集权的有力证明。

三　相机授权体制的特点

相机授权体制的突出特点在于其相机性。由于具有相机性，这种授权体制在为中央所用过程中延伸出诸多的其他特征。

（一）相机性

从字面意义上理解，"相"便是识别、区别对待；"机"是指机会和不同的环境、条件。根据不同时机、不同事件、不同对象所表现出不同行为便是"相机"的本意。"制度"是一个社会的"游戏规则"，是为决定人们相互关系而人为设定的一些制约。② 制度化便是以一种非人为设定的、常规的、具有约束力的方式来制约人们在社会中的相互关系。相机性本质上是对制度化的一种违背，是以一种随意性和人治化色彩打破各种约定和限制，使各种受此协调的关系处于不确定之中。人们可以从广东湛江市历时 34 年跑部争取湛江钢铁项目的经历中，意会中央有关部门相机授权行为所导致的央地间的不确定性关系以及地方政府对中央有关部门公关的艰辛。根据媒体报道③：

> "从 1978 年开始，湛江人民就开始追逐着这个钢铁梦，三十多年的砥砺前行，三十多年的精心准备，2008 年 3 月 18 日，广东湛江钢铁项目获得国家发改委开出的'路条'，获准开展前期工作。2012 年 5 月 27 日下午，国家发改委正式核准广东湛江钢铁基地项目动工建设。一纸传来，全场欢腾！当市长王中丙手持批文满脸笑容地从国家发改委走出来时，在门外苦候多时的湛江市发改局以及驻京办的工作人员群情振奋，早已顾不得周围的人来人往，握拳、

---

① 赵忆宇：《悬崖边上的中央财政》，《瞭望新闻周刊》2003 年第 37 期。

② 冯兴元：《地方政府竞争：理论范式、分析框架与实证研究》，译林出版社 2010 年版，第 6 页。

③ 《湛江 700 亿钢铁项目获批　市长激动吻文件》，http://business.sohu.com/20120529/n344296155.shtml。

叫好、击掌、拥抱、欢笑……兴奋地庆祝这个来之不易的好消息。短暂庆祝之后，大家纷纷拿起手机，打电话、发短信，以最快的速度将这个好消息告诉自己的亲朋好友。"

"项目核准的背后是无数奔波忙碌的身影和难以想象的艰辛努力，项目凝集着无数人的心血。就在核准当天上午，正在中央党校学习的市委书记刘小华专门请假，陪同广东省委常委、常务副省长徐少华一个一个司、一个一个处去拜访报告，一个上午来回跑了十几趟，为钢铁项目的核准踢出了'临门一脚'；市长王中丙则在发改委各部门来回做工作，静静地坐在走廊上等待批文的最后核准；市政协副主席马国庆成了'空中飞人'，一下飞机就跑到国家发改委'上班'；对市发改局局长钟胜保而言，'蹲墙角'早已经是家常便饭；一名不愿透露姓名的市发改局工作人员告诉记者，仅仅今年，他已经记不清来回多少次北京了，每次过来的唯一任务就是为了跑这个钢铁项目……"

（二）不公平性

层次授权、个别授权作为相机授权的两种特殊授权形式，都表现出较大的不公平性。相较于享有中央政府授权的地方而言，没有获得授权的地方政府无非丧失了一张在同级地方政府竞争中胜出的"王牌"。地方政府之间尤其是掌控着地方政府行动的地方官员基于"晋升锦标赛"的压力自然希望所在地方政府与其他地方政府相比可以获取更多权力或至少具有公平竞争的环境。相机授权体制的不公平性在改革开放初期作为一种达到"少部分人或地区先富起来，带动大部分人或地区致富"的目标策略是完全必要的，但相机授权体制的不公平性是始终存在的，很容易成为中央有关部门基于部门利益或部门中的个人利益进行随意授权的一种理由。随着改革开放的推进，这种体制的负面作用会愈加显现。

（三）不规范性

中央政府对地方政府的相机授权并非违背法律规章下的一种行为；相反，中央政府的相机授权行为往往要以包括法律、法规、规章，行政机关的决定、命令、批复以及党的文件等在内的规范性文件作为依据。但是，到目前为止我国并没有一部完善的中央与地方关系法，在宪法中也没有明确中央和地方政府的权力划分界限。中央和地方的权限问题依据行政法规、规章、行政机关的决定、命令、批复甚至规范性文件等做出，其规范性参差不齐。同时，中央政府在做出授权决策的过程中有不按照程序进行的例证，而程序作为法律的一个重要步骤，本身就暗含着规范性的要求。

（四）不透明性

我国相机授权的不透明特征在内容和程序两大方面都很明显。在内容上，从中央到县乡各级政府的职能基本同构，以致连中央官员也感叹："除了外交、国防之外，几乎所有的事务我们分不清哪些是中央职能，哪些是地方职能。"[1] 这意味着，各级政府在承担职能和责任上都有选择"搭便车"的可能。但实际上问责权掌握在中央政府手中，当地方政府通过利益博弈选择机会主义做法，放弃某些公共管理职能和职责时，就需要与"中＋央"的相关部门搞好关系，否则，就有可能被问责。此时，职责授受不清就是最好的托词。在程序上，我国没有专门的法律来规范央地关系，除《宪法》的粗线条安排之外，只有《中央政府组织法》和《地方政府组织法》涉及央地职责权的划分，但这两部法律恰恰都是对央地政府职能同构的认可，因为其中列举的政府事权除体现出"属地原则"外，基本雷同。而对于中央及其部门采取何种方式、标准、原则和程序对地方进行授权、审批项目和提供财政补助，均没有法律层级的规范予以明确。比如，中央自实施分税制以来对地方转移支付的财政投入逐年增加，2014 年已达到 4.68 万亿元的规模，而对这块巨额资金的分配问题，却只有一个行政色彩非常浓厚的《过渡期财政转移支付办法》来管理，缺乏足够刚性的法律约束。那么，给谁不给谁可能就在一闪念之间。在巨大的自由裁量空间里，一笔巨资、一个大项目，给谁都是给，给谁都可以罗列一筐的理由，给与不给之间，往往就是"功夫在诗外"。[2] 再则，我国政府信息公开的法制建设起步晚，至今还没有颁行《信息公开法》，现行的《政府信息公开条例》对政府信息公开义务的强制性有限。一直以来，中央有关部门所公布的项目审批信息和1994 年后转移支付的信息，仅限于名称、数量、地点等最基

---

① 楼继伟：《选择改革的优先次序：二十年回顾与思考》，《21 世纪经济报道》2006 年 8月7 日。

② 颜玉华：《是是非非"驻京办"》，《金融经济》2006 年第 6 期。

本的内容，至于批准的理由、有多少竞批单位、各自的优势如何？这些
能令竞争参与方信服的信息无从知晓。难怪，分税制后，地方政府会如
此积极地加入到"驻京办"热之中。正因为相机授权内容的模糊性，
地方没有驻京机构，害怕他们争取授权的优势不为中央有关部门所了
解；正因为相机授权程序的不透明和不规范性，地方不设驻京机构，害
怕其他地方到中央有关部门使了什么手段，其结果只好大家都设立驻京
办，大家都运用点"潜规则"。

（五）偶然性

在相机授权的过程中，特殊的人物、时间、事件都可能成为决定某
个地方获得特殊政策的关键因素，由于这些因素不确定，各个地方只能
在日常工作中随时做好准备，与中央有关部门建立稳定、良好的关系，
以备不时之需。

第二节　相机授权体制潜藏的"寻租"动力及其对政府间关系的负面影响

相机授权体制总体上是我国不断改革计划式集权体制，走向现代国
家治理体系所需要的法制化权力配置体制的一种过渡性安排，它夹杂着
中央发挥地方优势、解决财政压力、对经济体制改革的迫切性和地方对
中央相机授权争取的非规范性多重因素，因而在推进过程中难免带来负
效应。这其中就包括对"寻租"的体制性夹带，并潜藏着将政府间关
系（尤其是纵向关系）引入潜规则化运行的风险。

一　相机授权体制潜藏的"寻租"动力：信息不对称掩盖利益不对称

（一）相机授权、信息不对称与部门惜权

（1）相机授权以信息不对称的形式隐藏利益不对称的实质，暗助
上级部门滋生惜权动力。一方面，根据单一制国家结构形式的制度安
排，我国中央政府也可以不断地对地方进行有差别的授权，比如，中央
选择不同的时机和地点试行经济特区、开放城市、综合试验区、保税
区、开发区政策和各种区域发展规划等。中央在确定给不同地方以不同
的授权性质、类型和范围时，就是基于这些授权可能带来的后果是不确
定的，符合信息不对称的理论假设。但是，由于政府授权的实质具有利

益转移性，相机授权给各下级辖区带来的损益（有时也产生试验代价）是不均衡的。也就是说，在相机授权体制下，法律地位平等的同级辖区将因来自上级政府的不同授权而处于实际上不平等的地位。从这个意义上讲，相机授权体制的合法性是存在问题的，这也给上级部门的授权选择带来压力，因为非均衡性授权容易招致地方或下级政府的不满，惜权不授也许是一种息事宁人的好选择。另一方面，随着我国向市场经济体制转型的深入，特别是实施分税制改革后，地方有了独立的财税支配权和更明晰的利益主体地位，每一次相机授权机会的开闸，就意味着获得授权者将兼得优惠政策、自主发展的空间和更多的财税资源。而这种机会又非各地均沾，各地对中央或上级部门的相机授权机会的争抢会越来越激烈。1994 年以后，中央做出的每一次相机授权决定：中西部开发、东北振兴、滨海试验区、成渝城乡综合改革试验区以及各种具体的城市规划，无不是在地方激烈竞争的氛围中敲定的。这充分展示了政府授权的高附加值和上级部门的权威优越感，在相机授权体制所提供的信息不对称环境掩盖下，极易产生部门自利倾向。而地方竞相争取授权机会的现象，则容易促使上级有权部门做出逆向选择——授权越少越好、附加值越高的授权越少越好。总之，无论是相机授权的不均衡性可能给上级部门造成的授权压力，还是它的高附加值给上级部门带来的自利机会，都容易使上级部门滋生惜权的动力，选择集权偏好。

（2）相机授权的程序往往不规范，这为上级部门在各方不知情的背景下惜权、集权提供了可能。政府授权具有不可完全合约性，加之我国政府授权采取的相机体制，赋予上级有权部门在授权与否、授权内容、授权方式、授权范围、授权对象、授权程度及时机的选择上很大的自由裁量权，也给政府授权的不透明性留下了制度隐患。比如，我国还没有专门的法律来规范央地关系，除《宪法》的粗线条安排之外，只有《政府组织法》涉及央地及各级政府间的职责权划分，但这两部法律仅仅是对各级政府职能同构的认可，而对各级政府不同的权责却没有专门区分，特别是对于中央及其部门采取何种方式、标准、原则和程序对地方进行授权、审批项目和提供财政补助，均没有法律层级的规范予以明确。就拿各地都希望争取的转移支付来说，中央分配给地方的财政转移支付投入已超过两万亿元的规模，而对这块巨额资金的分配问题，却只有一个行政色彩非常浓厚的《过渡期财政转移支付办法》来管理，缺乏足够刚性的法律约束。那么，给谁不给谁可能就在一闪念之间。在巨大的自由裁量空间里，一笔巨资、一个大项目，给谁都是给，给谁都可以罗列一筐的理由，给与不给之间，往往就是"功夫在诗外"。① 另外，由于我国政府信息公开的法制建设起步晚，现行的《政府信息公开条例》对政府信息公开义务的强制性有限，特别是对授权信息的公开没有刚性约束，那么，哪些权力该授？哪些条件可授？既没有明确的准则，也没有公之于众的义务。上级部门采取惜权的办法该授不授，采取隐瞒的办法化未授为已授或者相反，均难以追究责任。这样，不论从自利角度，还是管理便利角度理解，上级部门都有可能惜权、集权。

（二）相机授权、利益不对称与地方硬扩权

地方政府将在正常的权力安排体制之外获取权力资源或者倒逼有权机关改革既有的权力安排体制。不满足既有的权力是官僚机构的天性，因此，"硬扩权"通常与上级政府正常授权一样是官僚机构获取权力的基本形式。目前，我国地方政府"硬扩权"的主要方式是自行举债，扩大财权，从而绕开体制的安排获取其自主行事的资源，形成脱离中央和上级政府监管视线的自主干预地方社会和经济的能力。从我国地方债务恶性膨胀的趋势看，地方"硬扩权"的蛮劲十足。《中国国家资产负债表（2015）》显示，"截至2014年年底，地方政府总资产108.2万亿元，总负债30.28万亿元，净资产77.92万亿元。从2010年年底至2013年6月底的两年半时间内，全口径的地方政府性债务余额增长了7.2万亿元，增幅为67.3%，年复合增长率为22.9%。这一增速虽然低于2009年61.92%的水平，却超过了同期GDP的年均增长8.5%的水平"。② 作为一种体制外权力生长机制，地方政府"硬扩权"无疑会加重体制内授权的困难，但其动力却恰恰与上级部门相机授权造成的利益不对称密切相关。两者构成一个相生相克的死结。

（1）相机授权的被动性迫使下级政府主动寻求体制外权力生长机制。其一，各地经济社会发展和公共服务中所需要的权力资源是多方面的，中央和上级政府未必都能予以满足，而各地的资源禀赋和社会矛盾

---

① 颜玉华：《是是非非"驻京办"》，《金融经济》2006年第6期。

② 包慧：《地方政府债务总额30.28万亿元，风险敞口正在扩大》，《21世纪经济报道》2015年9月28日。

也有很大的差异性，中央和上级所授之权又未必适合各地的实际需要。其二，下级政府要获取其所要求的授权，需要付出时间和其他交易成本。这从我国各级地方政府争相设立"驻京办"的现象可管窥一斑。据"北京市发改委不完全统计，自1949年内蒙古自治区在京设立第一家办事处起，共有52家副省级以上的政府驻京办、520家市级政府驻京办和5000余家县级政府驻京办，如果加上各级（主要是省）政府部门设的联络处（或办事处）、各种协会、国有企业和大学的联络处，各种驻京机构超过1万家"。① 各地设立这些机构的主要目的之一就是减轻中央各部门的相机授权行为对本地区造成的利益不对称损伤，同时又为获取超越其他竞争地区的授权优势。这一"讨权"过程费时费力，据估算，各地办事处每年在疏通关系方面的灰色消费达200亿元。② 如能自行举债"硬扩权"，各地不可能不为之所动。其三，地方和下级政府如果仅仅依赖中央和上级政府的授权，就必须被动地接受其检查、评估和监督，其自主性会受到严厉约束。而通过自筹资金的"硬扩权"行为，可以创造不少"自选动作"，屏蔽上级的监督、检察、考核和评比，不仅行为自主，而且利益自得。可以说，在被动的相机授权体制之外寻找权力资源，既是地方政府更自主地履行职能的需要，也是政府官员追求自身利益最大化使然。

（2）相机授权的不均衡性和不确定性使地方政府有采取"硬扩权"策略以补充正式授权的借口。相机授权实际上就是一种利益不对称的授权，一方面，它不是给所有下级辖区一样的授权，有的授权本身就不具有推广性，这必然会带来不均衡的利益配置；另一方面，相机授权是不确定的授权，下级无法确定其可能得到的授权内容和结果，这种不确定性授权结果常常令下级无法对本辖区的重大事务和发展预期做出前瞻性的规划，无法充分利用本地的资源禀赋为地方谋利。③

二 相机授权机制对政府间关系的负面影响

毫无疑问，相机授权体制在促进我国递进式改革开放事业和发挥地

---

① 杨琳、李松：《我国出台方案半年内将撤销数千家驻京办》，《瞭望》2010年1月24日。

② 朱四倍：《驻京办有什么样的秘密》，《光明观察》2006年9月4日。

③ 郭剑鸣：《从"硬发展"到"硬扩权"：我国地方政府债务膨胀的政治逻辑与风险》，《社会科学战线》2011年第10期。

方资源禀赋、发展积极性方面有着显著而积极的意义。但在相机授权机制支配下，政府权力运行的趋势容易出现上级部门全面集权与下级政府硬性扩权相冲突的格局。我国央地政府间的权力关系通过相机授权体制得以最终确定，而相机授权体制是一种在放权趋势中进行选择性集权的体制，并非对中央和地方之间的权力进行明确的划分界定，而是将两者的关系置于一个持续的政治过程中，在政治运作的同时相机进行授权和集权，具有明显的非制度化特征。这种非制度化的授权模式对我国政府间关系，尤其是中央政府和地方政府之间的关系所形成的影响是特殊和复杂的：相机授权体制的长期实行使地方政府可以理性地对中央政府的行为做出推断，它破坏了中央政府和地方政府之间相互信任的关系，使中央政府处理权力和资源配置的过程成为一个可以通过谈判等方式改变的过程。

（一）地方政府形成对中央政策不稳定的心理暗示

改革政策的稳定性和连续性是改革正常进行的重要保证。从财政改革初期中央政府的"划分收支，分级包干"到之后"划分税种，核定收支，分级包干"再到之后实行多种形式的包干办法，中央政府不断变化的改革政策使地方政府处于频繁调整的状态。政策的变动往往是随着国家面临的具体环境而产生的，合理的政策变动能保证政策的灵活性和针对性，但过于频繁的政策变动则起到相反的作用。中央频繁的政策调整，且不论政策调整内容是否有利或不利于各地方政府，仅就政策调整频繁这一事实而言，不但破坏了改革过程中政策执行的稳定性，更对地方形成了中央政策不稳定的心理暗示。既然中央的政策不稳定，作为理性的地方政府必然会针对中央不确定的下一次政策调整做出提前准备以保证中央下一次政策调整时的利益不受损或将损失降到最低。

由此，相机授权体制还损害了中央政府和地方政府之间的相互信任。契约社会中的信任是一种包含成本与收益评估过程的理性行为，从信任的社会嵌入性来看，信任的生成机制之一是基于行动者自己或第三者过去的信任经验以及同时基于上述经验与控制的信任。[①] 对于政府之间而言，这一理论同样适用。中央政策的频繁调整既可能有利于地方政

① 谢坚刚：《嵌入的信任：社会信任的发生机制分析》，《华东师范大学学报》（哲学与社会科学版）2009 年第 1 期。

府的利益，也可能不利于地方政府的利益。在财政改革初期，中央政府的一系列政策调整便是如此。当地方政府利益扩大时，地方当然欣然接受，但当地方政府利益受损时，地方政府便会通过各种途径争取各自利益。地方不但形成对中央政策不稳定的心理暗示，也会总结出"中央侵蚀地方成果"的利益受损经验。例如，中央频繁调整财政政策模式，由"划分收支、分级包干"到"划分税种、核定收支、分级包干"再到"收入递增包干、总额分成、总额分成加增长分成、上解递增包干、定额包干、定额补助"，每一次调整除中央对改革环境的判断外，还有中央在面临财政压力时通过改革从地方汲取财政资源，缓解中央困难的思考。[①] 同样，中央每一次通过政策变化对地方利益进行侵蚀、每一次的倾斜授予和个别授权、每一次的选择性集权都会在强化地方争取意愿的同时破坏地方政府对中央的信任。同样，地方政府为保存利益所作出的"政策执行阻梗"、"藏富于民"、预算外收入大幅增加等地方利益狭隘主义的种种行为也必然会引起中央政府对地方信任的破坏。利益的分化使中央和地方不再是绝对的命令—服从关系，相机授权体制使中央和地方不再是相互信任的"同志"关系，中央和地方的各种规范的博弈行为在缺乏制度化规范和双方互不信任的前提下便产生了。

（二）强化了地方与中央的谈判式交换关系

财政体制改革中，中央政府政策频繁的调整对地方利益的损害造成了改革的持续困境，为保证改革政策得以执行，中央政府采取了与地方协商办事的方式。中央通过与地方协商，动之以情，晓之以理，以国家大局利益为前提，在此前提下对地方利益尽可能保存，以此来获取地方对政策的支持。地方自知中央政策推行具有必然性，因此，在协商过程中以支持中央政策为前提尽可能地保护已有利益。1994 年分税制改革的初衷之一便是之前财政体制改革过程中具有太多的不规范行为，充满了地方和中央的谈判，但之后的分税制改革并未将这种现象完全消除。1994 年财政体制的推行正是通过中央和每一个省份单独谈判进行的。以广东省为例，在推行分税制改革时，为使广东同意进行改革，中央承诺对广东以 1993 年为基数进行改革，同时还答应广东减免税再延长两

---

① 高培勇：《中国财税体制改革 30 年研究——奔向公共化的中国财税改革》，经济管理出版社 2008 年版，第 52—62 页。

年，而这些条件其他省份是不享有的。① 在没有规范的利益处理机制和第三方利益协调机关的情况下，通过谈判争取利益成为中央和地方在处理利益关系上的一条"通用原则"。而中央领导人或者是中央部门的一把手作为统领整个工作的关键人物，在地方与中央的谈判中往往具有关键作用。"在党内发扬民主的过程中，由于历史和现实诸多因素的影响，也与实行民主集中制有着密切的关系，党中央的领导集团，特别是杰出的领袖人物总能在意见综合的过程中，发挥着集党中央和人民的智慧的关键性作用。这种作用往往是历史地形成的，很难用简单化的标准来做简单化的评价"。② 广东、福建的特殊授权在经过广东、福建两省的提议以后，主要领导人在决策中起到了关键的作用；开放沿海城市、海南岛和上海浦东新区的决策也与当时的主要领导者的作用密不可分。③ 而在中央相关的职能部门处理与地方的关系时，同样存在着这样的类似情况。只要部门的一把手在可管辖范围内具有相关事项的最大权力，往往便成为决定地方利益的关键所在。前些年，各级各类的"驻京办"引发的违规及腐败问题为政、社、学各界所关注。尤其是随着分税制、转移支付制和区域规划、产业规划的实施，驻京办不仅数量在暴增④，而且职能特殊、能量也不小。⑤ 这说明地方政府选择何种方式参与、影响和执行中央的决策就有较大的弹性，而中央政府及其部门采取何种方式放权、干预和监督地方政府行为也有诸多选项。

（三）政府间关系的不确定性

相机授权体制下，地方政府形成对中央政策不稳定的心理暗示、中央政府和地方政府之间相互信任的破坏以及地方认为其利益的关键在于

---

① 赵忆宇：《分税制决策背景回放》，《瞭望新闻周刊》2003 年第 37 期。

② 朱光磊：《当代中国政府过程》，天津人民出版社 2008 年版，第 96 页。

③ 薛立强：《授权体制：改革开放时期政府间纵向关系研究》，天津人民出版社 2010 年版，第 167 页。

④ 据北京市发改委不完全统计，共有 52 家副省级以上的驻京办、520 家市级驻京办和5000 余家县级驻京办，如果加上各级（主要是省）政府部门设的联络处（或办事处）、各种协会、国有企业和大学的联络处，各种驻京机构超过 1 万家。杨琳、李松：《我国出台方案半年内将撤销数千家驻京办》，《瞭望》2006 年 1 月 24 日。

⑤ 驻京办承载着为地方招商引资、争取项目、接待服务、沟通信息和联络感情等功能。比如河南某市驻京联络处 10 年为当地吸引到各类投资 50 亿元，广东某市驻京办事处包专机接送京官赴当地参加庆典。驻京办被誉为"地方'第二行政中心'"。李松：《地方"第二行政中心"？》，《瞭望》2005 年 7 月 24 日。

与中央的谈判等，使央地政府之间以及地方政府之间的关系表现出明显的变化。

　　一方面，地方仍旧作为中央在地方的代理人，执行着中央的决策和命令；另一方面，地方也作为地方的利益代表者，利用信息优势在某些时候与中央形成对抗性的关系。这种由绝对服从到选择性服从的变化更明显地体现在中央分配资源的过程中：由于中央始终掌握着绝对的权力和资源配置权，因此在中央决定对地方进行资源分配时，往往形成各地方竞相对中央"示好"的局面，目的便是争夺中央所掌控的有限资源；而在中央没有权力和资源向地方授予时，各地方往往形成对中央的疏远。尤其是中央在通过地方政府对地方进行调控时，地方往往根据中央政策对各自地方的影响来形成对中央的态度，如果政策对地方有利，则积极执行；反之则仿照中央的做法，相机选择执行或变通执行。

　　由于中央的权力授予和资源配置对地方发展有着不言而喻的重要性，地方政府不遗余力地争取中央的权力授予和资源配置，这实际就是地方政府之间对争取中央权力和资源的博弈行为，但博弈的参与方不限于地方政府之间，而是包含不同地方政府和中央政府的多个博弈参与方。由于中央政府采用相机授权体制作为处理与地方政府关系的体制，在地方政府明确这一体制的前提下，会根据相机授权体制的特征作出相应的博弈行为。在此博弈过程中，地方政府之间的恶性竞争和各种潜规则化博弈行为便应运而生了。

　　（四）强化了地方争取特殊授权的意识

　　由于我国的市场化进程是通过对地方和企业下放权力以调动地方和企业积极性开始并逐渐推进的，随着市场化进程的不断深化，地方政府的自主性意识不断强化，而分税制后地方具有了一定的财政自主权更是强化了地方追求利益的意识和能力。同时，我国特有的政治晋升模式的激励效应刺激地方政府的主要领导人在任职地方不断创造以经济发展为主要标志的政绩以换取政治仕途的发展。地方之间基于以上原因形成了更加激烈的地方政府间的竞争。而分税制以后，地方政府间竞争从单纯争取中央所有的经济资源扩展为争取所有的经济资源，在此过程中，中央的特殊授权意味着享有特权的地方能够先行一步，掌握其他地方所不享有的经济资源争夺权，这种资源可以为地方争取其他资源带来便利。

因此，分税制以后地方争取中央特殊授权的意识不断强化，并普遍出现了以获取经济特区、经济开发区和上市公司名额等为主要内容争取中央特殊授权的行为。[①]

特别是分税制所确定的转移支付制度名目过多，不透明性太强，尤其是占据大量财政资金的专项转移制度，其随意性和不透明性为中央相机授予地方提供了各种机会主义。

相机授权体制在经济体制改革过程中逐渐形成，而财政体制改革的三个阶段恰好契合了相机授权体制的产生和发展。相机授权体制成为我国处理中央和地方政府间关系的主要机制，争取中央的相机授权成为地方政府间博弈的主要内容之一，而这种体制同样成为中央和地方之间不规则竞争的根源。

相机授权体制的机理和目的均与解决政府间的信息不对称问题密切相关。通常，在授权环境、授权结果、授权内容与授权对象的禀赋是否匹配等因素不可知的情况下，授权往往是不便普遍推开的，相机授权不失为一种稳妥的选择。而且，作为一个超大规模、国情复杂的单一制国家，央地之间、上下级政府间的信息不对称也是困扰权力配置、限制各地资源禀赋发挥的重要因素。采取相机授权机制，既有利于发挥上级宏观调控功能，也有利于发挥下级的信息灵敏优势。但这一制度存在两个根本性缺陷，成为该制度创设租金的根源。一是相机授权的实体内容差异必然引致利益不对称，这意味着上级政府将在地位平等的下级政府间不断制造不均衡性利益配置，授权的不公平性受到质疑，也不可避免地会引发横向政府间为争夺授权而展开恶性竞争。二是相机性本身隐含着授权程序的不规范性和不确定性，授权的不合理性也会受到质疑，并为横向政府间为争夺授权而展开恶性竞争提供制度条件。简言之，为预防因信息不对称而可能做出错误授权的相机授权机制，不仅掩盖了利益不对称这一更为根本的制约政府授权的因素，而且还可能增加更多的信息不对称问题，使得上级政府更加惜权、集权，下级政府则被迫采取自行硬扩权的方式应对上级的集权和差别化授权。

---

① 任勇、肖宇：《当代中国地方政府竞争的内涵、特征及治理》，《内蒙古社会科学》2005 年第 3 期。

第三节　相机授权体制的四种"寻租"模式与公务腐败的生长

相机授权体制的不规范性削弱了央地政府间规范关系的基础；相机授权体制的不公平性激发了央地政府间采取潜规则交往的动力；相机授权体制的不透明性提供了央地政府间潜规则交往的空间。这样无论是从程序、实体和均衡意义上，相机授权机制都留有创租、设租的漏洞，为公务腐败的生长和蔓延提供了体制条件。

一　不规范授权与公务腐败的生长

制度最基本也是最重要的功能之一是增进秩序，正如道格拉斯所言："制度是一个社会的游戏规则"。① 按照制度规范社会是制度存在的必然结果，反过来，实现这一目标的前提则是一套规范制度的存在。相机授权体制的不规范性便首先表现在内容的不规范和程序的不规范两个方面，内容上法制建设的不完整和程序上没有既定的严格法律程序使得处理央地关系的制度本身不能够完成其使命。根据管理学中的激励理论，成功的激励必须具备两个条件：一是被激励对象对取得成果后奖励的渴望；二是被激励对象认为取得目标具有可能性。在中央和地方之间博弈的过程中，这一理论同样成立。地方政府之所以与中央政府进行潜规则交往，首先是基于结果的追求（包括预算最大化、政策优惠、政治官员个人的仕途发展等），其次则在于地方认为实现潜规则交往具有可能性，因为在相机授权体制下，中央在处理央地间关系的过程中既没有严格法律制度作为依据，实际上也没有按照严格的程序来处理相互间的利益关系。

（一）授权内容不规范与公务腐败的生长

首先，授权法律规范的不完整创造了潜规则运行的可能性。我国到现在为止没有一部完整的《中央和地方关系法》，现有的对中央和地方关系进行调控的《宪法》和《地方组织法》也只是对处理中央与地方

---

① 道格拉斯·C. 诺斯：《制度、制度变迁与经济绩效》，刘守英译，上海人民出版社1994 年版，第 1 页。

关系作粗线条的概述，在关系到地方获取中央财政转移制度的问题上，也只有一部《过渡期财政转移支付办法》作为依据。除《宪法》和《地方组织法》外，以诸多的规定、办法、意见等行政性规范作为处理央地关系依据，而不是以统一的、系统的、完整的法律作为依据。虽然这些规定、办法等行政性规范可以对某些问题做出规定，但这种规范不管在内容上、程序上还是地位上都不具备同正式法律一样的效率，因此在具体的操作过程中也不具有正式法律制度能够取得的效果。正是由于处理央地政府间关系过程中正式法律制度规范的缺失，使央地政府间规范化博弈没有了可依据的基础。

其次，央地政府间职能界限的模糊扩大了潜规则运行的空间。在对中央和地方职能的界定上，除外交和国防关系国家安全的几项职能严格界定为中央职能外，宪法和法律对现行的其他各项职能在中央和地方的规定基本类似，这种笼统、粗线条的规定造成中央和地方政府间职能界限的模糊。"我国特有的'条块结构'就是以纵向层级制和横向职能制相结合为基础，按照上下对口的原则建立起来的从中央到地方各政府层级体制大致相同的组织结构"。① 条块结构对纵向政府间关系的影响之一便是造成了纵向政府间的职能划分不清，每一层级政府的职能部门具有大致相似的职责，不同的只是负责的范围大小有所差异，并且层级政府之间范围的划分并没有明确的界限，而往往由高一层级职能部门确定。同时，我国《宪法》和《地方组织法》对央地政府间权限和职能的划分是以事物的性质属性为依据而非以政府所应处理的具体职能为依据，这种职权规定同样形成了央地政府间职能和权力划分的模糊。中央政府利用这种权限和职能划分的模糊性随意干涉地方政府管理的事务，形成选择性集权；而地方政府同样利用这种规定的不清晰变通地、选择性地执行中央的政策，从而消除了央地政府间的规范化博弈的依据。

授权不规范或职能模糊，有可能扩大相关部门运用自由裁量权的弹性空间，增加腐败的机会。这种情况，在西方国家的制度改革过程中，曾经有过广泛的讨论和实践的例子。例如，在第二次世界大战期间，美国就行政部门自由裁量权的限制规定就有过这样的两难选择。"如果行

① ［美］周振超：《当代中国政府"条块关系"研究》，天津人民出版社 2008 年版，第 2 页。

政部门拥有分配资金的自由裁量权，那么，罗斯福就可能在救济资金的州际分配中玩弄权术。如果资金分配服从美国明确的规则，如按人均等额拨款或配套拨款，那么，联邦官员在这方面就没有玩弄权术的机会。同理，如果地方救济人员拥有每例每月救济分配的自由裁量权，那么，与固定发放每例救济金相比，他们就有更多的机会腐败"。①

此外，由于地域的限制，中央不可能亲自执行所有的政策命令，地方存在的目的之一便是执行中央政府的政策指令。而在实际政治生活中，当中央的政策对地方利益形成侵蚀或地方认为中央没有给予履行政策职责相应的财权时便对中央的政策进行有选择的执行。选择性执行中央政策是地方与中央潜规则化博弈的一种形式，而中央和地方的职能划分不清则为中央和地方之间围绕事权和政策执行提供了"谈判"的机会：地方只要在谈判中获得中央政府的认可，便具有了为解决各种公共事务所必需的其他各种权力；同样，在处理各种公共事务或执行中央政策过程中，只要获得中央政府的同意，地方也便免去了处理公共事务或对中央政策不执行、变相执行、选择性执行的责任。"谈判"的重要性由此可看出，地方和中央政府之间的谈判自然成为双方处理各种关系的关键所在。而在选择性执行中央政策这一地方应对中央的潜规则化博弈过程中各种对潜规则的具体运用也随之而生。

（二）授权程序不规范与公务腐败的生长

中央和地方政府的授权依据还缺乏刚性，这使得中央在授权过程中具有很大的弹性，而根据我国单一制的制度安排，地方对中央决策必须执行，即便其中有不利于当地利益的地方也只能消极应对。同时，中央政府授权的过程并没有既定的程序制约，中央的授权内容和程序都不会违背法律的规定，只要中央政府有意愿作出授权，便会形成授权的实质结果。在这种前提下，地方便形成了对中央在缺乏授权依据下偏好授权的争取，因为没有规范的法律内容和程序作为依据，通过努力争取促成中央做出只对本地方有利的授权是有可能的。因此，授权的不规范使中央和地方都没有可依据的规定和程序来规范各自的交往行为，地方就有强大的动力争取中央制定对本地方有利的授权或政策。

---

① ［美］爱德华·L.格莱泽、克劳迪娅·格尔丁主编：《腐败与改革：美国历史上的经验教训》，胡家勇、王兆斌译，商务印书馆 2012 年版，第 7 页。

二 不公平授权与公务腐败的生长

我国地域辽阔，各地方的发展水平和实际情况都有很大的不同，地方政府之间必然存在竞争与合作。不同地方的发展水平应该通过既定规则下地方间进行公平的竞争以表现，中央的相机授权体制的不公平性破坏了地方公平竞争的前提，使地方政府在竞争过程中竞相向中央示好，争取中央的特殊授权，而中央对地方示好的接受和相机授权的持续则反过来强化了地方的这种行为。

（一）不公平授权破坏了地方政府间公平竞争的基础

地方政府间竞争与合作是市场经济体制下的必然结果。地方政府间公平竞争首先基于竞争者具有公平竞争的机会和在竞争过程中具有平等的地位。然而，相机授权体制本身的不公平性破坏了地方政府公平竞争的前提。

相机授权体制在改革过程中对某些或某个地方进行授权，包括各种优惠政策的授予和特殊权力的授予，而这种特殊的授权则是其他地方政府所不享有的。率先获取中央授权的地方相对于其他地方而言无疑具有了先天的优势，而这种优势几乎成为地方政府间竞争的决定性优势。改革开放初期的广东先行一步进行改革开放便让广东相对于其他地方具有了发展市场经济的各种便利，浙江省虽然具有相似的自然环境，但由于初始条件的不同而只能通过后期的努力与广东竞争。在分税制改革以后，地方政府的责任和权力都具有了相对独立性，地方政府间的竞争更是激烈，然而相机授权体制的不公平性已经打破了地方政府间公平竞争的前提条件，地方政府间的竞争实际是不具有平等机会的地方政府间的竞争。

中央政府的决策是根据全国的总体局势所做出的，具有整体上的统一性。在改革初期对个别地方现行授权作为改革的试验田，如设立经济特区、浦东新区、滨海试验区、沿海开放城市等从而促进这些地方的先行一步；在改革不断发展的过程中对某些地区同样给予一定的优惠政策从而促进这些地区的发展，例如，中央所实行的西部大开发政策、振兴东北老工业区、成渝城乡综合改革试验区等。但是，从整体上看，中央的相机授权体制不但破坏了地方竞争的机会平等，还破坏了地方竞争过程中的地位平等。例如，某一地方政府在寻求经济合作过程中对 A、B 两个地区进行合作者选择，但由于 A 享有中央授予的优惠政策而 B 则不享有，基于在合作过程中对中央优惠政策的争取或向中央申请项目的考虑，A 地区显然在地位上比 B 地区更具有竞争力，因为中央的相机授权意味着在将来的某一段时期中央都会将更多的财力、物力和政策投向已获得授权的地区。

相机授权体制的不公平性破坏了地方政府间公平竞争的机会前提和地位前提，随着经济的发展，中央相机授权不公平性的结果不断显现出来。在西部大开发、振兴东北老工业区、滨海试验区、成渝城乡综合改革试验区等各种关系地方权力变化的改革试验区确定过程中地方都铆足劲，采取各种形式竞争以求获取中央授权①，其中就有不少地方将精力用于成功申请的"技巧"而非增强地方的实力上。② 相机授权体制的不公平性破坏了公平竞争的前提而激发了地方政府争取中央的相机授权的动力，地方政府通过各种途径获取中央的"特殊待遇"成为地方政府和地方官员最重要的任务之一。

（二）不公平授权强化了地方以潜规则行为向中央示好的动力

地方政府间竞争并非一个动作所能完成的，而是一个循环往复的过程，是不断深化和持续的不同环节所形成的。相机授权体制的不公平性在地方政府竞争的第一环节破坏了地方政府公平竞争的前提基础，产生了向中央示好争取特殊授权的尝试。在第二个环节，基于中央采取相机授权体制作为处理央地关系的体制，在不同地方均向中央发出请求授权的要约以后，中央针对不同地区的条件和中央在特定条件下的政策取向作出对某些地区请求特殊授权的肯定性回复。中央政府作出的肯定性回复实质是在向地方传达"这种方法可行性"的信号。获得中央授权的地方会因此强化向中央示好以争取授权的可能性；未获得中央特殊授权的地方政府则会产生比较效益和对中央对待地方公平性的判断。中央的授权是根据特定的目标政策，而地方政府则可以根据中央的特定目标改变向中央争取授权的方式和策略，或者通过各种不正当的方式向重要的决策者"示好"，从而获取中央的特殊授权。

由于地方政府竞争的结果不仅关系到地方经济的发展，更重要的是

① 郭剑鸣：《相机授权体制下我国央地关系中的潜规则现象及其矫治——兼谈分税制后"驻京办"问题的实质》，《浙江社会科学》2010 年第 6 期。

② 薛立强：《授权体制：改革开放时期政府间纵向关系研究》，天津人民出版社 2010 年版，第 169 页。

对地方政治官员的仕途具有密切的关系，因此地方政府会设法获得与其他地方政府间竞争的优先性。地方政府能否争取到中央特殊授权关系着地方在竞争中能否胜出，争取中央的特殊授权成为地方竞争的内容之一，而竞争的结果则会反过来强化地方争取授权的动力。在中央授权本身就具有相机性而非公平性的条件下，采用潜规则的方式向中央示好，争取中央的特殊授权成为地方政府竞相采取的主要方式之一。在对驻京办进行研究的过程中所发现的地方政府在北京设置驻京办事处的主要目的之一便是政务联络、收集中央情报、进行地方申请重点项目的公关等。所谓的"跑部钱进"反映的就是潜规则在争取中央特殊授权上的作用："跑"或者"不跑"，以及怎样"跑"，都关系着地方政府能否率先获得中央对申报项目的审批、中央的财政支持、各种政策的优惠等。①

三 不透明授权与公务腐败的生长

公开透明的授权体制包括充分的信息披露和严密的流程监督。相机授权体制的不透明性包括在处理各种中央和地方关系的过程中充分信息披露的缺失和对流程监督的缺失，而信息披露的缺失又包含相机授权过程和结果的不透明；监督机制的缺失包括对相机授权监督的不透明。相机授权体制的不透明性容易掩盖央地政府间潜规则交往以及地方政府间潜规则化竞争的种种不合规行为，为行政潜规则的生长营造了体制环境。其危害性从国家发展改革委的系列腐败案中可见一斑。

（一）授权信息不透明掩盖了行政潜规则行为

相机授权体制的不规范性使中央在对地方进行相机授权过程中缺少既定的法律和程序作为依据，而相机授权体制的不透明性则使中央的相机授权的过程成为不为人知的一种隐秘行为。在中央进行授权的过程中，中央政府对谁授权、授予怎样的权、授权的程度如何、授权的依据出处以及授权的标准等都是根据中央对目标和环境的判断做出的，至于怎样做出，则没有或很少有信息能够对社会和相关利益地方给予解释。

由于没有充分的信息披露，中央与地方之间的关系就有可能演变为只包含中央和利益地方的一对一互动关系，而其他因为没有得到相关授

---

① 殷存毅、汤志林：《基于选择性政策的"驻京办"及其运行模式》，《公共管理评论》2010 年第 1 期。

权信息的地方，很可能会被置身事外，尽管这可能涉及这些地方损益。例如，在财政体制改革过程中，中央对财政体制改革内容的不断变化便是如此。另外，地方获取中央特殊授权也没有公开透明的信息渠道，不同地方可以"各展其能"，通过各种途径和方式与中央进行互动从而获得中央的授权。尤其在我国"重关系轻规则"的传统文化下，地方政府更是会竭尽利用其所有的"学缘""业缘""地缘"等与上级有权部门进行互动。"驻京办"便是将这些方法运用得淋漓尽致，形成了"谁跑得勤谁就有关系，谁关系好谁就好办事"的恶性局面。

过程和结果往往具有一体性，相机授权过程的不透明实际在很大程度上就已经决定结果不会以公开透明的方式呈现出来。比如，2015 年审计署审计发现，2014 年财政部对一些专项分配较随意，对同处西部的两个"残疾人康复和托养设施建设"项目，安排补助占项目总投资的比例分别为 80%、18%；"畜禽水产良种工程"专项补助的 124 个项目中，有 101 个项目的补助占比超过 50% 的规定上限，最高 97%；超出建设规划安排 8 个省"农户科学储粮设施"51.6 万套，最高超出90%。2014 年自行分配应由农业部提出分配意见的"农林业科技成果转化与技术推广"专项 41.04 亿元、"农民培训"专项 9000 万元；未经评审下达 9 个项目"国家重点文物保护"专项 5714 万元；未经江苏省申报，将"文化体育与传媒事业发展"专项 332 万元，直接下达给"锦绣堂维修"等苏州吴中区金庭镇东村 3 个项目。[1] 隐蔽的授权过程实际上为地方政府对中央进行各种形式的公关活动提供了极大的便利，而中央相关部委和官员的巨大的自由裁量权无须在阳光下接受检验，单一的供给方面对各种项目和资金支持的众多需求方而言，给谁都是给，给不给往往"功夫在诗外"。[2]

（二）授权监督不透明助长了行政潜规则行为

相机授权体制是中央处理与地方关系的一种体制，这种体制的本质特点要求中央在做出授权决策以后必须对地方如何运用中央的授权进行监督和反馈，并建立相应的考核指标对地方运用授权的结果进行考核。

---

① 《国务院关于 2014 年度中央预算执行和其他财政收支的审计工作报告》，2015 年 6 月28 日。

② 郭剑鸣：《相机授权体制下我国央地关系中的潜规则现象及其矫治——兼谈分税制后"驻京办"问题的实质》，《浙江社会科学》2010 年第 6 期。

但在实际操作中，由于相机授权体制的监督信息不透明，民众通常无从知晓中央政府是否对相机授权后地方政府运用授权的效果的监督情况。

对中央授权后，地方运用授权的效果的监督也不透明，这进一步强化了央地政府间潜规则化的交往行为。由于地方政府不需要对授权结果的相关信息进行披露，也即地方政府在获得中央授权后不需要对外做出如何使用授权的说明，以及中央做出这样授权安排期望达到的成效，因此，地方政府往往更注重的是获得授权的内容，例如伴随授权而来的财政支持、对本地企业可能实行的政策优惠等，而不会真正同中央政府一样关注获得授权的结果。在这样的环境下，无异于鼓励地方通过行政潜规则行为把授权或优惠政策争到手再说。

四 不切实授权与公务腐败的生长

我国在政府间权力配置过程中就长期受到"一统就死"和"一放就乱"的困扰，从本质上说，它是由授权机制造成的两难困境。即权力滞留在上下两端，要么权力难以真正放下去，要么放权后的节制成本很高。

（一）授权梗阻

"授权梗阻"是指权力堆积在上端的现象，既包含了横向集权于顶点，也包含了纵向集权于顶层的意思。它既可能源于体制安排上的缺陷，称为制度性"授权梗阻"；也可能源于权力秉持方主观上"惜权"，称为自利性"授权梗阻"。在我国，此类现象的集中表现就是"一把手集权"。对于制度性"授权梗阻"问题，邓小平早就有过精辟的分析："党的领导制度存在的弊病，集中到一点，就是权力过分集中"，"权力过分集中的现象，就是在加强党的一元化领导的口号下，不适当地、不加分析地把一切权力集中于党委，党委的权力又往往集中于书记，特别是集中于第一书记，什么事都要第一书记挂帅、拍板。党的一元化领导，往往因此变成了个人领导。"① 经过 30 多年的改革，体制安排上的授权阻力尚未根本革除，而基于自利的惜权动力却大大增加了。以"一把手集权"为例，此类授权梗阻主要通过两种方式实现：

（1）让程序空转。这是一些地方"一把手"控制干部任免权的典型方式。"一把手"不带头遵守制度规定的干部选任程序，乐于搞"先

---

① 《邓小平文选》第二卷，人民出版社 1994 年版，第 331 页。

拍板后走程序"，甚至出现"班子成员参加的会议决定普通问题、少数人参加的会议决定重大问题、个别人参加的会议决定核心问题、一对一的口头交代决定特别重要问题"等非正常情况。① 即便在任用干部由常委会或全委会票决制的地方，一些"一把手"仍然可以通过"个别酝酿"或在召开常委会时加以"引导"等办法，绕过了"关口"，按自己的意图选任干部。结果，干部选任程序在他们那里都失了效。

（2）建立各种非正式制度架空正式制度。这是一把手突破正式制度对事权、财权限制的惯用手法。按正式制度的安排，书记管干部和大政方针，行政长官管政务，但实际上党委书记对行政事务"想管多少管多少，想管多深管多深"。为了插手行政事务，党委书记通常以加强某方面的领导为名，成立各种各样的领导小组，组长由书记或副书记担任，副组长由行政首长或行政副职担任，将书记个人的意志"一竿子插到底"。这些非正式的议事制度常常使正式的政府权力运行机制陷入尴尬境地。②

"一把手"集权与我国前一阶段出现"一把手"腐败相对集中的现象有着密切的关系。"据广东省纪委介绍，加强对一把手的监督是反腐败工作的重中之重，对一把手的实名举报，各级纪检监察机关优先核查。2003—2009 年，广东共查处 151 名地厅级一把手，占被查处地厅级干部的 79.9%；还有 1284 名县处级一把手被查处，占被查处县处级干部人数的 69.3%。"③ 从 2012 年至今，广州市纪检监察机关立案查处区县的"一把手"总共有 8 件 8 人，立案查处的国企案件有 145 件 145人，涉及 1/2 的区县。④

（二）苛刻授权

"苛刻授权"是指上级不得不对下级授权，又为防止"一放就乱"或权力地方化而采取的附带严厉考核条件的授权。其代表形式就是"一票否决"。作为一种授权形式的一票否决，通常运用于以下三种

---

① 杨琳：《提高选人公信度》，《瞭望》2009 年 4 月 27 日。
② 黄豁、殷耀、叶建平：《落马一把手建言反腐自省》，《半月谈》2011 年第 1 期。
③ 盛若蔚：《"一把手"成节日腐败高发岗　中央地方探索限权》，《人民日报》2011 年2 月 15 日。
④ 刘其劲：《粤省委巡视组：广州部分地区"一把手"腐败问题突出》，《南方都市报》2015 年 10 月 21 日。

情形：

（1）"赋权性"一票否决。辖区政府对一些容易出差错但又不容许出差错的重大事务管理，迫于管理的复杂程度和责任的刚性，采取"军令状"的形式赋予下级政府一定的管理权限，吸收下级分担责任。这类权责的初始性担当者是辖区最高政府，下级政府只是被动接受。比如，环境治理、物价涨幅、社会治安等的监管。此类事务对下级政府来说具有明显的外溢性，不论上级如何赋权，都属于"权小责大"性质，下级政府的努力程度与管理成效、管理收益往往难成正比。因此，此类授权是令下级政府不管领受的授权。

（2）"收权性"一票否决。当下级政府的某些管理事务对上级政府具有明显的负外部性时（收益主要利好于下级辖区，而产生的责任又要上级兜底），上级政府也可能采取"一票否决"的方式，对上级政府不便管理的事项严令下级杜绝事故责任，对上级政府可以管理的事务则逼迫下级交权。前者如生产安全监管，后者如各类收费、行政罚款。

（3）"限权性"一票否决。一些具有明显利益博弈但经过正式规则明确在上下级政府间划分权限的管理事务，上下级政府都可能基于自利性需要突破规则，或者上级政府食言毁约，或者下级政府滥用授权、自行扩大授权范围和变更行权方式。此时，上级政府可能以考核之名采取"一票否决"方式，对下级政府进行限权。比如，税费征管、土地规划、矿产资源开发管理等。

凡此种种，越往基层叠加起来的"一票否决"式授权就会越来越多，一些县乡基层政府甚至要领受三四十项之多。这迫使他们在关键时期为了完成任务不被"一票否决"而不得不弄虚作假、欺上瞒下。布置工作时，一级吓一级。为了达到某项指标，一些地方不惜动用各种手段，乃至损害当地群众利益，如"谁影响了发展一阵子，我就影响他一辈子"之类；检查工作时，一级骗一级，一旦当初确定的某些数字指标难以实现，为了保住位子，一些单位领导便会在报表上做文章，搞数字游戏，瞒报责任事故，或者干脆向监督者、考核者行贿。可以说，本来为防止"一放就乱"而推行的授权机制，在很大程度上已异化为针对下级政府的限权机制。因为，它大大增加了下级政府行使所得授权的成本。为了增强发展的自主性，一些地方政府会被迫绕开体制内授权，自行寻找新的发展资源（如举债），强行扩权。这样，政府权力配

置中的所有困境就都将聚焦到上级部门惜权（集权）与下级政府扩权
的冲突上，使上级不能充分调控下级，而下级又不能自主地行使授权。
上下级权力配置关系存在的问题"概括起来有两个主要的制度表现，
即集权但欠足够的权力，分权但欠足够的民主"①，公务腐败也就在这
样或那样的权力配置机制的漏洞缝隙中滋生出来。

---

① 郑永年：《中国模式经验与困局》，浙江人民出版社 2010 年版，第 114 页。

第三章　扭曲的政绩激励、横向政府竞争与公务腐败

客观地说，相机授权体制只是提供了行政潜规则生长的可能空间，各级地方政府和企事业单位为何要去钻体制的漏洞，甚至明知故犯地绕开正式体制采取潜规则的方式开展行政行为？尽管这些活动是以公务的名义，潜规则行为的福利也可能确实由集体分享，但那毕竟是有风险的行为，而且一旦查实有违纪违法，最终风险的承担者总要落实到人，不会因为大家都得利了就不予追究。除对自身利益的追逐外，一定有强大而持续的体制性动力与压力。任期政绩激励是其中最重要的体制性安排。正是该体制对各级政府、企事业单位的领导班子必须在任内做出令上级考核、任命机构满意的绩效施加了这种动力与压力，使他们有想方设法加快发展的紧迫感。特别是由于授权的差异性和政绩考核的无差别之间形成背离，促发了地方官员的利益自主性，地方政府"政治企业家"的角色特征越来越明显，随着地方之间差距的不断扩大，地方政府之间围绕经济资源、资本投资和市场占有等产生了各种地方政府之间的恶性竞争的行为。① 在扭曲的激励制度鼓动下和恶性竞争的发展环境迫压下，腐败也许是获得发展优势的"捷径"。

第一节　政绩激励的核心问题及其优化模式

一　政绩考核的核心就是"把激励搞对"

经济社会发展的动力应来自社会内部，经济社会发展的方向应取决于社会集体的公意，这是经济学和政治学的理论共识。但现实中，谁来

---

① 李治安：《中国五千年中央与地方关系》，人民出版社 2010 年版，第 1269 页。

代表社会？谁能合意地代表社会？又是个艰难的选择。市场不能，政府也不能。20 世纪末，关于谁是经济社会发展的引擎的争论，以东亚经济腾飞为样本，形成了"把价格搞对"与"把激励搞对"两种观点。以"发展型国家理论"为代表的观点认为，东亚经济社会的发展缘于政府的成功干预；而世界银行的报告则认为，东亚的发展仍然归功于以政策的完善促进市场的完善。伊斯利（Easterly，2005）通过反思半个世纪以来发展中国家的经济社会进步过程，认为"把价格搞对"与"把激励搞对"都很重要。如何有效地激发政府官员获取尽可能完整的信息、正确决策并切实执行产业政策和各种规划，是充分发挥各地资源禀赋的重要条件。

在对政府激励的个体和整体方式的争论中，"晋升锦标赛"与"财政联邦主义"是各自的典型模式。"晋升锦标赛"是我国各级党委和政府普遍推行的一种激励模式，它将下级地方官员的政治晋升与所在地方的经济发展挂钩，尤其是以地方 GDP 规模和增速决定地方官员的晋升。① 根据周黎安等自 2004 年以来的长期研究，晋升锦标赛是促进中国经济强劲增长的针对官员个人最重要的激励方式。这种模式深刻地影响着中国的政治过程，成为地方领导人发展经济的强大动力。他们认为，各级地方官员虽然关注经济发展给地方带来的财税增长和地方社会面貌的改观，但更关心这种增长给个人政治前途带来的益处。多年以来中央和地方政府官员的晋升途径大都与是否在经济发达省份任职经历相关。② 依此推断，由于各地发展禀赋存有差异，而官员职务又有限，一些地方官难免动用各种手段争取发展资源，其中就包括行政潜规则手段。这正是这种激励方式的严重缺陷。当然，由于各地文化差异和发展机会的多寡不同，官员对由绩效激励产生的晋升欲望或者说政绩激励对官员晋升事实上产生的作用并不能一概而论。③

"财政联邦主义"的核心是财税分权。传统的财政分权理论以蒂伯特（Tiebout）1956 年发表的《地方支出的纯理论》为标志，然后马斯

---

① 周黎安：《中国地方官员的晋升锦标赛模式研究》，《经济研究》2007 年第 7 期。

② 周黎安：《转型中的地方政府：官员激励与治理》，上海人民出版社 2008 年版，第 17—18 页。

③ 郁建兴、蔡尔津、高翔：《干部选拔任用机制在纵向地方政府间关系中的作用与限度》，《中共浙江省委党校学报》2016 年第 1 期。

格雷夫（Musgrave）、奥茨（Oates）等经济学家对此做出补充和发展。其核心观点认为：如果将资源配置的权力更多地向地方政府倾斜，那么通过地方政府间的竞争，能够使地方政府更好地反映纳税人的偏好，从而加强对政府行为的预算约束，相当程度上改变中央政府在财政政策中存在的不倾听地方公民意见的状态。以钱颖一、韦加斯特（Weingast）等为代表，开创了新的财政分权理论。他们认为，传统分权理论只从地方政府的信息优势说明了分权的好处，但没有充分说明分权的机制，特别是对政府官员忠于职守的假设存在问题。事实上，政府和政府官员都有自己的物质利益，和企业经理人相类似，政府官员只要缺乏约束就会有"寻租"行为，所以，一个有效的政府结构应该实现官员和地方居民福利之间的激励相容。政府应该用某种承诺来提供"正的"和"负的"激励，前者用来防止政府的掠夺性行为，后者用来惩罚预算软约束。政府间的竞争还对地方政府随意干预市场构成约束，地方政府间的竞争限制了官员的掠夺性行为，因为要素（特别是外资）是可以用流动的方式来躲避地方政府的过度管辖，要素的流动还增大了地方政府补助落后企业的成本。据此，该理论认为，中国经济增长的动力来源于行政放权，特别是财税分权，它根据一种相对稳定的制度化模式，将地方创造的经济绩效以财税留成的形式让地方有更大的财税支配权。经济发展绩效与地方财税增长成正向关联，成为激励地方政府发展经济最有效的整体激励模式。

二 地方竞争背景下的最优政府激励模式选择

上述对激励模式的讨论基本上是在将竞争对手相对隔离起来讨论的，一旦将竞争对手和影响经济发展的诸多可流动要素考虑进来，就会发现各种激励模式都存在很大的负效应或者说"不合作"，形成局部发展与整体效益不明显的冲突。因而，不少学者进一步研究最优的激励组合模式。杨瑞龙、杨其静（2010）等考虑了地方官员通常会在三种环境下展开竞争，相应地，激励模式也应调整。这三种竞争激励模式分别是：发展要素在辖区间不可流动，且官员政绩考核相对独立；发展要素可在辖区间流动，且官员政绩考核相对独立；发展要素可在辖区间流动，以各地经济增长相对值为政绩基准。第一种情况的适应性较差，因为只有不可变资本能满足这样的条件，而影响地区间的政绩因素显然远远超出不可变资本的范围。第二种情况比较常见，但政绩激励效果有限。第三种情况的竞争最激烈，是最有可能引发地区抢夺资源要素的激励方式。这种思考是很有价值的。因为，不论是基于个体激励的"晋升锦标赛"，还是基于整体激励的"财政联邦主义"，一样的标准，但不一样的起点条件，必然会产生与激励制度设计之初完全相反的结果。在这种模式下，激励力度越大，就可能越不公平，就越可能会引发恶性竞争，其中自然也包括潜规则竞争。因此，地方经济发展到底应在政绩激励中占据怎样的权重应该根据不同情况进行调整。①

晋升锦标赛是以职务晋升为核心的一元激励模式，由于激励强度过大，激励作用极易发生扭曲。首先，官员的职务晋升会带来权力、地位、荣誉的整体提升，从而满足个人全方位的需求，推动个人职业生涯的发展和生活质量的提高。相反，晋升无望则会导致官员在单位生活、社会生活乃至家庭生活中承受方方面面的压力。其次，我国官员，尤其是高级官员，其人力资本的市场竞争力较弱，除了职位晋升，几乎没有其他发展出路，形成人力资源流动的闭锁效应。最后，晋升的依据是相对排名，竞争的结果是赢者通吃，只有在晋升锦标赛中压过对手，仕途前程才有希望。在上述因素的综合作用下，官员为了在任期内有所作为，不得不铤而走险。在新闻报道中，许多地方官员都表示，"跑部钱进"实属无奈之举。尤其对于贫困地区而言，一大半财政收入来自中央转移支付，受"跑部钱进"的巨大利益诱惑，地方政府甘冒公务腐败的风险。

通过腐败的方式能够取得财政资金分配中的相对优势，并为主政者创造显著政绩，进而有利于地方政府在晋升锦标赛中获得相对优势。由于腐败会导致效率降低和资源浪费，拉低经济增长率，致力于在晋升锦标赛中获胜的地方政府会将腐败程度压制在合理区间。但是，财政资金分配中的公务腐败不同于传统意义上的官商勾结型腐败，前者不仅不会挤出地方政府发展经济的资源投入量，反而会提高地方的财力和干预经济发展的能力，进而促进地方经济的迅速发展，为地方官员创造政绩。

晋升锦标赛发挥作用的前提是地方政府拥有充足的财政资源调控地方经济。地方政府扩大财源的方式有多种，包括土地财政、举债、招商

① 杨其静：《市场、政府与企业：对中国发展模式的思考》，中国人民大学出版社 2010 年版，第 82—87 页。

引资等。相比之下，公务腐败所能影响的财政资金分配总额是十分可观的。据统计，2014 年中央对地方的转移支付 46508.11 亿元，同年的地方政府国有土地使用权出让收入 42605.9 亿元，前者略高于后者。① 其次，公务腐败的成本较低，收益高，具有可持续性。与数万亿的转移支付资金规模相比，每年地方"跑部公关"的成本只有数百亿，扣除跑部成本，中央的转移支付几乎是无偿让与地方的，而且每一年都有机会获得。土地财政和举债都是有偿的，风险较高，不可持续。招商引资，虽能激发发展活力，但成效较慢，具有不确定性。据报道，相比招商引资，一些地方政府宁愿花钱跑部公关，原因就在于后者的投资回报率高于前者。② 另外，地方政府能否在晋升锦标赛中获胜取决于其能否迎合中央的发展意图，获得中央的肯定。财政资金分配中的公务腐败在为地方政府争取到中央资金项目的同时，还为地方政府提供了向中央展现发展成果的机会，有利于地方政府获得中央的关注和肯定，为自身在晋升锦标赛中获胜加分。

但是，晋升锦标赛为公务腐败行为提供了心理驱动。晋升锦标赛实施的初衷是实现官员个人利益和公共利益的动态平衡，作为一方的主政者，在实现地方利益的同时兼顾个人政绩也是合法合理的。然而，这只是制度的应然形态，其实然形态与此存在巨大反差。由于晋升锦标赛机制的非正式特征，其主要目的是激励官员发展经济，考核对象是作为结果的经济绩效，至于发展经济的过程和方式，只要没有超过必要的底线，上级政府就可能会容忍。大量事实表明，一些地方官员为了发展经济、创造政绩，往往只顾眼前不顾长远，硬发展、硬扩权，不惜损害国家和公众的利益。例如，地方保护主义、政绩工程、土地财政和大肆举债等现象。公务腐败正是上述背景下地方官员为发展政绩而滥用职权的重要表现。中央政府的容忍还导致对上述行为进行规约的相关法律法规难以贯彻落实，从而降低了公务腐败的风险。

晋升锦标赛过于强调经济发展的重要性，忽视其合法性、有效性，似乎只要经济发展了，手段和过程也变得合理了。晋升锦标赛下形成的

---

① 《财政部关于 2014 年预算执行情况与 2015 年预算草案的报告》，http：//news. xinhua-net. com/politics/2015－03/06/c_ 1114539353. htm。

② 新华网：《地方干部自曝"跑部钱进"潜规则：定期请客送礼》，http：//news. xinhua-net. com/local/2013－06/05/c_ 124816410. htm。

这种畸形的政绩观使得地方政府官员并不认为公务腐败是不正当的。例如，近期安徽省某高官被调查期间，竟然声称贪污受贿并不是为了个人，而是用来"跑部"。[①] 这种公然以"跑部钱进"作为贪腐借口的行为说明地方官员认同公务腐败的正当性。地方官员的错误认知导致公务腐败行为愈演愈烈，以至于出现个别地方官员边腐边升，越升越腐的怪现象。

晋升锦标赛背景下所形成的错误政绩观也被社会公众所接受，能否动用手段赢得中央的政策和资金，成为部分地方民众评价官员政绩的隐性标准，从而助长了地方政府的公务腐败行为。由于地方政府的公务腐败行为主要涉及政府系统内部的行政关系，较少涉及敏感的政企关系、官民关系，而且公务腐败是集体行为，以公务名义进行，只要腐败所得没有直接揣入个人腰包，社会舆论不仅不好将其定性为腐败，甚至还会予以同情和支持。例如，湖南某地申请中央高铁项目期间，当地舆论竟然高呼，"拿不下项目，市长书记下马"，给当地政府的合法公务行为造成巨大压力。综上所述，晋升锦标赛导致了相关主体对公务腐败行为错误的心理认知，从而降低了公务腐败的心理成本，为公务腐败提供心理驱动。

第二节　我国现行政绩激励机制的问题及其对地方竞争的负面影响

我国的政绩激励机制通常被外界解读为中国模式的一个组成部分。从内容上讲，既包括激励，又包括约束（负激励）；从范围上讲，既包括对官员个人的晋升激励，又包括政府集体乃至地方整体利益的激励。因此，这既是一个组合式的政绩激励体系，但又是一个充满矛盾的激励体系。其中最明显的缺陷是激励的内容相对狭隘、激励评价方式比较单一，以及激励评价限定在特定的任期界限内。这为上级政府及官员的行为选择创设了租金空间。

---

① 新华网：《合肥"千万处长"受审，称部分索贿是"跑部"需要》，http://news.xinhuanet.com/legal/2014-10/10/c_127079974.htm。

一 我国现行政绩激励机制存在的问题

（一）行政集权与财税分权相分离

正如有经济学者这样表述：经济分权、政治集权既是中国式联邦主义的特征，又是中国最基本的制度特征。[①] 这种说法尽管不符合政治学的学理，但道出了改革开放后我国处理政府间关系的基本模式。

行政集权是指中央及上级政府集中掌控着下级官员的任命权和下级地方的发展权。改革开放以来，我国不断深化党和国家干部制度的改革，破除了"终身制"、实行"能上能下"的选拔机制、大力推进党内民主、积极扩大基层民主选举等；也进行持续的规制改革，放宽了地方经济社会建设的项目审批权。但这两项大权的下放仍然没有达到充分发挥地方发展禀赋的程度。现行的体制是干部任命下管"一级半"，事业发展不论地方是否使用自有资金只要达到一定规模都要报批。这是一个什么概念呢？理论上说，就是中央或上级政府不仅完全控制着下级政府官员的政治前途，也控制着下辖地区的发展意图。比如，中央掌管副省级官员的提名、考察和任命（选举）安排，省里掌管副市（厅）级干部的任命[②]，以此类推，恰好是下一级政府四套班子的全部人马，如果不想自我放弃，人人都得接受上级政府的政治激励。

但是，为激发地方发展的潜能，中央又不得不下放财权，从财政包干、分灶吃饭，到分税制改革，不计较其中央地间财权的具体得失，客观地说，分税制的实施提高的不仅仅是中央财力占全国财力的比重，它作为我国首个具有刚性授权色彩的体制，其承诺可信稳定，激励功能强大，同时，各地的绝对财政收入也都多年以两倍于 GDP 的增速增长。这意味着地方会有加速发展的欲望和条件。但是，中央有权部门的相机授权规则远不如分税制那样清晰和规范，形成了央地间行政集权与财税分权的矛盾格局，客观上会令地方实现自身利益最大化的计划搁浅。[③]由于一些中央部门将国家政策安排权、资源配给权、规划及项目的审批

---

① 王永钦等：《中国的大国发展道路——论分权式改革的得失》，《经济研究》2007 年第 1 期。

② 在一些实行省管县体制的省份，比如浙江，省里直接任命县级党政一把手。

③ 类似的事例不胜枚举。有的还颇难思议，比如，广东某市为建发电厂"跑部"5 年未果，书记坐冷板凳还被某部委视为优待。毛建国：《给张凳子坐是"政治局委员待遇"？》，《湘声报》2008 年 3 月 21 日。

权部门化，即便地方有自主建设和提供公共服务的条件和能力，也不一定能按照正式规范得到行政许可，这样，地方就会想方设法（包括采取潜规则方式）去改变相机授权的不确定性。特别是分税制后，地方的可支配财力特别是预算外收入大为增强，他们完全有条件去"经常跑部"。① 加之，现阶段我国公共预算制度还未成型，社会及民众难以有效监督地方政府和官员如何动用财政资源，地方政府和官员就可以不为高额的"跑部"成本担责。相机授权侵蚀着分税制给地方带来的自主性，迫使地方采取潜规则方式应对中央的调控。正如有学者指出："财政分权以前，地方对中央的依存度较高，中央按计划向地方配置财政资源，地方没有扩充地方产业和财政资源的冲动和制度条件，也没有向中央开展体制外关系的空间。分税制改革后，地方作为利益主体的地位凸显出来，央地间以及地方政府间围绕财政资源这个主题展开竞争的动力和制度条件都具备。这种转变是我国央地关系和地方政府间关系的一种进步，问题是如何将这种竞争纳入体制内以及符合国家战略"。② 否则，就会成为少数有权部门和官员收取租金的制度性漏洞。

（二）政治动员与经济激励不协调

我国官员的政治动员高度强化与经济激励的异常平淡形成鲜明的反差。政治动员既是对公务员行为的激励，也是一种约束，其目的是从党性信仰和公务员职业道德层面强化公务员服务社会的宗旨意识，从政治职位和荣誉层面激励公务员克己奉公的行为实践。但是，公务员响应党和国家政治动员需要有持续的强力付出，如果没有其他激励的跟进和支撑，很容易出现"动员超载"，使相当一部分公务员践行政治动员之心"疲劳"，渐显"庸政""懒政"之行迹。而其中的一部分可能会寻求体制外的补充激励，这种体制外激励就包括形形色色的腐败。

应该说，我国当前对公务员的经济激励并没有完整地设计好，而本来它可以起到一定的弥补、缓冲乃至替代作用。但长期以来，在理想化的"公仆"假设背景下，公务员的实际工资水平与公务员实际承担的责任和管理压力不相称，其职业的社会竞争优势逐渐丧失。据媒体的一

① 有资料显示，各地办事处每年在疏通关系方面的灰色消费达 200 亿元。朱四倍：《驻京办有什么样的秘密》，《光明观察》2006 年 9 月 4 日。

② 孙开：《财政体制不是地方保护的根本原因》，《人民论坛》2009 年第 4 期。

份调查显示，45.1%的受访党政干部认为自己是"弱势群体"，其"弱势"心态主要来源于以下几个方面：一是在激烈的官场竞争、严厉的问责制度和强大的网络监督面前，一些官员成了"惊弓之鸟"，生怕做错一件事、说错一句话；二是虽然干部人事制度改革正在逐步推进，但是，在某些地方依然存在论资排辈现象，甚至潜规则盛行，很多官员因没有背景，成为官场"弱势群体"；三是公务繁杂，既要有让上级看得见的政绩，又要有能让老百姓满意的民心工程，想要有所作为却困难重重；四是一些贫困地区公务员的工资收入有限，在物价尤其是房价快速上涨的背景下，只能"望房兴叹"。① 这种情形如果持续得不到改善，就容易将公务员引导到要么接受"晋升锦标赛"，要么走歪门邪道、以权谋私搞腐败，或者大肆公款消费。前者是非常狭窄的正途，后者非常宽敞但有风险。② 不过，前者的胜出概率低是确定的，后者的风险系数是不确定的。因此，基于"理性的权衡"，官员选择后者的可能性大，只是程度不同而已。退一步说，即便官员走正途，由于各地发展条件不同，存在发展资源的流动性情况下，官员的政绩与自身的努力也未必成正比，这也容易驱使在条件不那么好的地方任职的官员采取非常规手段获取发展资源，或者直接利用信息不对称的条件在政绩标准上做文章帮助自己在晋升中胜出。原安徽省副省长王怀忠就是一个"官出数字、数字出官"的典型代表，在他任内，安徽阜阳的实际经济发展表现在省内倒数，但上报的数据却名列前茅。

（三）政府评价和社会评价不对接

政府绩效激励的评价和给予主要来自政府内部，尤其是上级领导评价，这种模式说是激励，其实很有几分控制的成分。政府作为公共理性人，也具有引导、控制和评价自身实践活动的能力，而且还由于信息占有和技术手段上的优势，对政绩的政府自我评价之真实性，人们有理由抱乐观的态度。但政府的公共行政毕竟是一项服务社会、企业、公众的权威性管理活动，作为管理对象的社会、企业、公众，恰恰是政府公共

---

① 《调查称近五成党政干部认为自己是弱势群体》，《西安晚报》2010 年 12 月 5 日。

② 从历史经验看，中国明朝官员的名义工资与当时的经济发展水平比是最低的，但明朝官员的腐败也是最猖獗的，腐败也成为葬送明朝的最主要原因。相比之下，清雍正时期设立的养廉银制度，在一定程度上遏制了康熙后期官场盛行的贪腐之风。当然，并不是说高薪就一定能养廉，但可以起到弱化贪腐动机的作用。

行政环绕运行的中心，是从政治上控制并主宰着政府的权威力量。而政府只不过是一个具有高度管理权威的公共服务组织，政府的职能也只不过是一些被政府确认下来的社会、企业、公众对政府公共管理上的要求，社会、企业、公众的意愿和要求是政府公共行政的出发点和归宿点，政府公共行政的目的不是向社会、企业、公众简单地提供价值，而是为他们追求利益、实现价值提供便利条件。因此，"政府公共行政的优劣成败得失亦即政绩状况，主要不能由政府自我评价，而必须交由社会、企业、公众评价，这也是当代社会消费者主权和顾客至上原则在公共管理领域的必然要求和集中体现"。① 然而，目前我国政府政绩评价却存在主体倒置现象，它包括两个方面：一是在政府自我评价和社会公众评价之间偏向政府自我评价；二是在上级领导评价和直接服务对象评价之间偏向上级领导评价。我们的一些政府主观地规定自身的职能责任。社会需要最大限度的创业自由，政府却在"认真"履行着极细琐的行政审批。一厢情愿地提供着他们自认为老百姓应该需要的服务，并自设标准考评这种服务的绩效，而对一些老百姓真正关切的问题，迫切需要的服务，却存在严重的供应短缺。这是政府自我评价和社会公众评价呈背离趋向的重要原因。政府自我评价，其实主要是政府的上级领导评价。我们的上级领导不仅掌握着资源配置权、指挥命令权，还掌握着对下级的考评奖惩权。这种考评奖惩是悬挂在下级头上的"指挥棒"或令人生畏的"达摩克利斯之剑"。在这种情况下，"只对上负责不对下负责"、"不怕群众不满意，只怕领导不注意"必然成为官场的游戏规则和普遍现象。云南一位市级地方官员向记者坦言：当官的最担心的就是上级领导对自己的看法，之后才是社会各界的反应和群众的意见。他甚至毫不避讳地表示："重视群众意见，也是怕影响了自己在上级心目中的形象。"② 政府官员的这种心态逻辑地导致唯上是从的行为倾向。正是由于是上级而非民众掌握着官员的政绩评价权，地方政府在确定发展什么、如何发展等问题时，就不可避免地存在"唯上"现象，跟着上级政府或领导的喜好来制定发展规划。而一些上级政府和部门也喜欢用"不换脑子就挪位子"的潜规则来强化其权威，使得"上行下效"

---

① 徐邦友：《中国政府传统行政的逻辑》，中国经济出版社 2004 年版，第 452 页。

② 徐邦友：《我国政绩考评制度的结构性偏失及其矫正》，《行政论坛》2005 年第 4 期。

现象形成恶性循环。我们相信那些大大小小的"形象工程",与其说是做给群众看的,毋宁说主要是做给上级领导看的,这是现行政绩考评制度的逻辑必然。

（四）经济绩效与非经济绩效有偏废

按理说,现代化是一个社会的整体性、结构性和体制性变迁,是"一个包罗丰富、多层次、多阶段的历史进程","现代化的过程有若干不同的层面:经济发展是物质层面;政治发展是制度层面;而思想与行为模式则是社会的深度层面。"① 然而,由于我国是一个典型的后发国家,迫于内外各种压力,作为基础的物质层面现代化——经济发展,被赋予了远远超乎早发国家之上的重要性和紧迫性,结果现代化被扭曲为经济现代化,而经济现代化又被进一步简单化为"工业化","工业化"一词从广义上说已成为"经济现代化"的同义词。

如果说改革开放之初,我国社会经济及政治发展的主要矛盾是由于绩效低下而积累了巨大的赶超压力,我们不得不取道绩效性合法性模式,立足"效率优先"的原则,集中制度和政策安排,配置主要的优质资源"先让一部分人富裕起来"的话,那么,经过近 40 年的努力,虽然不能说效率问题、发展的动力问题已经完全解决了,但多年的"效率优先"和赶超战略的实施所积聚的"公平"和"共同富裕"的压力显然已上升为社会冲突的主要方面。所以,我们应适时对"共同富裕"问题进行"补课",按照生活政治的理念,调整公共政策方向、政府考绩标准和公共财政投入重点,以改善民生为指针去发展社会和管理社会。否则,由于资源和利益配置的过分倾斜,民众能享有发展的实惠与经济成长的实际水平之间的巨大反差所引发的社会不稳定最终将吞噬已有的效率和财富积累的成果。

但实际情况是,政府从上到下,到处都在谈论经济,经济成了压倒一切的最大政治,经济指标自然也成为考评党政干部政绩的最重要尺度,并和官员的利益得失、仕途进退紧密地联系在一起。结果许多基本的民生问题,比如人们常说的"七难"问题（就学、看病、出行、住房、治安、办事和就业等）,其改善程度仍然与民众要求的相距甚远。造成这些问题的原因虽然是多方面的,但其中有一条不容回避,那就是

---

① 罗荣渠:《现代化新论》,北京大学出版社 1993 年版,第 16 页。

很长一段时间以来我们过多地强调了以经济成长为核心来配置公共资源、制定公共政策、考核公共部门。经济政治的色彩过于浓厚，而生活政治的思维还没有树立起来。实际上，片面的"经济"政治或者"发展"政治并不能自然地解决民生难题，不切实际和民生需要的发展所制造的民生问题有目共睹。处于欠发达状况的我国社会就已经出现越来越多的"发展性"民生问题，有的方面还甚于发达国家。如贫富分化度、居民收入与房价比、环境退化程度、高能耗等。一些地方尚未开发时，居民还感觉不到不幸福，而经济发展起来以后，反而觉得民生难题多了。比如，青山绿水不见了，环境差了，安全感少了，黄赌毒假欺诈多了，就与一味注重发展有关。我们已经形成了通过发展解决民生问题，又在发展中滋生新的民生问题的发展模式，在"一切为发展让路"、"谁影响发展一阵子，就让他难过一辈子"的思维左右下，民生问题只会被替代而不会得到根本改善。因此，我们必须清醒地认识到，以 GDP 为导向考核各级政府，不断激发他们谋发展的动力，"作为中国政府官员的激励模式，它是中国经济奇迹的重要根源，但由于晋升锦标赛自身的一些缺陷，尤其是其激励官员的目标与政府职能的合理设计之间存在严重冲突"。[1] 毕竟，民生才是民心。任何政治形态的合法性、任何社会发展方式的可持续性都是以民生改善为基础的。而民生改善的需求和标尺是多方面的，并非 GDP 所能替代，满足民生需求的手段也是多元的，并非 GDP 增长一种手段。

（五）政绩考核的时间节点过于刚性

任期考核总是以一届班子的任期起讫时间为限，上级给下级约定各种考核内容和目标，下级必须在任期内完成相应的约定。其方式有各种评比、责任状、一票否决等，优胜者可能晋升、荣誉、加薪、地位等各种竞争福利兼得，而落伍者则可能一事无成。此外，一个班子不仅要与同级其他班子展开政绩竞争，还要考虑绩效尽可能不外溢到下一届班子，你的下一届同样可以和你展开晋升竞争。所以，一届班子都想着自己的努力尽可能要在自己的任期内收割绩效。问题是经济发展、社会建设、民生保障等各项事业都有其自身的演进规律，它不会按照某个班子的任期约定的节奏而改善。这就不可避免地会产生赶工期、硬发展、

---

① 周黎安：《中国地方官员的晋升锦标赛模式研究》，《经济研究》2007 年第 7 期。

"豆腐渣"等问题。

二 激励扭曲对我国地方政府间竞争动机和方式的误导

根据蒂伯特的政府竞争模型的解释，合理的地方政府间竞争一般具有以下特征：

其一，以辖区利益最大化作为主要竞争目标。地方政府竞争的主要目的是实现行政区利益的最大化，这是，由地方政府自身的性质决定的，行政区的利益主要包括地区的经济发展、社会发展以及在国家政治中获得的优势等。地方政府间竞争本质上是为了实现地区利益的最大化，各地区在政府领导下努力获得其他地区也试图获得的资源的过程。所以，如果站在地区公民的角度来看，地方政府间竞争争取的是地区性的公共利益最大化，但是如果站在区域或国家发展的角度来看，地方政府争取的是地区性利益，这种地区性利益甚至可能是和更大范围的区域利益或是国家利益相冲突的，是小范围内的公共利益。

其二，受到法律和制度限制的竞争范围。就像我们平常所认为的，对于公民或私人性质的组织来说，法律没有规定不能做的事情都可以去做，而对于政府来说，除法律规定的事情外就都不可以做。所以，地方政府间竞争的范围是更为有限的，其竞争范围由地方政府的职能设置所决定，任何地方政府都不能也不应该超出其职能范围去开展任何形式的竞争，哪怕这种竞争是有利于地区发展的。

其三，以行政权力的运用为主要的竞争手段。地方政府在其管辖范围内有相对独立的行政权，随着中央行政放权的进行，地方政府的行政权得到扩大。地方政府在竞争过程中主要通过上级赋予的行政权来制定相应的政策，出台地方性法规，对宏观经济进行调控，或是通过建设基础设施等方式来实现竞争。地方政府的行政权是一种受到国家法律限制的有限权力，因此，地方政府在行使权力的过程中必须受到法律的约束。

但我国地方政府间竞争的实际情况表明，其真实的动机和手段与之有很大的反差：

其一，我国地方政府间的竞争总是和地方官员的政治前途竞争紧密关联的。前文所分析的地方政府潜规则形式中，某县委书记描绘过他管辖的乡镇干部存在严重的"一年看，二年干，三年等着换"的任期现象，就能清楚地说明，官员谋发展、搞竞争，很大程度上都与自己的政治前途密切相关。特别是他用该县修路的例子为这条潜规则作的附注。在干部调整后的次年，这个县几乎所有的乡镇都新修了路，而第三年乡镇换届，全县再没有哪个乡镇修路。因为"乡镇干部们都在等着换呐，根本没心思干正经事。"① 显然，第三年继续修路对当地发展来说并非没有必要，而是因为继续修路对主政的官员升迁不能再产生加分效应。

其二，我国地方政府间的竞争总是和地方官员能支配的财税增长紧密关联的。财税增长与地方经济发展、地方利益有关联，但又不是一个概念。最能引起地方官员发展动力的除自身的升迁外，就是能留给他们自己支配的财力能否增长。有时，为达此目的，不惜损害国家利益和民众的福祉。比如，我国一些稀土主产区，不顾国家三令五申，不仅私挖滥采稀土矿产资源，还竞相杀价倒卖出口，致使国家资源损失、地方环境恶化严重，其目的只为弥补基层财政负债和某些官员的私利。据有关部门统计，虽然"在国家高压管控之下，稀土储量仅占全球三成的中国，年产量却超过全球产量的97%，其中绝大部分配额是地方顶风滥采的"。②

其三，我国地方政府间的竞争常常突破国家法律许可的方式，特别是地方政府间采取非合作竞争的方式，不少地方政府出现了无视法律和行政法规，滥用职权的现象。比如，2008年，各地在保增长的名义下，又扛起了"诸侯经济"时代盛行的地方保护主义大旗。"中部地区的湖北、安徽、河南，东部地区的江苏南京和浙江杭州，华南的湖南和广东东莞，北部地区的吉林，西部地区的陕西等都纷纷出台优先采购本地产品的措施。"尽管各地区出台的鼓励采购本地产品的措施不同，但在鼓励采购本地产品中，汽车、家电、烟酒、出租车和公务车等字眼频繁出现。这"主要是因为这些产品是高税的产品，如汽车对经济拉动也高。""可以看出来保护主要集中于能带动税收、拉动经济增长和增加值比较高的行业。"更有甚者，一些地方上路设卡，以检查"伪劣"产品为名，采取高额罚款、加税，乃至没收的方式禁止与本地形成激烈竞争的关系的产品进入该地销售。也有一些地方出台的政策本身并无优先

---

① 周伟：《透视"政绩工程"：干部管理应建立科学考核体系》，新华网，2004年3月22日。

② 徐琦：《稀土产业私开滥采何以屡禁不止》，《中国环境报》2012年4月24日。

采购本地产品的意思，但实际效果却和保护地方产品销售大同小异，湘政发〔2009〕1 号文显示，"要将省产乘用车纳入政府采购范围，政府机关、事业单位应积极采购省产车。鼓励社会团体、企业和居民采购省产乘用车和商务车。政府机关、事业单位和国有控股企业办公及公务活动，应积极采购和使用本省产品。省内重点工程建设项目中的材料、设备和机具，企业生产所需的燃料、原材料、辅料，医院所需药品，应按照有关规定和程序，积极采购符合要求的本省产品。大力推动省产工业品下乡销售活动。"①

其四，政府竞争领域主要集中于经济发展领域。我国仍然处于"强政府"的时代，地方政府职能体系庞大，几乎涵盖了经济发展、社会管理、政治控制等各个角落，照理来说我国地方政府间竞争的范围也应该是比较大的，但是，由于我国长期以来以经济发展为地方政府的主要目标，因此，地方政府竞争主要集中于经济领域。而本应该强化，民众也特别需要，能给民众带来实惠的社会管理职能领域的竞争、社会服务领域的竞争反倒比较少。也就是说，地方竞争主要看地方政府是否需要，而非当地民众是否需要。

第三节　扭曲的政绩激励"租金"与地方政府间的潜规则竞争

我国地方政府间竞争的模式因时因地因事而异。比如，"积极的竞争"和"隐蔽的竞争"，进取型地方政府竞争、保护型地方政府竞争和掠夺型地方政府竞争等。"积极的竞争"表现为政府之间的直接对抗，即地方政府为了获得更多的资源和利益，通过各种竞争措施与显在的外在竞争者进行竞争。而"隐蔽的竞争"则是通过地方政府间的非直接对抗来实现的，往往是由于竞争对手过多而使地方政府无法采取具有针对性的竞争政策，政府一般通过提高自己提供公共物品的能力，减少税收等方式来提高自己对流动资源（如资金、人才）的吸引力。进取型

---

① 《各地优先购买本地产品　专家担忧保护主义再抬头》，《21 世纪经济报道》2009 年 2 月 17 日。

的地方政府竞争主要依靠制度和科技创新的形式来吸引投资，获得竞争优势。而保护型的地方政府竞争因为经济发展比较缓慢，所以，地方政府为了保证一定水平的税基经常通过设置贸易壁垒，采取地方保护主义以保护本地市场。掠夺型地方政府竞争则不顾本地经济的长远发展只是一味地索取本地的剩余价值，最后导致本地经济的发展失去了根基。周业安等通过大量的数据分析，认为在我国像浙江、江苏这样的省份属于进取型地方政府，安徽、河南等地的政府属于保护型政府，而湖北的赤峰市则属于掠夺型的地方政府。① 但是，地方政府竞争选择何种模式除了与一个地区内部的经济发展水平、地方利益需要有关外，还与外部的激励环境有关。其中，我国现行扭曲的任期激励机制提供的租金极大地刺激着地方政府间采取潜规则方式进行竞争。

一　官员晋升激励的"租金"与地方政府间的"硬发展"式竞争

发展是硬道理，但"硬发展"没道理。所谓"硬发展"就是只讲必要性、不讲可能性，只求结果、不管过程，只要速度效率、不循规律的发展。"硬发展"通常与政府高额举债、政府间的恶性竞争相携而行，因为，只有政府自己举债，才能在没有发展条件时最快地创造出发展的条件；只有想方设法把其他地方挤出竞争席位，才能最大限度地保障本地政府自身或主政官员的发展空间。这也是现行官员晋升激励机制为上级政府及官员创设的"租金"空间。

一方面，地方政府不得不为参与"晋升锦标赛"而"硬发展"。前文交代，"晋升锦标赛"是我国以 GDP 增长为主要依据的政治激励模式。一般情况下，有发达地区工作经历的干部获得晋升的机会更多，以致地方干部心中都有深深的心理印记："有经济业绩不一定就行，但没有经济业绩则万万不行"。当然，中央和上级政府对这样的承诺从来就没有正式过，但这一隐形承诺却对符合晋升年龄的地方干部构成了一种刚性约束和激励。尤其是"晋升锦标赛"是一场没有终点、信息不对称的比赛。因为，晋升的机会随时都会出现，而参赛者又难以完全把握对手发展的状况和胜算。如果没有特殊的情况，他们所能采取的参赛策略就是"发展、发展、再发展"，这就容易使地方的发展超出地方社会

---

① 周业安、赵晓男：《地方政府竞争模式研究——构建地方政府间良性竞争秩序的理论和政策分析》，《管理世界》2002 年第 12 期。

的实际需要和支撑条件。地方政府及其官员不论是对政府整体权力扩张的追求还是为了个人的晋升，都会不遗余力地举债发展。所谓"数字出官、官出数字"、重复建设、形象工程等都是此类现象的例证。

另一方面，地方政府还因深陷"投资依赖"而不得不"硬发展"。人们熟知的制度经济学认为，路径依赖是指人们一旦选择了某个体制，由于规模经济、学习效应、协调效应以及适应性预期等因素的存在，会导致该体制沿着既定的方向不断得以自我强化，不易退出。沿着既定的路径，经济和政治制度的变迁可能进入良性的循环轨道，迅速优化；也可能顺着错误的路径往下滑，甚至被"锁定"在某种无效率的状态而导致停滞。我国地方经济发展是否对政府负债投资产生了路径依赖，关键要看它是否成为政府介入经济行为的基本模式，要看它是否对社会和民众的经济行为选择构成关键性影响。据此思路，可以判定我国地方经济发展中已形成对政府高额举债的路径依赖，而且越来越呈现出"闭锁"性依赖的特征。其理由有三：

（1）政府负债投资已成为我国地方拉动经济发展的基本路径选择。改革开放以来，我国经济的高速增长一直与政府性投资增长和政府高额负债相伴而行。1979—2011年，我国经济年均增速超过8%，我国财政收入尤其是地方财政收入一直都高于GDP的增速，特别是分税制改革以来，地方财政收入更是保持着相当于GDP增速两倍的速度增长。按理说，各地应该有一定数额的财政积蓄。但全国仅有5个年份有财政盈余，其余均为财政赤字年，而且地方政府的年度赤字和隐性债务占财政收支规模的比例已接近国际公认的警戒线。一个重要的原因就是政府性投资的增速不仅高于GDP的增速，也高于财政收入的增速。政府负债"硬发展"的思维已根深蒂固。

（2）政府负债托市已成为我国地方走出经济困境的基本手段。分税制后的两次重大金融危机期间，政府高额举债建设都成为社会重塑信心、经济走出困境的"引擎"。特别是2008年当中央政府宣布4万亿元投资计划后，立即引出地方20余万亿元的建设项目，个别省份甚至超过该省年GDP值10倍以上的投资计划，其举债发展之切可想而知。[①]这些资金主要依靠可用的财政资金和政府融资平台借贷解决。

---

① 《湖北调整重大入库项目投资总规模逾12万亿元》，中国新闻网，2010年3月22日。

（3）政府负债干预经济的程度已成为民众私人经济决策的基本依据。以楼市为例，由于各地举债建设已对土地财政形成严重依赖①，许多民众据此怀疑政府调控楼市的态度和政策执行力，才敢于积极进行楼市的投资、投机。这种高度依赖地方政府负债发展的模式容易使政府、社会和民众都对发展方式的认识简单化。在社会层面，以为只要政府出手，问题就会迎刃而解；就政府而言，在投资、出口和消费三种促进经济增长的基本方式中，采取政府投资拉动的方式最简单，又可以自主掌控。两股合力使地方政府除了不断增加投入、硬性推动经济社会发展外几乎没有其他的策略选项。

二　地方整体升格激励的"租金"与地方政府间的"硬扩权"式竞争

那么，地方政府为何要高额举债"硬发展"呢？从政治诉求分析，"硬扩权"是一个关键因素，它也是现行激励机制为各级政府集体创设的"租金"，构成地方政府举债"硬发展"的动力支持，成为地方政府举债"硬发展"的政治产品。

所谓"硬扩权"就是在正常的权力安排体制之外获取权力资源或者倒逼有权机关改革既有的权力安排体制的一种权力扩张模式。不满足既有的权力是官僚机构的天性，因此，"硬扩权"通常与上级政府正常授权一样是官僚机构获取权力的基本形式。在单一制国家结构形式下，我国下级政府权力来源的体制性安排是上级政府的授权，全国各级行政机关的行政权能服从中央政府的统一安排。政府间纵向授权体制虽然具有一定的灵活性，但它对地方和下级政府来说始终是一种被动性安排，从而加剧了他们实施"硬扩权"方式的冲动。② 因为，各地经济社会发展和公共服务中所需要的权力支持是多方面的，中央和上级政府未必都

---

① "从1980年到2005年，在我国经济快速发展、城市化急剧扩张的时期，经济每增长1%，会占用农地30万亩左右。与日本的快速发展时期相比较，我国GDP每增长1%，对土地的占用量差不多是日本的8倍。"卖地成为推动中国经济增长的主要方式。高远至：《中国地耗怪象：GDP增长对土地占用量达日本8倍》，《半月谈》2011年第3期。

② 河南省一位县委书记说，"金融是制约传统农区发展的最明显的短板。其实，穷县的县委书记表面看权很大，但就像一个木偶，牵线的人都在上面。比如工商、税务、银行、质检、土地等都是垂直管理。""我到上面跑项目，对方说喝一杯酒给10万元，我连喝了28杯。没办法，人穷志短啊！"从中折射出地方政府对扩充权力的渴望、被动和无奈。参见殷建光《"喝一杯酒给10万元"，说这话的人是谁?》，《半月谈》2011年第2期。

能予以满足，而各地的资源禀赋和社会矛盾也有很大的差异性，中央和上级所授之权又未必适合各地的实际需要；同时，下级政府要获取其所要求的授权，需要付出时间和其他交易成本，尤其是争取上级政府授权的结果具有很大的不确定性。在体制之外寻找权力资源，既是地方政府更好地履行职能的需要，也是政府官员追求自身利益最大化使然。毕竟"有为才能有位"，"有为"需要通过发展来体现，而发展需要权力资源和财力资源的支持，举债是地方政府两者兼得的最好方式。其中的机理就是："大财权—大事权—大干预—大政府—大扩权"。诚如穆勒指出，"追求预算最大化"是官僚的又一天性。[1] 浙江省通过长期的"省管县财政体制—强县—扩权"的发展经验充分证明这一逻辑的成效和吸引力。[2] 但在大多数没有像浙江省政府那样开明地向下级政府制度化地授予更多财政权的地方，台上台下大额举债便成为他们做强地方、扩权进位的第一步，因为，只有通过"大举债"，他们才能获得"大财权"的"第一桶金"。

一方面，我国现行纵向政府间授权的体制有明显的相机授权特征，这种授权体制虽然有利于发挥中央宏观调控功能，也有利于发挥地方资源禀赋的优势，但存在权力配置的不公平性、不规范性和承诺的不确定性等明显漏洞，特别是中央有关部门和上级政府未必有充分的信息和动力去把握地方禀赋的差异，这样相机授权就容易造成授权失误或效率流失，引发地方不公平竞争，迫使地方采取举债发展的方式做强其支配地方经济社会运行的能力，实现自行扩权。

（1）相机授权的不公平性激发地方采取"大举债—硬发展—硬扩权"的策略。根据单一制国家结构形式的制度安排，中央可以对地方进行有差别的授权，比如，中央选择不同的时机和地点试行经济特区、开放城市、综合试验区、保税区、开发区政策和各种区域发展规划。这种授权具有不公平的特征，因为，每一次相机授权机会的开闸，就意味着获得者将兼得优惠政策、自主发展的空间和更多的财税资源，而且这种机会并非各地均沾。这在计划经济时代或许对地方的触动不大，原因

---

① ［美］丹尼斯·穆勒：《公共选择》，王诚译，商务印书馆1992年版，第83页。

② 何显明：《从"强县扩权"到"扩权强县"——浙江"省管县"改革的演进逻辑》，《浙江省委党校学报》2009年第4期。

是行政的责权利由中央总揽，地方虽无大权，也无须担当刚性的责任，无独立的利益主体地位，地方争取更多自主权的动力不足。但是随着我国向市场经济体制转型的深入，特别是实施分税制改革后，地方政府的利益主体地位得到迅速强化，地方有了新的授权，就可能意味着新的发展起点、空间和新的财税支配权，各地不可能不铆足劲力争。1994 年以后，中央做出的每一次相机授权决定：中西部开发、东北振兴、滨海试验区、成渝城乡综合改革试验区以及各种具体的城市规划，无不是在地方激烈竞争的氛围中敲定的。不过，即便力争，大多数地方还是难以得到正式授权，对他们来说，"大举债—硬发展—硬扩权"就成了不得不为的选择。

（2）相机授权的不透明性和不确定性使得地方政府有采取"大举债—硬发展—硬扩权"策略以补充正式授权的借口。我国相机授权的不透明特征在内容和程序两大方面都很明显。在内容上，从中央到县乡各级政府的职能基本同构，以致连中央官员也感叹，"除了外交、国防之外，几乎所有的事务我们分不清哪些是中央职能，哪些是地方职能"。①这意味着，各级政府所承担职能和责任上都有选择"搭便车"的可能，其裁量权和问责权掌握在中央政府手中，地方政府做什么合适并不确定。

另一方面，高负债式的"硬发展"的确也为地方政府扩权和官员升迁起到了促进作用，这又进一步强化了地方对高额举债发展的热衷。在我国地方政府债务膨胀过程中，"政府举债—硬发展—扩权升格"环环相扣的特征十分明显。

（1）越是没有发展条件的时期，地方债务规模扩张越快，越是没有发展条件的基层政府债务比重越大，在地方债务总额中政府性债务的比重不断抬高。如前所引银监会和审计署披露的数据显示，在政府财税收入和实体经济增长双滑坡的 2009 年，全国政府融资平台的负债总额由 2008 年年初的 1.7 万亿元，直线蹿升至 5.26 万亿元，充分说明地方举债与"硬发展"的关系，其中各地融资平台公司的政府性债务平均又占本级债务余额的一半以上，因此，地方举债实际上又表现为政府

---

① 楼继伟：《选择改革的优先次序：二十年回顾与思考》，《21 世纪经济报道》2006 年 8 月 7 日。

举债。

（2）我国官员升迁的概率与其任职地区的经济发达程度呈明显的正相关性。一般情况下，有发达地区工作经历的干部获得晋升的机会更多①，以致地方干部心中都有深刻的心理印记："有经济业绩不一定就行，但没有经济业绩则万万不行"。这对符合晋升年龄的各级地方干部构成了一种追求"硬发展"的刚性激励。

（3）我国自20世纪80年代中期设立计划单列市以来，地方政府整体升格的浪潮从未间断，而其中升格的标准虽然也考虑人口、战略地位和历史文化等因素，但最重要的因素还是经济规模。比如现存5个计划单列市都是东部沿海经济发达城市。1994年，中央批准设立16个副省级市（含重庆），中西部地区仅有武汉、西安、重庆和成都4个历史重镇入选，其余12个席位均坐落在东部。21世纪初，仿效中央的做法，一些省区又在辖区内的县级市中设立省内计划单列市。近年来，各地进一步兴起将县级强市升格为副地级市、中心镇升格为副县级镇的风潮。② 在广东、海南、山西、浙江、湖北等省还对部分县委书记高配为副厅级，甚至个别地方还出现正厅级县委书记。那些得到相应的整体性升格的市、县和镇，并不是上级政府对下级政府的某个主要负责人的认可，而是对一个行政区域发展的认可。这对整个行政区域上上下下的官员都是一种极大的鞭策和压力，因而，在地方，举债、招商、上项目并不是某几个官员的事，而是官员集体的大事。因为整体升格的数额有限，A地升格了，B地就只能原地踏步；反之亦然。那么哪些行政区域能得到这种制度化的优遇？如何才能得到？道路只有一条，那就是"硬发展"。没有条件创造条件发展，别的地方发展得好，我们就要比他们发展得更快更好！由此，地方政府债务的推升便走上不可逆之路。

但是，地方政府"举债—发展—扩权"之路要顺利推进还需满足一个上位条件，即举债成本能顺利分担。如果举债成本的承担方有主观动力和制度能力反对政府的举债行为，那么，"举债—发展—扩权"之路就将面临合法性的拷问。显然，政府举债的成本是由地方民众分担

---

① 张军、高远：《改革以来中国的官员任期、异地交流与经济增长：来自省级经验的证据》，《经济研究》2007年第11期。

② 比如《湖南省省直管县体制改革建议方案（草案）》拟在保留该省原有的14个地级市基础上，合并升格16个副地级市。《21世纪经济报道》2009年12月10日。

的，因为，政府是人民的。按理说，民众对政府高额举债应有所说辞，乃至反对。然而，实际情况是，民众的反应比较木然。这除地方民主制度、监督制度和信息公开制度还未真正落实外，民众自身利益最大化的选择和地方政府举债行为的隐蔽性、巧妙性也帮助了地方政府顺利地渡过了高额举债的合法性拷问关。目前，地方政府以直接的财政赤字方式表现的债务都在合理的范围内，而绝大部分债务是以政府兜底、企业化运作的债务平台方式形成的，这在很大程度上屏蔽了民主财政制度对政府债务的监督。而当地方政府以加快发展、改善服务的名义举债时，民众又没有多少动力去控制政府支出的膨胀。因为公债不直接从民众收入中征收，不是即期向民众分摊举债负担，而是滚动式地延后加到民众身上；相反，民众还可以从购买公债中获得稳定的收益，加之，增加政府支出或多或少会增添公共服务和福利，从理性人的行为选择逻辑来看，在增加福利与控制政府支出之间，民众宁愿选择前者。民众正是在这种"温水煮青蛙"式的福利陷阱中忽略了对政府举债的监督①，使政府不用担心民众的反对就能轻易将支出膨胀。因此，"福利陷阱"和"监督缺失"也成了我国地方政府债务在"举债—硬发展—硬扩权"的逻辑循环中恶性膨胀的助推器。

三　零和博弈激励的"租金"与地方政府间的非规范竞争

零和博弈激励的"租金"归结起来就是 A 上 B 下的竞争结果产生的经济、社会效益差所引发的地方政府和官员对获得发展支持的强烈刺激，这种天上地下的落差迫使他们为有权部门"进贡"。在我国目前依然是相对粗放的经济发展方式背景下，上述激励目标的实现主要还是依赖资源和政策的争夺，具有明显的零和博弈的特性，其结果必然导致地方间的"非规范"式竞争。其推进模式是重复建设→原料大战→市场封锁→价格大战。② 其基本前提就是趋同现象的出现，这种趋同表现在产业结构趋同、竞争领域趋同、政府行为趋同、竞争策略和目标趋同等方面。这无疑与何梦笔（Hermann‐Pillath）所建立的大国竞争范式得出的结论相矛盾，何梦笔认为，像中国和俄罗斯这样的大国，当国家推

---

① 我国现阶段地方政府债务用于改善社会福利的份额极为有限。据银监会的估计，"地方债务的 96% 进入了固定投资领域"。可以说，政府举债改善社会福利是一种陷阱。《中国经济周刊》2010 年 4 月 6 日。

② 张可云：《区域大战与区域经济关系》，民主与建设出版社 2005 年版，第 18 页。

出统一的经济转型政策时，各地为了各自的利益会对同一政策产生不同的反应，而转型过程中各地不同的制度安排又会继续凸显地方的利益。按照他的逻辑，各地方政府应该会出现差异化的发展，而不是趋同。①但是当竞争的内在动力和外在压力都聚焦在相似的目标时，比如，在中国的体制背景下，由于地方官员为了在以 GDP 增长为主要指标的政治晋升锦标赛以及地方财税增收竞争中获胜而必然地形成了对资源的争夺和行业的垄断，从而引发了地方政府间的非规范竞争。② 以各地争夺财政资金和项目为例，其中的非规范竞争或者说腐败式竞争现象，相对明显：

（一）以单位的名义开展的各种迎请送活动

各地方政府驻京办除了承办派出机关交代的任务外，还从事餐饮娱乐项目的经营活动。这既是创收的需要，也是为了方便跑部业务的开展。以"吃喝"一项为例，为了迎合各类领导的口味，驻京办餐厅办出了专业水准，在当地极负盛名，在 2010 年撤办前夕，一些当地人甚至在网上留言惋惜。除了"吃喝"，玩乐项目也不可少，包括打牌、旅游、听戏等数不清的花样。北京昂贵的物价，以及居于全国首位的会所数量、公款筵宴规模无不与此相关。驻京办在公款接待方面的花销十分惊人，某省驻京办 2008 年大事记册子上提供的部分数字显示，该办当年接待省级领导 310 余次，邀请各方面领导 400 多人次，总共开支超过400 万元，超出预算的部分甚至要通过举债来弥补。③ 公款接待表面看起来合情合理，也不违法，但是，其对社会资源的浪费和对社会风气的败坏，更甚于权钱交易类腐败。正因如此，中央高层和社会舆论才会对"三公"经费问题深恶痛绝。公款接待的场合也不限于中央部委所在地，中央官员到地方调研、视察甚至过路，同样是地方政府沟通关系的好时机。为了避免申报项目和资金过程中受到不必要的干扰，不管与地方事务是否相关，只要是上级领导到访或路过本辖区，地方政府都要尽

---

① 何梦笔：《政府竞争：大国体制转型的理论分析范式》，《广东商学院学报》2009 年第3 期。

② 刘志彪、郑江淮：《冲突与和谐：长三角经济发展经验》，中国人民大学出版社 2010年版，第 125—140 页。

③ 搜狐网：《驻京办可以一撤了之吗？》，http://star. news. sohu. com/s2010/zhujingban-chexiaozhihou/。

到地主之谊，绝对不能得罪。据报道，山西平遥古城是各级政府官员经常光顾之地，为了招待好那些慕名而来的上级领导及其家属，当地政府背上了沉重的财政负担。①

（二）运用公款向有关部门或个人赠送财物或提供帮惠

最常见的一类行贿就是逢年过节向部委领导"进贡"。进贡的对象不仅包括领导，还包括其家人和下属。由于赠送礼品的价值既达不到法定受贿罪的认定标准，又能细水长流，维持亲密关系，送礼行贿的方式大受欢迎。除了个别领导者，地方进贡的对象还可能是某一部委的全体职员。由于这一行贿方式多以单位福利的形式发放，行贿行为甚至公开进行。例如，各驻京办逢年过节进贡土特产的行为。近年来，还出现赠送无形利益来行贿的趋势，如提供帮惠，具体包括为领导及其家属提供就学、就业、出国等方面的帮助等。有时为了答谢某些部委领导在大项目审批中的照顾，地方甚至会从项目资金中提出一定比例作为感谢费。由于我国在司法实践中从未将国家机关作为单位犯罪的主体，地方企业常常通过地方政府及其驻京办向中央部委"跑部钱进"。例如，近期查处的刘铁男案中，地方企业行贿行为的背后离不开地方政府及其驻京办的牵线搭桥。

（三）地方领导人利用自身政治资源为所在地方争取利益

奈特（Knight，2002）对美国高速公路项目研究发现，项目委员会中来自某个州的委员越多，该州获得项目的可能性越大。在我国，中央委员具有重大项目决策权，主导着财政资金的分配格局，而大部分委员都有过地方任职的经历，因而他们会在决策中倾向那些与他们关系密切的省份。有学者统计了党的十四大、十五大和十六大期间在西部 12 省份工作的中央委员数，并指出其与相应省份所获得中央转移支付数具有正相关关系。例如，中央委员数最多的甘肃省每年所获得的转移支付数额要远高于中央委员数最少的青海省。② 重庆模式也有力支撑了上述观点。2008—2012 年，重庆政府财政支出迅速扩张，经济增长速度跃居全国首位。一时之间，"重庆模式"备受热议。而重庆之所以能够整合

---

① 网易新闻：《山西平遥部分单位被指挪用扶贫款进行公务接待》，http：//news.163.com/10/0619/05/69H30QS300014AEE.html。

② 范子英：《转移支付、基础设施投资与腐败》，《经济社会体制比较》2013 年第 2 期。

超大规模的财政资源用于经济建设，离不开主政者身后的政治资源。因此，地方领导人的政治资源，尤其是人脉资源是实施公务腐败的重要条件。

（四）争夺中央直属单位重大项目

高铁项目导致的地方政府争夺战就是其中的典型。据报道，沪昆高铁规划制定时，湖南省邵阳市在与邻近的娄底市竞争中处于劣势，十万邵阳群众高喊"争不到高铁，书记、市长下课"。[①] 而地方为获得相对竞争优势就难免通过公务腐败的方式"跑部钱进"。铁道部的塌方式腐败也印证了这一问题。例如，南昌铁路局原局长邵力平等 10 名铁路系统领导干部及民营企业家，先后向刘志军行贿共计 1480 余万元，以牟取中标工程。[②] 另外，各类内部决策消息也是宝贵的资源，可以作为地方超前决策的依据，从而成为公务腐败的重要对象。泄露消息对受贿者而言，几乎具有完全的自由裁量空间，泄露给谁、泄露多少、泄露的时机都由自己控制，而且受惩处的风险极低。这使得地方政府的跑部公关行为时刻都不能松懈，因为他们知道上级领导随时都有可能透露一些重大利好消息。

（五）除了"公款接待"和"公款行贿"等利诱行为，地方政府还会采取各种策略向中央部委施压

第一，通过正式渠道，向中央部委呈报项目。如果部委不予批准，就反复地呈报。

第二，直接或间接开展游说，马不停蹄地拜会各部委领导，通过软磨硬泡的方式达到目的。

第三，借助主流媒体大肆宣传项目的正当性、迫切性，发动民众表达地方的利益诉求，向中央施加舆论压力。

第四，利用已经获批并实施的项目，要求中央追加预算，或者先上马，再投资。

以上是地方政府常用的跑部策略，虽然有些行为不属于腐败行为，但这些行为和公务腐败行为具有并发性，彼此合力发挥作用，是公务腐

---

① 新华网：《湖南邵阳曾 10 万人施压市长：争不到高铁就下课》，http：//news. xinhua-net. com/fortune/2015－01/27/c_ 127424308. htm。

② 新京报网：《刘志军干预招投标　丁书苗收好处费 24 亿》，http：//www. bjnews. com. cn/news/2012/08/09/215746. html。

败的重要组成部分。

第四节 "驻京办"在地方恶性竞争中的蜕变

在种种扭曲的激励机制所引发的竞争负效应中，"驻京办"现象的存续可以说是其中的缩影。因为"驻京办"在很大程度上就是为赢得相关竞争而建立的。

一 驻京办职能的"异化"及其实质

我国首个地方驻京办自1949年设立以来已有60多年的历史，但其职能渐变而越来越远离其初衷。驻京办作为央地关系的结点，其设立的初衷主要有三：一是沟通信息；二是联络乡谊；三是政府内部关系协调。应该说，驻京办的这三项初始性功能在我国广袤的地缘特征、发展的不平衡性和地方禀赋的差异性等背景下本无可厚非，但如今驻京办的这些职能都不同程度地变异了，其突出表现是：沟通信息向探秘转化、接访向截访转化、政府内部关系协调向政府公款腐败转化，以致社会上戏称驻京办为"关系办""接待办"和"截访办"。2006年，中纪委、监察部将整顿驻京办的工作作风列为年度工作重点，此后，国务院机关事务管理局也多次发文要加强对驻京办的管理并推进其改革，2010年新年伊始，国务院办公厅下文，决定用6个月时间，将数千家地方职能部门及县级政府驻京办撤销完毕。但实际上许多这样的机构只是翻了个牌而已，尽管在党的十八大后，他们的违规行为大为收敛，毕竟还在蛰伏中。缘何如今的驻京办会成众矢之的呢？一个重要的原因是随着分税制、转移支付制和区域规划、产业规划的实施，驻京办不仅数量在暴增，而且驻京办的职能异化趋势比较普遍，滋生出形形色色的违规及腐败问题。

（一）沟通信息向探秘转化

原本地方驻京办的信息沟通职能是代表当地向中央有关部门反映当地发展的情况、优势及困难，就近听取中央部门的指导意见，但现今便利的交通通信条件，不断弱化了原先由时空障碍赋予驻京办的正式信息沟通职能，不少驻京办便将信息沟通的重点转到了"探秘"上，即利用地缘近、人缘广的优势探听中央部门不便正式化或尚未正式化的信息，为地方政府的超前决策提供可信的中央精神支持，便于地方主政官员选准工作思路，助其早出政绩。比如，西南某省一地市级驻京办主任在"国家税制改革时，打听到各地的开支指标要以上一年为准的信息后，马上跟市长汇报。当地做出决策，年底时花掉大笔资金，拉高了地方上一年开支指标。第二年税制改革后，按照政策，当地获得了充裕的开支资金。"① 东部某省的驻京办主任坦言，驻京办是秘而不宣的"情报中心"，该办曾挖空心思地将年轻貌美的女子培训成保姆，利用驻京办送至领导人家里，充当"卧底"，刺探情报。② 虽然各地驻京办刺探中央信息的方式会不尽相同，但他们以刺探中央信息为重要职能的定位却决非个案。

（二）接访向截访转化

原本地方驻京办的联络乡谊职能是为当地来京经商、办事、就学人员提供服务和扶助，强化省籍乡情，这包括两个方面：一是助困苦游子一时之需、指点迷津；二是为成功省籍人士投资乡里牵线搭桥。该项职能亦为旧时会馆所常设。不过，现在多数驻京办只热衷于后一方面，而对接访和扶助游子则不甚经意。尤其是随着中央对地方考纪监察的强化和地方社会治理的问题层出，地方民众赴京上访的人数增多，地方政府害怕上访民众"损害"其形象，影响地方主政官员的政治前程，纷纷赋予当地驻京办一项新的职能——截访。由接访到截访，其职能的目的、内容和方式都发生了明显的变异。一个是助民申诉，一个是劝民止诉；一个是帮困指点，一个是收解回乡。有不少县区政府，为了保障地方及其主政官员有良好的形象，无视国务院《信访条例》规定，指派驻京办负责拦截上访人，每年耗费巨资，激化官民矛盾。甚至有些驻京办与北京市一些敏感地区的派出所达成口头协议，约定北京派出所未经登记向驻京办遣送一个上访人，驻京办向派出所支付一定费用，避免该县区领导受批评。③ 一些驻京办甚至以截访为主要职能，他们的一些截

---

① 《一位驻京 20 年老办公室主任"撤办"前现身说法》，《南方日报》2010 年 1 月 28 日。

② 陈继辉、孙东民：《国内"驻京办"探秘》，《决策与信息》2007 年第 8 期。

③ 李松：《驻京办整顿谜团》，《瞭望》2007 年第 11 期。

访方式匪夷所思，不时激起民怨。①

（三）政府内部关系协调向政府公款腐败转化

原本地方驻京办的公关职能是为当地政府与中央有关部门建立稳定的工作协作关系，但实际上，这种正常的公关职能在多数驻京办那里已演化为"攻关"职能了。那么靠什么"攻关"呢？公款腐败是硬招。相关的事例不胜枚举，2009年4月河南两地级市驻京办合买777瓶假茅台招待客人便颇具代表性。有资料显示，各地办事处每年在疏通关系方面的灰色消费达200亿元。② 难怪，西南某市一位驻京办主任坦言：驻京办的主要"工作就是将礼物不露痕迹地送到领导的手中。说到公关，就是对部委司局负责人的喜好了如指掌，再据此陪他们打牌、旅游、喝酒、听戏，或买字画、古玩。礼物不在贵，贵了给人家添麻烦，也不能太便宜，关键是要投其所好。"③ 缘此，驻京办逐渐演化成了复制腐败的窝点，由驻京办牵扯出的腐败案件接二连三，驻京办成为腐败的高发区已是不争的事实。"从李真案中的河北省政府驻京办事处主任王福友被判无期徒刑，到成克杰案中广西壮族自治区驻京办事处副主任李一洪犯贿赂罪被查办；从沈阳'慕马案'中沈阳驻京办事处主任崔力被法办，到广州市政府驻北京办事处副主任兼北京广州大厦筹建办公室副主任詹敏受贿被查处，江苏省驻京办事处主任吴廷祥因受贿、挪用公款、玩忽职守三罪被判刑19年……"不一而足。④ 针对驻京办愈演愈烈的歪风邪气，中纪委破例在2006年的工作报告中三次点名批评驻京办，而同年的国家审计署审计报告更是直言"某些驻京办存在的目的就是'跑部钱进'"。

但是，应该看到驻京办职能的异化还只是问题的表象，它表明我国央地间的权力配置存在不公平性、不规范性和承诺的不确定性等明显漏洞，给央地双方都留下了太多的自由裁量空间，也埋下了央地间采取潜规则方式协调关系的种子。中央有关部门有权力采取不确定、不规范的

---

① 比如，2009年轰动一时的李蕊蕊被强奸案就与阜阳驻京办的截访有关。《驻京办越来越变味》，《山西晚报》2010年2月7日。再比如，浙江温岭驻京联络处原主任因截访事宜饮酒过量"殉职"，《中国监督》2008年9月30日。

② 朱四倍：《驻京办有什么样的秘密》，《光明观察》2006年9月4日。

③ 《一位驻京20年老办公室主任"撤办"前现身说法》，《南方日报》2010年1月28日。

④ 李广森、贾国勇：《徘徊在十字路口的"驻京办"》，《检察风云》2005年第21期。

方式向地方分配资源、提分外的要求；地方也有压力、动力和条件去采取不确定、不规范的方式争取到相关的资源和扶持。由此恶性循环，驻京办自然也就完全"变味"了。

二 驻京办职能"异化"的体制性根源

那么导致央地间相互采取不确定方式与对方协调关系、促使驻京办职能异化的体制性根源是什么呢？简言之，就是我国长期实行的中央给地方相机授权的体制。所谓相机授权是指中央根据不同的时机、环境有差别地决定对地方授权的内容、程度和方式。尽管这一机制迎合了我国超大规模、区域发展不平衡和单一制国家结构形式等国情，但相机授权的差异性、不公平性和不透明性会给地方发展带来不同的机遇，随着分税制改革后地方利益的自主地位日益明晰，相机授权作为一种特殊的行政集权方式与财税分权体制产生了渐行渐深的摩擦，地方竞争不断升温。而与之并行的中央对地方官员的晋升考核机制更增添了央地博弈、地地博弈的压力和动力，各级政府的预算软约束积弊则为这种无休止的博弈提供了源源不断的财力支持。

（一）由上而下的垂直考核激励机制激发了地方主政官员曲意示好中央部门的强劲动力

中央有关部门除了用分配财税资源的手段调控地方，还格外注重用人事安排的手段，使各级地方官员加入持久的"政治晋升锦标赛"，以强化地方执行中央政策。[①] 中央对什么样的干部可以在这场竞赛中胜出握有裁决权，其中的标准与地方经济的发展、财税贡献度关系密切。一般情况下，有发达地区工作经历的干部获得晋升的机会更多[②]，以致地方干部心中都有同样的心理印记："有经济业绩不一定就行，但没有经济业绩则万万不行"。当然，中央对这样的承诺从来就没有正式过，但这一隐形承诺却对符合晋升年龄的地方干部构成了一种刚性约束和激励。在"晋升锦标赛"的制度设计中，处于竞争对手的双方，一方所得恰好是另一方所失，好比 A、B 两地的主政官员同时竞争某个升迁机会，结果是唯一的，如 A 晋升，B 将出局；反之，A 出局；再假设过程

---

① 周黎安：《中国地方官员的晋升锦标赛模式研究》，《经济研究》2007 年第 7 期。

② 我国官员升迁的概率与其任职地区的经济发达程度呈明显的正相关性。张军、高远：《改革以来中国的官员任期、异地交流与经济增长：来自省级经验的证据》，《经济研究》2007 年第 11 期。

和标准是模糊的，则 A、B 都不可能仅仅遵守显规则的约束，而不采取潜规则的方式。因为，A 没有确切的信息，也不敢冒出局的风险相信 B 和中央主管部门的互动是无瑕疵的；反过来，B 也一样。除非信息绝对对称和监督无死角，而事实上这样的条件是不存在的。因此，只要存在潜规则选项，参与竞争的各方都会不同程度地尝试潜规则。所以，各地政府的主政官员除了要求其驻京机构多探听官场信息、多疏通关系，以助其在升迁路上一臂之力；还要求其驻京机构尽力截访，以免大规模的上访"损害"地方形象，耽误了他们的政治前程。

（二）长期的预算软约束为地方主政官员曲意示好中央提供了强大的财力支撑

所谓"预算软约束"，有两层含义：一是指由于委托人迫于体制和环境约束，事前不能明确承诺不向代理人提供补助，导致代理人激励不足，不会积极控制支出；二是指由于没有建立公共预算制度，社会及民众难以有效监督地方政府和官员如何动用财政资源，政府同样不会主动约束财政支出。可以说，我国现行的政府预算体制两种弊端兼而有之。一方面，单一制下的政府只有一家，地方政府是中央政府的下级组织，而央地间的财政预算分开仅仅是形式，央地间的预算收支实际上相辅相成，地方发展和中央转移支付钩织起央地财政预算一体的紧密链条，因而，地方不相信中央会见死不救，听令他们破产。所以，地方多采取"做大开支、隐藏收入、上交债务"的手法，在组织财政收入方面，地方会尽可能寻求不受中央监管的预算外收入的增长。而在财政支出方面，则尽可能做大项目、做大政绩，这样既可以提高年度支出基数，又可以给主政官员在"晋升锦标赛"中加分，因而，几乎没有哪个地方政府不举债的。尽管中央三令五申，严禁地方政府用财政担保借债，但地方政府很少用心去控制债务。也就是说，地方政府不仅有必要大笔发钱去疏通中央有关部门的关系，而且有条件经常"跑部"，更敢于经常"跑部"。

三　减少地方竞争中寻租问题的体制出路

驻京办职能的"异化"自然会引发人们对驻京办去留的思考，但是，解决驻京办问题的出路是否只有一撤了之一条呢？答案当然是否定的，而且不是根本的。且不说，驻京办是否撤得了，在传统体制下，即便驻京办撤了，地方还会以其他的方式来取悦中央相关部门。如业内人士所称：在北京现在就有很多人专门为各地跑部委提供方便，这些人就像"黄牛党"一样，不受任何制约。"联系处室的人，跑下来一个项目他们收费很高。"一些地方政府直接聘请这些人专跑资金，然后按5%或者10%进行提成。而这些人维护关系的办法就是依靠腐败。① 因此，解决驻京办的问题除了要裁撤那些纯粹以"跑部钱进"为目的的驻京办外，根本一条还在于从体制上消除令驻京办职能"异化"的压力、动力和条件。从我国央地关系现行机制的弊端看，主要应着眼于三类体制的调整：

（一）推动央地间的权力配置体制从相机授权走向制度化授权

制度化授权区别于相机授权的关键点在于它需要对授权的背景、内容和程序进行刚性约定，是一种公平、透明和法制化的授权体制。制度化授权区别于制度化分权的关键点在于它仍然认可中央作为国家全部公权力的初始性拥有者地位，地方公权力来源于中央授予，中央与地方在权力配置上的地位是不对等。因此，制度化授权既契合我国单一制的国情，又切中我国现行权力配置体制的弊病，有利于提高我国央地权力配置的透明度、可信度和拘束力，最大限度地规避权力运作过程中的机会主义倾向。制度化授权的核心目标是实现中央对国家核心权力的"透明化集中"和地方对国家非核心权力的"固定式分享"，只有这样，央地之间才用不着互相猜忌，暗使手段，真正发挥好央地两个积极性。制度化授权包括法制化授权、透明化授权和公平化授权三个层面。

其一，法制化授权。法制化授权的目的就是要在央地间的权力配置上做到有章可循，确保授权的稳定性、可信性和对授受双方的约束，以便中央可以放心去盘算国家大事，地方也敢于大胆作长远规划，不至于选择机会主义的歧途。推进法制化授权先要在《宪法》层面对央地政府间的责权利进行原则性的区分，将中央处分公权力的基本原则、内容和程序纳入根本大法的约定中。比如，中央对改善国计民生负总责、掌握国家核心权力、谋求国家核心利益，而对国家核心利益影响不大的责权利可以打包式地稳定地授予地方，除非地方在履行上述权能时出现重大失误、失效乃至危及国家利益，一般不采取行政手段干涉。继之要在

① 《一位驻京20年老办公室主任"撤办"前现身说法》，《南方日报》2010年1月28日。

各部门、各行业的具体管理体制中对其所履行的行政审批权、资源分配权的基本原则、内容和程序予以约定。

其二，透明化授权。透明化授权的目的就是要公开中央有权部门给地方批项目、定规划、转移支付、颁发行政许可、达标评优的具体操作规范和信息，避免私相授受。即便中央根据不同地方发展的差距和特殊性给一些地方适当的照顾、实施某些优惠政策，但照顾也必须纳入公开透明的轨道。但是，目前我国参与中央对地方转移支付分配的 37 个部门，没有一个部门对外明确公布过其审批转移支付的条件和标准。这就难免被一些机会主义行为钻了空子。为推进透明化授权首先要建立由中央考纪部门与各竞争地方合作监督中央部委的项目审批、转移支付和行政许可的机制，通过引入了利益攸关者，可以大大提高监督的动力和真实性。继而要健全中央部门行政审批的信息披露制度，尤其是在审批具有竞争性资源、政策和规划时，应该将相关信息知会竞争各方。最后还要完善对地方获批项目的绩效评估机制，要严格按照地方申报项目时的各项结果承诺，在项目中期和结束时进行评估和计分，秉持奖优罚劣的原则，对实施项目情况好的地方累积加分，对项目实施绩效差的地方累积减分，并将绩效评估结果和累积积分作为新项目审批、行政许可的重要参考条件，以防有关部门只管把资金和项目分下去、地方则只管把项目和资金争取到手，双方在自身利益最大化的目标下完成"交换式"寻租。

其三，公平化授权。公平化授权的目的就是要确保中央部门扶持地方的政策及其力度一碗水端平，不至于将地方竞争引入歧途。这里至少有三个层面的问题需要考虑：一是建立各类授权的基准资格条件，中央各部门应颁布自己手中掌管的行政审批、规划核准、转移支付、特殊补助、行业准入等地方极力争取的授权项目的合规资格条件，尽量用制度化的标准裁量地方申请，减少人为自由裁量的空间；二是分类授权，可以根据授权项目的不同意图将其区分为扶持性授权、试验性授权和匹配性授权，分别采取不同的原则授予地方；三是授权布局合理，适度分散，要避免"得者兼得"或"会哭的孩子有奶吃"的怪象。

（二）推进中央对地方政府及其官员的激励方式由强激励逐步向弱激励过渡

在经济学上关于激励强度的设计方式有强激励和弱激励两种类型，

分别适用于企业发展的不同阶段或不同的任务。所谓强激励，是指代理人的报酬高度依赖少数可测度的指标，以便使代理人的努力集中向这些指标配置。而弱激励则是指将代理人的报酬与多任务挂钩，以谋求代理人的努力向多任务低水平但均衡地配置。[①] 这两种激励模式在对政府官员的激励和治理中也同样为各国所应用。我国中央政府对地方政府及其官员的激励自 1980 年正式推行"财政包干制"和 1984 年启动干部队伍"四化"建设以来实行了 30 年的强激励机制。分税制改革后，这种激励的强度进一步得到强化。中央以财税分享和职务晋升为标杆，将地方政府及其主政官员的努力锁定在 GDP 增长和财税收入增长等少数几项易于测度的指标上。强激励机制的实施极大地刺激了地方竞争的非理性化，尤其地方竞争内部还套着各地主政官员之间的晋升竞争，这种"二合一"的竞争具有明显的零和特征，即得失的对应易位性。而中央是主导这场竞争的裁判员，得到中央的支持对竞争的胜败至为关键，那么，使出浑身解数疏通与中央有关部门的关系就不失为地方政府及其主政官员为自身谋求利益最大化的理性选择。因此，需要对强激励机制进行调整。诚然，这种强激励机制刺激出我国长达 30 多年的经济高速成长，但也令我国的社会建设与经济成长陷入极不和谐的矛盾之中。如果说在这 30 多年间我国的经济赶超任务十分紧迫，强激励机制有其正当性的话，那么，随着社会失谐的矛盾日益突出，也该是中央将各级地方政府的努力引向均衡地实现多任务的时了。正如党的十八大确立的"五位一体"发展战略所强调的那样，经济建设要与政治建设、社会建设、文化建设和生态建设齐头并进，作为中央动员地方努力方向的激励机制也要相应地调整，即由强激励机制逐步向弱激励过渡，至少也要降低现行体制的激励强度。不然，地方政府仍然会忽略那些不易被测量的目标，地方间的恶性竞争仍然难以松绑，地方驻京办或者类似的机构的职能依然会偏离合理的方向。

（三）建立公共预算体制，硬化各级政府预算

如前所述，没有地方政府的预算软约束支持，驻京办不可能不计成本地"跑部"。比如，潍坊驻京办拥有 4000 平方米的大厦，4 辆奔驰轿

[①] 周黎安：《转型中的地方政府官员激励与治理》，上海人民出版社 2008 年版，第 101 页。

车和两辆凯迪拉克轿车，这些完全超出其必要的配置，给当地政府造成了沉重财政负担，最后不得不主动宣布裁撤。但是，我国的预算体制总体上还是政府预算而非公共预算，即预算的投向和受监督的公共性还较低。相关研究表明，我国省级财政信息透明度的平均水平仅为22%。①国际预算合作组织公布的2008年各国预算透明指数也表明，我国的预算公开度处于明显偏低的水平。② 预算不透明为预算软约束洞开了方便之门，也为地方通过驻京办"跑部"提供了财力后盾。为此，建立公共预算制度不失为治理驻京办问题的"釜底抽薪"之策。这至少要包括以下四个层面的机制建设：

其一，构建"完全预算"体制。大规模不受严格监管的预算外收入的存在是我国预算制度的一大硬伤。无论是学理、法理，还是制度设计上讲，预算外收入都不符合公共预算体制的精神，更不符合公民与国家之间的权利与义务约定，况且它们的收支过程早已成为腐败滋生的"重灾区"。为此，对预算外收入要尽可能预算内化，建立将预算内外收入统一纳入人大审议的程序，或者单独建立预算外收入的透明监督机制，即便预算外收入继续留置本级政府自行支配，也必须在人大的监督下配置。一句话，只要是政府利用公权力向社会提取的收入，都应该让社会知晓其数量和去向。

其二，建立政府支出偏离预算安排就被自动否决的机制。公共预算体制下的预算是政府行动计划和政府收支计划的统一。政府无预算或者政府的行为信息与预算编定的支出范围、内容和方式不符，就不能支出。对预留的准备性预算也要基本框定预备支出的方向、限制其额度，以防核定的预算挪作他用。当前的情况往往是政府预算与政府行为不是一回事。以虚假的政府行为信息、收支信息，比如，虚假报销、冒领、不细化预算、自行调整预算用途等来"弥合"预算计划，是一些政府支出行为脱离预算监督并用于不合法交易的惯用手法。

其三，建立防治违规支出的预算权力结构。这需要以人民代表大会

---

① 蒋洪领导的课题组通过对我国30个省级财政透明信息的调查，发布了我国第一个财政透明度报告，报告披露我国财政透明度总体情况仅为22%。参见《2009中国财政透明度报告——省级财政信息公开状况评估》，上海财经大学出版社2009年版。

② 根据Open Budget Index 2008 Rankings（www.openbudgetindex.org）公布的数据，中国的预算透明指数仅为1.4，在84个国家中排名第62位，属于明显偏低水平。

为核心，与审计署和财政部构建集中统一的预算编制、执行和监督的权力结构。为了便于人民代表大会行使国家预算主导权，建议将人大预算委员会由现在的人大工作机构升格为人大专门委员会，使之成为我国预算审议、监督和执行检查的核心机构。建议人大的预算委员会与财政部合作共同编制预算，使之能够在预算编制阶段就掌握预算信息、监督预算的编制，从而改变目前人大在审议预算时的被动局面。同时，也可以建议审计署归建于人大常委会，以强化人大履行预算监督的专业性，或者将审计署对政府部门的审计职能交由人大预算委员会履行，堵塞因政府审计政府而发生内部和解的漏洞。

其四，探索有利于防治预算软约束的预算形式及工具。一是在预算编制方面，改革单一的基数预算方式，实行基数预算和零基预算相结合，对职能相对稳定的部门采用基数预算，而职能不够稳定或变化较大的部门采用零基预算，防止部门预算的无因膨胀、只增不减和不合理配置。二是在预算审议方面，改革单一的整体表决方式，有选择地对数额大、对国计民生关联密切或者投入结果不确定的预算进行辩论式和个案式的预算审议试验，允许人大不通过某个部门的预算或某个单项预算，防止预算审批中的"搭便车"现象。

第四章　行政交换关系中的公务腐败

行政交换是行政潜规则和公务腐败滋生的场域。在社会利益分化的背景压力和民主体制发展的内在要求共同作用下，政府在决策、管理和服务行为中需要与其他利益关系人（组织）交换支持。但是，如果这种交换关系缺乏应有的规范，就会为行政潜规则行为的滋长和泛滥提供温床。典型的行政交换行为除前面讲到的纵向政府层级间、横向政府间的交换支持外，政府与企业、政府与事业单位之间关联关系最为重要和普遍。

第一节　行政交换关系及其主要模式

一　行政交换及其理论基础

行政交换是一种以政府为管理方与其他利益相关方发生的互动行为。它表示双方存在相互影响关系。行政交换范式的提出说明人们对政府、公权力现象的认识发生了重要的转换，即从仰视政府的心态转向平视心态。以往依据行政权力高低，通过强制性的命令、任务压制与多元激励结合的行为动员方式，其有效性随着复杂行政环境的演变越来越远离边际的拐点，而行为各方依赖各自的优势资源协同配合和交换支持的模式越来越受到各方尊崇。这种现象在理论上就解释为行政交换或者说网络治理。

行政交换模式的提出首先得益于行为生态学、社会交换理论，而网络治理、善治集其大成。他们分别对生物圈、社会圈和行政圈的交换需求及其实现方式展开了分析。

行为生态视域下的行政交换关系强调政府行为受到行政环境的约束，同时政府行为又对行政环境产生新的影响，为了使这种相互约束能有利于双方目标的实现，政府与相对方之间交换支持十分必要。行为生态学主要是利用生态和进化程序来解释行为模式的产生和适应意义；利用行为过程来预测生态模式；联系行为和行为产生的环境进行实证和比较分析。其主要理论包括基因选择论、进化稳定策略论和亲缘系数选择论。它们在解释行政交换行为的衍生方面颇具说服力。基因选择论通过讨论生物的利他行为与利己行为的冲突，提出生物的利他行为虽然是普遍的，但它仍受"适者生存"的基因约束。比如，"亲代对子代的哺育，膜翅目社会性昆虫的勇刺敌害而牺牲自己，群集活动动物的哨兵发现敌害时发出的报警声使同伴能尽早逃走，也把敌害的注意力吸引到自身上，增加了自己的风险，根据'适者生存'经典的进化论，这类利他行为会在自然选择过程中被淘汰，单纯的利己行为的个体才具有适应性而保存下来。"① 但是，如果个体的利己行为选择成为群体行为的共同特征，那么，群体都难以生存。因此，个体利己行为之间的相互交换就成为保障群体生存的重要基因。也就是说，在一定程度上，正是因为生物具有相互交换支持的基因，才能不断进化生存下来。进化稳定策略论（Evolutionary Stability Strategy，ESS）研究主要是从 20 世纪 60 年代开始的。梅纳德·史密斯和普赖斯引进了"进化稳定性策略"的概念，并宣称观察到动物和植物的演化过程。他们认为自然选择和变异的结合导致种群在长期达到一个稳定的"纳什均衡"。其著名的例子，是阿克斯罗德和汉密尔顿论证了在一个特定的生物进化博弈中，采取"总是欺骗"策略的种群，可以被"以牙还牙"策略侵袭。总是占便宜的行为容易被复制，使之被别的行为主体"占便宜"，因而难以持续下去。一句话，生物界的可持续生长，离不开相互交换。

社会交换理论也是 20 世纪 60 年代兴起的。其代表人物乔治·C. 霍布斯（George Caspar Hommans）和彼得·M. 布劳（Peter Michael Blau）分别从个人主义和集体主义的方法研究了社会交换行为的必要性和可能性。霍布斯修改经济学关于理性的第一原理，认为：（1）人们并不总是追求最大利润，他们只想在交换关系中得到某些利润。（2）人在交换中并非常常想着或进行理性的计算。在日常生活中，博弈论是对人类行为的良好劝告，但对人类行为的描述却非常糟糕。（3）交

---

① 周波：《行为生态学的基本概念》，《自然杂志》1988 年第 11 期。

换物不仅仅是金钱，还有赞同、尊重、依从、爱、情感，以及其他紧缺物质产品。（4）所有的人类行为都是交换行为，而不是仅仅在市场中才有交换行为。① 布劳指出："社会交换指的是这样一些人的自愿行为，这些人的动力是由于他们期望从那儿得到的并且一般也确实从别人那儿得到了的回报。"② 社会交换有四个要素：（1）目标，即行动者预定的对象与事先的计算；（2）支付，即行动者向交换对象提供某种行动或通过行动传递某种实物或其他东西；（3）回报，即接受支付的一方所做出的酬谢，这种酬谢可能是一种行动，也可能是某种实物或其他东西；（4）交换，即目标与回报的一致程度。③ 也就是说，交换不仅是个人利益达成之道，也是社会群体目标实现的一种共同方式。

社会网理论是从社会网络关系或人际关系出发来解释社会现象，提供了一个结构主义的微观基础。④ 可以把社会网界定为"由个体之间的社会关系所构成的相对稳定的体系"。⑤ 德国社会学家齐美尔（Simmel）是社会网理论的鼻祖，齐美尔的基本思路是个人和群体关系的两重性。个人不是孤立的个人，是一定网络关系中的个人。一个人加入网络，不仅建立了与网络中人的关系，受到网络关系的约束，而且会把其他群体关系的印痕带过来，因此，个人和群体之间的关系也是网络与网络之间的关系，具有双重性。社会网理论的另一个思路就是功利性思路，即特别强调个人利用社会网络争取社会资源以获取地位。

网络治理对行政交换关系成长的必要性、可能路径提出了很好的解释。斯托克（Stoker）曾概括过治理区别于统治的五层意思，其中有四个方面对善治模式的提炼有直接的推动意义。一是治理的主体并不以国家政府为唯一的中心，私人部门和非政府组织也是治理的合法主体；二是治理的责任正在政府与公民社会之间摆动；三是治理的方式不限于政府权威的运用，社会沟通和协商越来越为社会各界所欢迎；四是治理的结果越来越依赖包括政府在内的各个社会主体间的合作。⑥ 由此可见，

① 宋林飞：《西方社会学理论》，南京大学出版社 2000 年版，第 175—176 页。

② ［美］彼得·M. 布劳：《社会生活中的交换和权力》，孙非等译，华夏出版社 1988 年版，第 108 页。

③ 朱力、肖萍、翟进：《社会学原理》，社会科学文献出版社 2003 年版，第 46—47 页。

④ 周雪光：《组织社会学十讲》，社会科学文献出版社 2003 年版，第 113 页。

⑤ 徐琦：《"社会网"理论述评》，《社会》2000 年第 8 期。

⑥ 格里·斯托克：《作为理论的治理：五个论点》，《国际社会科学》1999 年第 2 期。

如果说统治是利用权势的差异进行的由上而下的利益调整，那么治理则是平等主体间的平面磋商，而善治是其中的有效形式。

可见，作为政府与公民社会合作治理公共事务的模式，善治其实就内含着政府内部及政府与社会间充分交换的理性。行政交换开展的程度如何？采取什么方式？能达到什么效果？关键还在于政府，因为政府是公权力执掌者。在所有权力主体中，政府无疑具有压倒一切的重要性，任何其他权力主体均不足以与政府相提并论。代表国家的合法政府仍然是正式规则的主要制定者。国家及其政府仍然是国内和国际社会最重要的政治行为主体，在国内外的众多政治行为主体中，国家及其政府仍然处于独占鳌头的地位。鉴于国家及其政府在社会政治过程和公共治理中依然具有核心的地位，政府能否清醒地认识自己的权力、角色和能力，是否有勇气向社会公开，在合法的框架下，与下级政府、企业、社会和公民开展充分的信息交换、利益交换就成为改善政府内部关系、政府与社会各方面关系的关键。

二 从博弈模式到交换模式：理解政府与相对方关系的新视角

关于政府间关系研究的文献，在前文已做了较为详细的综述。但目前流行的研究范式是博弈范式，从交换的范式观察的成果尚不多见。比如，阿尔伯特·布雷顿（Albert Breton）在《竞争性政府：一个关于政治和公共财政的经济理论》一书中提出，政府本质上是具有竞争性的，彼此围绕着资源和控制权的分配、公共产品和服务的竞争不仅有助于政治体制的均衡，而且也将促进公众对这些产品需求偏好的表露，能够实现公共产品的数量和质量与税收价格的有机结合。① 这一理念的提出，使"政府竞争"范式大为风靡。但该范式反映的主要是联邦体制下政府间的关系，在单一制国家，政府间关系中的"竞争"性质受到体制的多方面限制，运用该范式进行分析，有以偏概全之嫌。而运用交换范式研究政府间关系的成果尚不系统深入。

但是，关于政企交换关系，管理学领域以企业政治行为为视角开展的研究，很有启示意义。20 世纪 70 年代以来，企业政治行为（CPA）策略一直是西方管理学、政治学研究的热点问题。其代表性的观点是格

---

① Albert Breton, *Competitive Governments: An Economic Theory of Politics and Public Finance* [M]. Cambridge, New York: Cambridge University Press, 1998, p. 262.

茨（Getz，1993）提出的七种 CPA 战术以及希尔曼和希特（Hillman and Hitt，1999）提出的三种 CPA 战略。国内的研究主要集中在管理学领域，田志龙（2003）、张建君（2005）等归纳出我国企业政治行为的常用策略：直接参政、寻找代言人、信息咨询、社会动员、政府关联、财务资助和引导政策变革，并对其中的不良行为问题开展了实证研究。政治学者朱光磊（1998/2007）、桑玉成（2002）、黄卫平和陈家喜（2007）研究了私营业主的社会分层和政治参与的合法途径。不少学者还从政企交换的体制压力与动力视角研究政企交换关系模式。林德布罗姆（1977）提出过著名的企业支配模式，雷恩（2007）系统地比较了西方主要国家政企关系的模式和体制基础。国内学者孙关宏（2002）研究了政企互动的政治学理论基础；周黎安（2004/2008）以"晋升锦标赛"为核心构建了府际、政企关系的体制性动力分析框架；郁建兴（2006）、金太军（2011）分别从交换组织和交换资源、信息等角度深入探讨了政企交换的微观模式。特别是金太军等提出的政企交换微观模式较为深入地刻画了政企交换关系的体制、动力、形式和规律。[①] 根据金太军等的分析，政企交换的动力来源于双方对政绩和利润最大化的追求，而在缺少对方支持的背景下，这种目标是很难达成的；交换的可能性在于双方均有对方所没有但又希望拥有的信息，相互的信息控制成为政企交换的障碍，同时又是开展交换的筹码；交换的制度安排是政府对市场准入、监督权的自由裁量空间，以及企业对经营权的自由裁量空间与政府对审批事项的自由裁量空间能否重合，关键在于交换支持，否则，对哪一方都不是最优的选择。

大多数研究政府与相关方关系的成果，都是从"强制—服从"范式转向"博弈"范式。应该说，这样处理反映了我国类似关系变化的一些趋势，但其跳跃的跨度太大，不能概括相关关系的本质特征。改革开放后，尤其是财税体制改革的深化，各方的利益主体地位逐步落实，政企、政社、下级政府与上级政府、地方政府与中央政府、官员个人与政府组织之间存在着"博弈"的冲动和体制空间，但由于前者相对于后者而言，无论是制度地位还是资源占有都处于劣势，真正的对抗性

---

① 金太军、袁伟军：《政府与企业的交换模式及其演变规律——观察腐败深层机制的微观视角》，《中国社会科学》2011 年第 1 期。

"博弈"是难以发生的。相对而言，"交换"范式更能体现各方的意愿和现实可能。一方面，从关系展开的目的看，"交换"比"博弈"更能表示各方的"共存""共需"和"共赢"属性；另一方面，从关系展开的过程看，"交换"比"博弈"更具有灵活性，"协商""对话""妥协"这些相对平和、平等的形式也符合社会行为发展的趋势。因此，本书是从"交换"的视角来解读我国社会转型期各种以政府为主体展开的关系的。

博弈的字面意义就是赌博，它是指参加"游戏"的双方在"游戏"中利用对手方的策略变换自己的应对策略从而达到取胜的目的。博弈论中所包含的最基本要素有：局中人、策略、得失、次序等。其中局中人包括决策者和对抗者，分别是最初做出决策和根据决策者策略制定应对策略的一方。现代意义的博弈论最早由冯·诺依曼所创立，诺依曼与奥斯卡·摩根斯特恩在1994年发表出版的《博弈论与经济行为》标志着现代系统博弈理论的初步形成。纳什对博弈论的发展做出了巨大的贡献，并以其博士论文《非合作博弈》创立了经典的"纳什均衡"概念，在非合作博弈理论中起到了核心作用，后来的博弈论都基本沿用这条主线研究。博弈论的经典模型是小偷应变模式。

假设小偷 A 和 B 联合偷盗被警方所抓获。警方将 A 和 B 两人分别放置于不同的房间内并进行审讯，对其中的每一个犯罪嫌疑人，警方都给出如下政策：如果两人同时坦白，则两人都会被判有罪，罪行均为 8 年；如果只有其中一个人坦白，而另一个人抵赖，则再以妨碍公务的罪名在 8 年偷盗罪的基础上再加刑两年，而坦白者因为坦白从宽则可以被减刑 8 年。但是，如果两人都同时抵赖自己的罪行，则警方会因证据不足而不能判任何一人的偷盗罪，但可按私闯民宅的罪名将两人各判刑 1 年。

表 4 - 1　　　　　　　　　　A、B 两人的行为选择

A/B	坦白	抵赖
坦白	8, 8	0, 10
抵赖	10, 0	1, 1

A 和 B 两人从利己的角度出发自然会想到双方都抵赖能取得最好的

结果，若双方都抵赖，则两人都只有 1 年的刑期，但因在不同的房间且不能共谋，所以，两人都会担心对方坦白而自己抵赖会获得较严重的罪行，即被判刑 10 年；而坦白的一方则不用担心对方是坦白还是抵赖，自己都能获得相对较轻的惩罚，因此，坦白更容易成为双方的共同选择。但是，实际上如果双方均选择坦白，则结果是既不利己也不利人。

如果将这一模式转换为政府与企业之间的非合作博弈（为了方便论述，这里简化为政府与两个存在竞争关系的企业间的互动），假设，A、B 两家企业同时违反政府的某项政策，虽然事前没有合谋，但事发后，政府对两家企业的查处显然存在利益关联和政策的统一性。考虑到全部查处的困难，政府可以采取鼓励企业放弃违规的办法。比如，许诺 A 做出表率停止违规行为，则对 A 的违规行为减轻处罚甚至既往不咎，但 A 如果放弃违规，则肯定对企业利益（整体利益和管理层自身利益）会有损失，同时，又不清楚政府是否会对 B 动真格以及处罚的力度如何？因此，A 可能会采取继续对抗，至少是观望的策略。反之，B 也一样（见表 4 - 2）。

表 4 - 2　　　　　　　　　A、B 两家企业的行为选择

A/B	停止违规	观望
停止违规	减轻处分，减轻处分	企业损失，不确定性处罚
观望	不确定性处罚，企业损失	僵持，僵持

上述模式似乎说明用交换的方式解决对抗，只有对抗的一方得利，而对抗的另一方的所有参与者均是不利的。结果，交换是难以发生的，理性的选择是持续对抗。因此，政府与利益相关方关系的主要特征是对抗性的，双方的交换空间有限，也难以滋生潜规则行为。

然而，这只是一种理论推导，在现实中是难以成立的。因为不仅利益相关各方可以交换信息，达成共同的应对策略，而且利益相关方还可以共同或单独与政府交换信息，并不像囚徒困境中信息交换受到严格限制。同时，政府与利益相关方的关系也不可能是完全的利益博弈关系。政府拥有的公权力始终具有强制性，如果有关公权力的配置和运用的规范是透明和制度化的，则政府与利益相关方只需按正式规范行事，双方没有对抗的空间和必要；如果这种规范是不透明的或者制度化水平较

低，意味着行政权有较大的自由裁量空间，此时利益相关方一般不敢与行政权的执掌者对抗，因为与政府关联的同一层次的利益相关方不可能是单一的，那些不采取对抗方式的利益相关方，总能获得比采取对抗方式的利益相关方更多的利益。其结果是，要么所有的利益相关方都采取与政府对抗的集体行动，要么是相互妥协，亦即进行交换，各方都搞点潜规则行为。显然，前一种可能性较小。正如奥尔森所说："除非一个群体中人数相当少，或者除非存在着强制或其他某种手段，促使个人为他们的共同利益行动，否则理性的、寻求自身利益的个人将不会为实现他们共同的或群体的利益而采取行动。"①

关于行政关系，包括政府间关系、政企关系以及政事关系，应该在何种范式下讨论更为贴切，学术界的争议是自古以来就有的。上下级政府间关系自然不是一种以利益博弈为主的对抗关系，这不用费心理解。至于政企关系和政社关系有没有可能成为一种以对抗为主要特征的关系呢？回顾国家与社会关系的理论模式，概而论之，主要有三种：

（1）亚里士多德开创的一元主义模式。他在其《政治学》的开篇中就将城邦看成是追求最高善业的最重要的联合体。② 虽然他预留了社会的位置，但当城邦与社会发生冲突时，对于国家来说，其余的联合体都是附属的。一元主义模式经过布丹、霍布斯、黑格尔等人的极端式复兴，成为近代国家建立初期处理国家与社会关系的意识形态导向。第二次世界大战前夕，以国家集中整合社会资源应对经济危机而闻名的凯恩斯主义代表了一元主义国家与社会关系理论的最新成果。

（2）教会理论开创的二元主义模式。耶稣的名言"把恺撒的事情交给恺撒，把上帝的事情交给上帝"清楚地表明了从灵魂拯救和世俗责任方面划分国家与教会的边界的思想。这一思想经过教皇吉莱希厄斯一世的践行，发展成为吉莱希厄斯二元论教条。③ 到了 18 世纪末，以个人主义、经济和市场替代教会向国家权威挑战的"有限国家"观是

---

① Olson, M., 1965, *The Logic of Collective Action: Public Goods and the Theory of Groups.* Cambridge, Mass.: Harvard University Press, p. 2.

② ［古希腊］亚里士多德：《政治学》，吴寿彭译，商务印书馆 1996 年版，第 1 页。

③ 吉莱希厄斯认为，既然上帝赋予了我们和身体相分离的灵魂，那么教会与国家就应彼此独立地存在，因而皇帝行使精神权力与教皇控制世俗的事务同样都是不正确的。参见［美］莱斯利·里普森《政治学的重大问题》，华夏出版社 2001 年版，第 140 页。

一种纯世俗意义上社会限制国家的理论。20 世纪初，阿瑟·本特利（Arthur Bentley）、哈罗德·拉斯基（Harold Laski）以及六七十年代的罗伯特·达尔（Robert Dahl）和查尔斯·林德布洛姆（Charles Lindblom）将国家与社会的二元主义推向了多元主义的新高度，认为国家只是诸多平等社会团体中的一个，权力多元化是近代民族国家向现代民主社会发展的特征，"没有一个集团在每个问题上永远能够为所欲为"，国家也不例外。①

　　（3）哈贝马斯开创的公共领域范式。根据哈氏的解释，国家和市民社会是分离的。国家指的是公共权力领域，广义的市民社会包括私人领域和公共领域。私人领域主要由商品交换领域、社会劳动领域和家庭及私生活组成，公共领域是一个由私人集合而成的公共的领域，是私人集体用以抗衡公共权力的领域，独立性和批判性是公共领域存在的基本前提。② 显然，哈贝马斯是在尝试走出国家与社会关系问题上的零和论、平等论，强调与国家相抗的社会空间。哈贝马斯"公共领域"概念提出后，20 世纪八九十年代，罗威廉、兰金、孔飞力、魏斐德、黄宗智、马敏等围绕"公共领域"概念能否应用于中国社会分析展开了热烈的讨论。争论集中在三种意见：其一，以罗威廉、兰金为代表的肯定者，认为自明以来，中国已逐步发展出一个包括国家和社会两方面力量的公共领域；其二，以孔飞力、魏斐德为代表的否定者，认为中国近世并不曾出现足以与国家对抗的自治空间；其三，以黄宗智、马敏为代表的折中者，认为预设中国近世存在着国家与社会的二元对立不可取，即便明清以来中国社会公共领域开始萌生，也不同于西方早期的公共领域。③ 这种争论因黄宗智提出"第三领域"的解说而相对平息下来。④ 黄宗智等在此虽然讨论的是清末民初的政府与社会关系的可能性质，但其解释模式的推广价值是明显的，那就是双方的合作性要大于对抗性，在合作中，不仅有利益交换，也有体制机制和手段方式的相互借鉴。

---

　　①　［美］查尔斯·林德布洛姆：《决策过程》，上海译文出版社 1988 年版，第 181 页。

　　②　［德］于尔根·哈贝马斯：《公共领域的结构转型》，曹卫东译，学林出版社 1999 年版，第 2、35 页。

　　③　参见 *Modern China* 17，3（July 1991），*Modern China* 19，1（January 1993），*Modern China* 19，2（April 1993）。

　　④　黄宗智：《中国研究的范式问题讨论》，社会科学文献出版社 2003 年版，第 268 页。

此外，行政交换也是一种现实、满意的行政关系模式。满意模式是相对的，但却是一种综合权衡，因而具有比较优势。任何人、任何组织的行为都有自己的目的，而且通常有一个终极目标（尽管这样的目标是逐渐明晰的），但达成目标的手段却各种各样。从与相对方关系的性质划分，从属、博弈和交换是最基本的手段类型。相比较而言，交换模式更能兼容行为主体的自主性、终极利益和行为的可行性，更容易令各方满意。人们在进行行为研究时，总是有理性的偏好——经济理性、社会理性、道德理性、自我实现的价值理性等。而实际上，"理性主义从来就没有得到人们普遍认可"。① 英国政治哲学家欧克肖特在其经典著作《政治中的理性主义》中，曾专门批评过理性主义主张的政治是"完美的政治和一式的政治"，它"把统一的完美条件强加于人类行为"。② 它所达成的效果往往是非理性的。

行政交换不论在什么时期都会存在，但作为一种主导性的行政关系模式，又有其自身的规定性和基础条件。通常，行政交换是在下列情形下发生的。

（1）民主意识的世俗化。民主的体制机制是行政交换得以运行的制度基础，因为民主的本意就是多数人与少数人进行利益和意志交换的游戏规则。正如海伍德指出，民主的优点在于"对权力进行制约"、"允许公民参与、所有人都对决策过程有发言权，从而形成相互的利害关系"、"能够使政府的'输出'与民众的'输入'保持一致并形成平衡"。③ 有了这样的体制，即便它作为一种机制没有完全成为权力与利益分配的基本制度，至少民主意识要在政治体系和社会各层面得到长时间的熏陶，才可能孕育出央地政府、上下级政府、政府与企业、政府与社会之间交换支持的动议和政治环境。它排除了政府对社会、中央对地方、上级对下级采取普遍单边行动的可能，也就是说，他们之间充其量只能采取选择性的单边行动，而在另一些问题上必须协商、交换支持。

---

① ［英］安德鲁·海伍德：《政治学核心概念》，吴勇译，天津人民出版社 2008 年版，第 130 页。

② ［英］迈克尔·欧克肖特：《政治中的理性主义》，张汝伦译，上海译文出版社 2004 年版，第 5、6 页。

③ ［英］安德鲁·海伍德：《政治学核心概念》，吴勇译，天津人民出版社 2008 年版，第 157 页。

在一个完全以普选制为基础的民主国家里，这种交换可以达到"无间"的广度和深度。

（2）市场经济体制的确立。市场经济体制是推进行政交换的经济基础，因为，市场是孕育平等的温床。市场经济体制对强权和等级制度有持续的穿透力，它不仅可以将各种关系主体转化为有明确利益关联的主体，而且，可以为他们之间达成交换提供各种方式。比如，原本是亲情邻里关系，一方向另一方借钱，发生单边的资助行为。一旦有融资市场，利率市场传导的利益损益会潜移默化地影响这种零回报的资助，渐渐地没有交换支持的借与被借就会越来越困难。政府之间，不论有没有上下级关系，在前市场经济体制下，单边的资源划拨是可能发生的。比如，1950—1980 年间，江西省就遵循"先中央后地方，先外省后省内，先重点后一般"的粮食调拨原则，优先保证粮食外调，共外调粮食367.78 亿斤，其中净上调 286.92 亿斤。以致曾任国家粮食部副部长赵发生评价说："在解放后国家粮食比较紧张的头 30 年中，江西、江苏、湖南、湖北、四川等省都为全国的粮食调拨做出过巨大贡献，其中以江西作出的贡献最为突出"。江西"每年至少向国家调拨 8 亿—10 亿斤粮食，包括在三年自然灾害最严重的三年里"，"别的省粮食是有进有出，唯有江西是只出不进"，"只有江西是个'不倒翁'"[①]，但这种情况在20 世纪 90 年代初，我国明确发展社会主义市场经济后，取而代之的是央地之间、地区之间的资源大战。由于资源短缺和发展环境的跳跃式转变，相关方还来不及摸索交换规则和模式，只能听令其滑向"诸侯经济"的深渊。不过，这段历史为我们正确处理 21 世纪的行政关系提供了借鉴。既然不能倒回行政命令—从属模式，又不能放任行政博弈模式，就只能认真、科学地建构行政交换机制。

（3）主体利益的明晰化。明晰的主体利益是行政交换的动力源，改革开放既启动了经济发展的强劲引擎，也激发了社会各层的利益分化。国家利益、地方利益、企业利益、各社会组织和公民个人利益并非铁板一块的统一，这种分化本身在一定意义上具有合理性，同时，其协调成本也极为高昂，基于特定原则和制度的安排，通过交换支持的方式

---

① 中共江西省委党史研究室：《江西对新中国的粮食贡献》，http：//www. jxdys. cn/type-news. asp？id = 1257。

求同存异也不失为一种理性的选择。这方面的研究很多，在此不多赘述。

可见，行政交换不等同于行政交易，也不是一般意义的行政妥协。行政交易通常是不合法或者灰色的，行政妥协也具有单边主动和被动的可能。而行政交换是相关各方的主动行为，它包含着合法、非法和灰色的各种方式。如果缺乏恰当的规范机制，行政交换将会成为行政潜规则滋生的场域；反之，行政交换也可以得到很好的引导，成为提升行政效能，实现行政目标的满意方式。

第二节 企业政治行为：我国政企交换的合法性问题

企业政治行为是企业以自利为目的而展开的影响政治生活的各种活动的总和。从国际视野看，企业政治行为已成为协调市场与政府关系的重要形式，企业组建专门的政治行动委员会也已司空见惯。[①] 他们通常采取的政治行为战略主要有消极反应、积极预期和公共政策塑造三大类型[②]，而相应的战术形式包括游说、报告研究成果、报告调查结果、作证、合法行动、私人服务和培养选民等。[③] 其中，企业与政党、议会和政府在选举、法案审议和政策制定等方面的交换互动一直是战后西方政治生活演绎的重要内容。

不论是在何种政府与市场关系体制下，企业政治行为都有其合理的空间。在完全市场经济体制下，企业间的竞争虽然主要受市场内部规律的支配，但非市场经营环境的改善始终是企业市场竞争力的重要补充。而在强政府干预的体制下，"国家的经济成功基本上取决于其政治决策

---

① ［美］理查德·雷恩：《政府与企业——比较视角下的美国政治经济体制》，何俊志译，复旦大学出版社 2007 年版，第 219 页。

② Weidenbaum, M. L., Public policy: no longer a spectator sport for business, *Journal of Business Strategy*, 1980 (1), pp. 46 – 53.

③ Getz, Kathleen A., Research in Corporate Political Action—Integration and Assessment, *Business and Society*, 1993 (3).

的质量。"① 因此，企业通过影响政治过程的方式改善其经营环境是顺理成章的，关键是它应该采取何种方式去开展政治行为，以最大限度地获得体制和社会的认同。

一　我国政企交换的体制需求

企业政治行为的发生具有体制性合法性。如上所述，社会转型期社会境遇的最大特征是不确定性，预防经营环境的不确定性是企业开展政治行为的动力源泉，而预防体制和政策的不确定性以及由此可能引发的社会秩序的不确定性则是政府乐意与企业互动的动力源泉。因此，企业政治行为并非只是企业"一头热"，政府其实也有建立建设性、有活力的政企关系的强烈预期和相应的体制安排。

（一）既有的体制基础

自 1984 年，我国经济改革从农村引入城市以来，做出了一系列的体制调整，这些体制性决定或法律安排，为企业开展政治行为准备了前提和提供了动力。其中，以下三个最为根本，它们分别从党的决定、政府的政策和根本法的安排三个方面为我国企业政治行为的延展提供体制保障。

其一，1984 年 10 月，党的十二届三中全会通过的《中共中央关于经济体制改革的决定》首次提出："要使企业真正成为相对独立的经济实体，成为自主经营、自负盈亏的社会主义商品生产者和经营者，具有自我改造和自我发展的能力，成为具有一定权利和义务的法人。"这是我党为政企分离做出的最早的政治制度安排，为企业以独立人格的方式与政府互动奠定了制度基础。我国最早一批有影响力的民营企业家，如柳传志、王文京、鲁冠球、宗庆后、李东生等正是借助这一制度安排，在 20 世纪八九十年代先后以企业家的身份当选为全国人大代表，并以此为基础进一步运用其他的政治行为策略，为企业做大做强创造了难得的经营环境。

其二，1993 年 12 月，国务院发布《关于实施分税制财政管理体制的决定》，提出："按照中央与地方政府的事权划分，合理确定各级财政的支出范围；根据事权与财权相结合原则，将税种统一划分为中央

---

① W. O. Henderson, The Natural System of Political Economy 1837, Totowa, N. J. : Frank Cass, 1983.

税、地方税和中央地方共享税，并建立中央税收和地方税收体系。"这一决定完全改变了企业对政府的单向依赖，开启了政府主动与企业关联的新气象，从而为企业政治行为的涌动打开了方便之门。

其三，2004 年 3 月，《中华人民共和国宪法修正案》第二十二条指出："公民的合法的私有财产不受侵犯"，"国家依照法律规定保护公民的私有财产权和继承权"，明确了国家对公民生活资料所有权的保护进一步拓展到生产资料所有权的保护。① 这是我国从宪政上对国家（政府）与个人的财产关系、市场主体之间的财产关系以及国家（政府）、个人的财产使用关系做出根本性法制保障，彻底消除了企业主通过各种合法策略（包括政治行为）谋求企业利益最大化的后顾之忧。

（二）完善现有体制和政策的需要

政府的体制和政策安排需要有坚实而合意的民众基础，企业无疑是我国数量最多、规模最大、资源丰富的有组织的非政府机构，他们的生产和服务产品最贴近民生需求，企业通过信息咨询、提供调研报告、制度创新示范的政治行为策略与政府互动可以向政府输出民意需求，是帮助政府修正与完善现行制度和政策的重要民意管道。因为，"产业界的代表理解经济成功所需要的条件，只有企业参与政治，才能保证有效的经济运作所需要的政策性条件能够进入政治议程。"② 最近十年来，我党曾吸纳过多位国有、集体经济的企业家进入中央决策体系，如尚福林、姜建清、刘明康、卫留成和张瑞敏等最初都是由企业家身份当选中央候补委员的。2011 年 10 月，中央组织部完成对民营企业家梁稳根作为中央候补委员候选人的考察，可视为现行体制"对民营经济的更大的接纳"。③ 在各级地方党委、人大和政协机构中都有不同层次的企业家代表。他们的进入不仅仅有利于其所在企业经营环境的改善，客观上也有利于决策层对经济形势的判断，防止经济社会政策的政府专断倾向。美国政治学家爱泼斯坦在谈到美国社会容忍美国企业大举参政时指

---

① 乔新生：《我们都是有产者》，《民主法制建设》2004 年第 5 期。

② ［美］理查德·雷恩：《政府与企业——比较视角下的美国政治经济体制》，何俊志译，复旦大学出版社 2007 年版，第 182 页。

③ 启越：《梁稳根从政释放的信号不仅仅是个人身份变化》，《经济观察报》2011 年 10 月 4 日。

出："企业参与政治是维持多元主义民主的必要条件。"[1] 中国与美国的体制不同，这里我们不妨把多元主义民主解读为"兼听"，也就是说，企业政治行为至少可以使决策体系收到"兼听则明"的效应。

（三）应对体制内竞争压力的需要

如果将我国现行行政经济运行体制的特征高度概括起来，就是一种压力型体制。行政上相对集权与经济上相对分权交织在一起，使得各级政府间有争夺财税的压力、政府官员有博取政绩的压力，而企业则有从相对集权的政府手中获取资源和机会的压力。三种压力合在一起，为政府、官员与企业充分互动提供了广阔的空间。

其一，财税分权机制是我国经济社会持续快速发展的引擎性机制，它极大地动员了地方加快发展的积极性和鼓动地方政府间为争夺财税而竞争，而做大当地企业是增加地方财税的必由之路，因而，政府有主动倾听当地企业建议，为其排忧解难的动力。无怪乎，1994 年分税制改革前，企业主动贴近政府是当时政治行为的主要模式，而 1994 年之后，企业与政府的互动则呈现出明显的双边主动的特征。[2]

其二，行政相对集权的机制给官员带来了强大的竞争压力，因为，他们只有沿着官僚等级晋升才能获得更大的资源支配权，而这需要有政绩基础，做大当地企业同样是政府官员获得政绩的必由之路，因此，即便排除谋私利的需求，政府官员为赢得合法晋升的机会，也有主动为企业提供帮助的积极性。[3] 以吉利汽车项目的顺利投产为例，起初，该项目不在发改委的汽车产业发展目录之中，为使其进入产业目录，浙江省及台州市政府官员多次专门进京为其游说，且运作费用全部由地方政府承担。[4]

其三，行政相对集权的机制也给企业积极与政府互动施加了强劲的压力。因为，在行政集权机制下，政府控制着大量的影响企业发展的稀缺乃至排他性资源和机会。比如，各种规制、许可、检查、项目招标、

---

① Edwin M. Epstein, *The Corporation in American Politics*, Engiewood Cliffs, N. J. : Prentice Hall, 1969, p. 324.

② 正如金太军、袁建军提出要从交换的视角来理解新时期的政府与企业互动关系。金太军、袁建军：《政府与企业的交换模式及其演变规律》，《中国社会科学》2011 年第 1 期。

③ 周黎安：《中国地方官员的晋升锦标赛模式研究》，《经济研究》2007 年第 7 期。

④ 巫永平、吴德荣：《寻租与中国产业发展》，商务印书馆 2010 年版，第 42 页。

土地供应、融资、资本运营等，其中不少资源的竞取模式都是零和博弈或先发博弈，A 取得，B 出局，或 A 获得先发优势，B 在后面追赶。特别是牵涉稀缺资源的配置上，企业总是紧紧粘住政府。这从我国众多企业仿效地方政府设立"驻京办"或"驻省会市办"的现象中，可以清楚地看到，企业在现行体制下是多么急切地想与有权政府部门发生关联。① 此外，行政相对集权的机制也容易滋生某些官员的寻租行为，与其被他们被动、随意敲诈，还不如顺势而为"发展与政府（官员）的特殊关系"，这样，企业既可以避免成为寻租的对象，又可以"迎合政府需要、得到政府保护和扶持"。② 当然，企业政治行为的此类空间并非体制的本来预期，而是体制局部缺陷的一种负面效应。

二　我国政企交换的公共需求

企业政治行为的发生也具有公共性合法性。企业政治行为毕竟不是企业与政府双边的私会那么简单。不论是企业从中得到的利益，还是政府从中汲取的民意，都具有公共属性。因为政府给予企业的优惠事实上关乎社会的再分配，而企业给政府输出的市场信息是否真正反映了民意也需要社会甄别。因此，企业政治行为具有应然的公共性合法性，但从实然角度来看，又无处不需接受公共性合法性的检验。

（一）企业政治行为的应然性公共空间广阔

从国家（政府）与社会关系的有效连接而论，企业无疑是一个面积最大、层次最深、最有资源、也最有影响的社会结构。

其一，政府扶持企业发展是政府发展经济、改善民生的基本路径。毕竟，企业是民众谋生的基本组织形态，是绝大多数民众谋生之所赖。政府给予企业政策、资源和服务扶持，如稳定的内外贸政策、产业规划、准入与管制、财政补贴、基础设施、基础研发等，都具有公共性合法性。但是，政府扶持的时机、方式和程度的把握未必总能如企业发展之所愿，这就需要企业通过政治行为与政府沟通，这种沟通不仅仅具有企业自利属性，也包含有利众属性。因为，如果政府的政策、管理和服务不能更有效地改善企业的经营环境，伤害的不仅仅是企业实体，社会

---

① 郭剑鸣：《相机授权体制下我国央地关系中的潜规则现象及其矫治》，《浙江社会科学》2010 年第 6 期。

② 张建君：《民营企业的政治行为》，《经济观察报》2008 年 12 月 6 日。

民众的损失会更多。

其二，企业表达相比其他社会组织和公民个人的表达更具有优势和效力。虽然说企业与政府的互动、企业向政府的表达不能替代其他社会组织、民众与政府的互动，但是，企业更具有信息收集能力、发展趋势研判能力和更多的社会资本，它们在市场行为中可以较为准确地掌握社会民众的实际需求和心理偏好，如果企业在自主地满足民众需求和偏好的过程中遇到困难，能据实向政府输入求援信息，而政府也能据此调整政策和资源配置，则不失为实现政府、企业和民众三方共赢之举：政府可以更加有效地实现其管理和公共服务职能，巩固其民意基础；企业可以更好地实现其社会责任，改善其社会形象，并赚取更多的利润；民众可以享受政府和企业提供的高质量的服务。

（二）企业政治行为的实然性公共空间堪忧

政府使命和民众福利的实现都离不开企业的健康发展，从理论上可以说，企业是连接政府与民众的关键结构。但现实中，我国的企业政治行为却未必能很好地兼顾公共利益，客观地向政府输入社情民意，民众也未必认可企业政治行为的做法。因此，我国企业政治行为的实然性公共空间并不乐观。

其一，企业政治行为的实际目的通常偏离公共、公平的价值准则，缺乏道义上的合法性。无论是企业向政府输入的所谓市场趋势、经营困难信息，还是企业向政府游说启动的产业规划、制度创新示范等，都难免是经自利法则过滤后的产品，因此，政府得到来自企业反馈的信息往往是偏听的而非兼听的。政府如果据此决策，将导致政策的公共性缺损。比如，出现一定数量的中小企业倒闭、老板逃离现象时，就有不少企业家以融资困难建言政府救市，而事实上，"那些对资金有较大需求的企业则要么是扩张过快，要么是在主营业务之外还涉足了股市房市等资本市场"，因而不时引发社会对政府救市政策合法性的质问。[1]

其二，企业政治行为的手段通常突破法规、制度和纪律的底线，缺乏法理性的合法性。在企业政治行为的常用策略中，有不少是直接关联政府官员的，而关键性的关联手法常常违背法律和纪律规定。比如，请政府官员做企业顾问，甚至送干股给官员、聘用政府官员的近亲属、资

---

[1]　李潼军、黄涛：《"温跑跑"成因》，《环球经济》2011 年 11 月 3 日。

助官员的私人活动等。这些做法虽然都是法律和中纪委的相关规定所明令禁止的，但由于管用，企业总是明知故犯。有些企业的关联手法过于出格，甚至连被关联的官员本人也不得不拒而自揭其短。①

其三，企业政治行为的后果通常衍生弊案和内幕交易，缺乏社会认同基础。商业贿赂已成为我国官员腐败的重要形式。据2004—2008年《最高人民检察院工作报告》披露，2003—2007年，发生在旧城改造、工程建设、土地出让、产权交易、医药购销、政府采购和资源开发等领域的商业贿赂案件已超过全国检察院系统立案侦查的腐败案件的1/3。而商业贿赂的另一方"肇事人"主要就是企业，商业贿赂也正是企业政治行为一大推手。研究表明，2001—2011年3月间，在我国检察机关侦办的36起政府官员（国有企业官员除外）千万元以上特大腐败案件中，有29起是由企业贿赂铸成。② 也正因如此，企业在民众心中频现信任危机。据2011年8月2日，中国社会科学院发布的《2011中国上市公司社会责任信息披露研究报告》显示，A股上市公司发布各类社会责任报告共计531份，其中不及格报告为435份，不及格率81.92%。③ 在民众对企业承担社会责任缺乏起码的信任的背景下，要他们相信企业政治行为会有机地兼顾公众利益是不现实的。而在民众认可度相对微妙的境遇下，企业过度地运用政治行为策略，既可能伤害企业（家）本身，也可能伤害官员。中纪委领导曾告诫广大党员领导干部要"防老板，可以接触但不要走得太近"。而一些知名企业家则有相向的感慨："和政府官员打交道，中国民营企业家要高度警惕，既不能太近，也不能太远。太近了，说不定哪一天一根绳子串起来，就进去了，这就麻烦了，本来做企业是想做一辈子，结果没做几年就完蛋了。但是，不近又不行，不近很多槛进不去，人家拿到好多的地块你拿不到。"④ 企政双方这种手足无措的感受正是我国当前企业政治行为面临的尴尬的公共空间的真实写照。

---

① 《副处长高调退还好处费》，《江南都市报》2011年3月29日。

② 郭剑鸣：《治吏与治财整合式反腐：深化我国反腐败工作的基本进路》，《探索》2011年第6期。

③ 李松、范春生：《多数企业责任报告被指与公众感觉不符》，《瞭望》2011年8月22日。

④ 荣海：《企业与政府之间应该是君子之交淡如水》，《搜狐财经》2003年7月26日。

第三节　不良政企交换的寻租空间与政企间的潜规则关联

企业不良政治行为是指企业通过非法或不道德的政治行动影响政府政策而谋求不当利益的非市场竞争行为。[①] 由于监管机制不健全和社会转型期的道德与政策等非市场竞争环境的不确定性，政企交换就存在巨大的寻租空间。

一　我国不良政企交换的寻租空间

我国当前社会境遇的鲜明特征是转型，无论是宏观性的社会文化环境和经济体制、政策，还是微观性的政府经济管理职能及其行为方式都处于渐进调整之中，政府对企业的管制能力还相对强势，但政府管制企业的方式又缺乏严格的制度化，致使企业与政府间的互动环境不确定。这种不确定性的社会境遇和政府管制模式决定了我国企业开展政治行为是一种必然选择，但其行为方式又具有明显的隐秘诡异的特点。

（一）主体普遍单干

在社会转型期，一方面，政府管制的意识和能力仍呈强势；另一方面，企业利益分化，行业的整合性差，使我国企业政治行为的主体虽然普遍，但基本上是单干的。政府强干预仍然是当前影响我国资源及机会配置的重要因素，企业间的非市场竞争力不仅是其市场竞争力的重要补充，在一些地方或者在特定的项目争夺上，企业与政府保持良好的关系甚至比企业自身的良好经营素质更为重要。企业开展政治行为是建构和提升其非市场竞争力的重要路径。因此，我国的各类企业只要有条件、有门路都会有意识或被迫开展与政府的公关活动，尽管不同性质、不同层次的企业开展政治行为的策略和方式有别。不过，转型期内行业内部竞争秩序不稳定，各企业向政府提出的求援问题千差万别，特别是地方政府竞争因素渗入后，行业统一行动和政府统一行动的可能性都大大降低。比如，我国一些地方政府为扶持本地汽车、酒类等暴利企业的发展，

---

① 高勇强、陈磊：《企业不当政治行为治理：中美制度对比与启示》，《战略管理》2011年第1期。

处于竞争优势的企业及其所在地政府会极力推动该产业的扩张，而处于竞争劣势的一方则千方百计地人为制造酒类产品销售的区域壁垒，或者采取量身定做的方式规定出租车型号，或者采取恶意报道的方式攻击竞争地产品的质量。两类企业和政府在推进行业公平竞争、技术服务提升和保护消费者利益的问题上采取了截然不同的策略。企业在向政府提供决策信息、提出政策主张时，普遍缺乏行业一致性，也很少谋求公共的合法性，而大都是各显神通，谋求自身经营难题的解决，具有明显的"自扫门前雪"的特点，对行业利益特别是服务对象利益的兼顾性较差，所产生的正外部效应少。我国企业政治行为的这一特征反过来又限制了它们的影响力和被社会认可的程度，制约了其进一步拓展的社会空间。

（二）目的自私单一

在社会转型期，政府管制的制度安排、政策规划和具体行政行为都具有较大的不稳定性，这为企业开展政治行为提供了契机。改革开放尤其是城市经济体制改革开启以来，我国企业政治行为的确也日益活跃，已经形成了较丰富的策略，比如直接参政、寻找代言人、信息咨询、动员社会力量、财务赞助、政府关联和制度创新等，[1] 但大多数企业规模较小，社会资本和影响政府的能力都比较有限，他们与政府的互动主要发生在基层，因而，政治行为的目的多偏重于影响政府的管理和执法行为。企业政治行为发挥功能的机理是通过改变政府行为给企业经营环境带来的不确定性，以提高企业对生存空间和盈利能力的自控性。一般来说，可能给企业经营环境带来不确定性的政治行为不外乎有三个层面：一是政治体制和政府体制（包括政府官员的任免体制）；二是政府经济与产业政策（包括区域规划、城市规划和产业规划）；三是行政管理与行政执法行为。显然，无论是从体制的可能性，还是从企业的可能性考量，理性的企业政治行为都会围绕影响行政管理与行政执法行为展开。企业要想通过政治行为策略影响我国的政治体制和政府体制，不说是不可能，至少也是"文火细功"急不得。在"党管干部"原则的约束下，企业也不可能通过影响公职人员的任免来改善企业的经营环境。相对来说，企业通过向政府输入信息、开展制度创新试点等方式影响或诱致政

---

① 田志龙、高勇强、卫武：《中国企业政治策略与行为研究》，《管理世界》2003 年第 12 期。

府变革经济与产业政策是可能的，但这一般需要满足两个条件：一是企业的政策提议被行业认同的程度较高；二是该提议具备一定的社会公共性基础。问题是，敢牵行业之头、敢动员社会力量向政府表达，对企业而言是一个不小的挑战。因此，单个企业的政治行为也不会以此为工作重点。而瞄准行政管理与行政执法行为开展政府公关活动，则是企业政治行为收效快、成本低、确定性高的不二路径。一方面，多数企业与从事具体行政行为的中下层公职人员发生关联要比与定体制、定政策的中高层公务员发生关联容易得多，而且，中下层公职人员的来源和去向多具有属地特征，与他们建立紧密的关系不仅成本低，收益也更确定，而中高层公职人员的政治空间更具有流动性，与之关联不但成本高，收益也不可靠。另一方面，行政管理和行政执法人员不仅具有一定的行政自由裁量权，而且还可以利用官僚组织内部的层次结构不断"制造"信息不对称现象，掩护其为关联企业网开一面的执法行为。

（三）对象特定单独

在社会转型期，"企业在从事经济活动中所面临的不仅是市场竞争，还有一个强势的、全能的，缺乏公开、透明程序和监督机制的政府及大量追求个人权力和个人利益最大化的政府官员"。[①] 企业不论是采取直接参政议政（当选人大代表、政协委员、获得荣誉称号），还是寻找代言人（与政府有亲密重要关系的人）、赞助政府行为、建立政治关联（做政府希望的经营活动）的方式影响政府行为，都必须在政府中选择合适的联系对象。而政府官员不论是从政绩竞争，还是从"寻租"安全考虑，都希望与企业的政治关联具有排他性。因此，企业主在一个关联部门往往只选择一个关联对象，而且这样的对象多是与企业主有密切关系的人。倘若企业在同一部门与多位官员发生政治关联则容易产生推诿、猜疑和泄密风险，反而会使其中的任何一员都不会为改善该企业的经营环境付出更多的努力。即便是企业选定的关联对象不能直接解决企业的难题，企业也不会轻易另寻门路，而会动员关联对象间接疏通政府内部关系。但我国企业政治行为对象的特定单独性必然导致企业将不断面临关联对象的重新培育问题，这一过程通常是从头再来，因此，成本会很高。这就是为什么地方企业并不希望政府官员频繁流动。

---

① 秦晓：《市场化进程：政府与企业》，社会科学文献出版社2010年版，第45页。

（四）方式隐讳单线

在社会转型期，企业与政府关联缺乏规范性制度约束，政企关系也是衍生腐败的"重灾区"，民众对企业政治行为普遍持低容忍性态度，他们对企业与政府关联活动的认知不多、认同度低。因此，企业开展政治行为大多采取不公开、不张扬的方式进行。即便一些企业会高调宣传业主当选政治性职务或企业荣获政府性称号，并将高级官员的视察、光顾经历作为开展政治行为的筹码，但没有哪个企业会将此与企业获得的某个政府性优惠绑定起来。也就是说，谋求改善与政府的关系以自利于企业的过程实际上是复杂而隐讳的。多数企业甚至不把政府公关行为放在政治行为的层次来谋划和管理，而是从企业经营行为的角度来考量。这可以从我国企业内部很少设立专门的政府公关部、政府一般也不设立企业关系部之类的机构中得到印证。而在西方社会境遇下，企业政治行为不仅被政府所接受，也被社会所认可，在这些国家，"公司、工会、贸易或成员协会、农业合作组织、合伙企业都得到了建立政治行动委员会并偿付行政成本的授权"。① 企业和政府一般都会设立互为对象的公关机构，社会层面则有专门为企业请托、游说政府的中介机构。我国企业政治行为中的这种点对点的"地下"行动方式反过来又为更多、更严重的腐败埋下了隐患。

二 我国政企潜规则关联行为的模式

如果说政府间关系还有《公务员法》、《政府组织法》和各种各样的纪律规定和不准的准则约束，那么政企间的关系处理相对来说刚性规范就少了许多。特别是企业（企业家）与政府（官员）打交道的规范，基本阙如。这使得政企间主动和被动的潜规则关联行为趋于常态化。下面从政企双方经常交换的要素形式来概括其中的潜规则关联模式。

（一）政府违法向企业提供便利

我国地方政府手中掌握着大量的资源，比如土地、信贷、项目工程等资源，这些资源是政府和企业进行交换的基础。地方政府官员往往凭借其手中的公权力给企业大开方便之门。一是土地资源。落马官员多涉及土地规划、房地产用地、房地产容积率审批等问题。企业利用与当地

---

① ［美］理查德·雷恩：《政府与企业——比较视角下的美国政治经济体制》，何俊志译，复旦大学出版社 2007 年版，第 217 页。

政府的良好关系，违规低价拿地情况时有发生。二是信贷资源。融资难是困扰中小企业发展的重要问题之一。企业遇到融资问题时，通过正规途径往往解决不了，甚至有官员使用政府资源为企业作担保进行贷款。内蒙古自治区原副主席刘卓志，曾经打算以锡盟财政预算内的资金为某公司贷款中的 3000 万元部分作担保。三是项目工程。浙江省人大常委会原副主任张家盟在担任舟山市副市长兼市交通委员会主任期间，受舟山"首富"黄善年请托，为其公司与舟山市交通委员会下属企业合作成立公司，进而承揽舟山市多项交通工程。刘志军在担任原铁道部部长期间，为山西商人丁书苗获得铁路货物运输计划、干预招投标，致使公共财产、国家和人民利益遭受重大损失。

从政府角度来看政企非规范交换关系，如果说第一类政府过度干预经济属于不合理的政府交换行为，那么政府违法提供便利就是不合法的政府交换行为。对于政府不合理的交换行为，我们可以通过经济政策的调整、市场机制的完善等方法将政府行为导入正轨，但对于不合理的交换行为，必须通过法律途径加以解决。

（二）企业直接或间接行贿

企业直接或间接向政府官员行贿是最为常见的非规范交换形式之一。企业直接行贿多表现为纯粹的权钱交易。企业间接行贿的手段则更为多样，方式也越来越隐蔽，比如，有的是设定债权、免除债务，提供高档娱乐服务、子女留学、住宅或者交通工具使用权、盈利机会、旅游、装修房屋等，还有的提供字画、古玩、艺术品等难以估价的物品，或者安排人员到垄断行业就业、提供工程承包或劳务机会、性服务及提职晋级等。企业这种非规范交换行为，是我国反腐败的重点领域。随着企业对官员行贿方法的多样化、隐蔽化，使反腐败工作难度加大。这也从侧面体现出政企之间交换的重要性，在高压反腐的态势下，仍有企业铤而走险行贿，更说明了我国经济社会运行中政府与企业之间关系的复杂性。类似地，企业直接或间接行贿属于不合法的企业交换行为，必须通过法律途径严惩不贷。

（三）企业寻找官方代言人

与企业直接或间接行贿方式相比，寻找官方代言人基本属于不合理的企业交换行为范畴，这种方式的影响力更为持久，可以说是政府与企业之间的深层次交换。从字面上理解，我们可以认为，企业直接找到熟悉的政府官员，或者通过政府官员的家人、同乡、同学、朋友找到政府官员，希望他们为企业提供帮助，这种是寻找官方代言人最基本的做法。而更高层次更为隐蔽的非规范的交换形式则表现为企业通过高薪聘请政府退休高官或直接邀请政府官员担任该企业顾问。我们以第一种为例，退休高官作为企业的独立董事参与到企业的经营中，凭借在任时的政治资本为企业谋求经济利益，同时官员获得不菲的收入。2001年，我国引入了上市公司独立董事制度，旨在通过独立董事来维护上市公司整体利益，尤其是保证中小股东的合法权益不受损害。但这一制度却因"政商旋转门""一人多职"及"董而不独"频频受到质疑。根据相关年报统计，2014年我国上市公司独立董事一度共640余个职位由前官员担任，同时过百人次身兼超过4家公司独董。但是，退休官员任独董，因缺少有效监管和规则较为模糊，则被诟病为滋生腐败的温床而饱受质疑。① "官员独董"可以被认为是企业寻找官方代言人的最明显形式之一，官员看似已经退休，脱离了政治圈、参与到经济圈似乎是无可厚非的事情，但通过其在任时的人脉、资源，对上市公司可以源源不断地进行利益输送，还能在一定程度上逃避司法的监管。

特别引人关注的是，2013年7月25日，上市公司中国重汽（香港）有限公司（以下简称中国重汽）迎来了三位"重量级"独立董事。他们分别是：贵州省原省长石秀诗、山东省原省长韩寓群、国税总局原副局长崔俊慧。中国重汽发布公告称，委任三位为公司独立非执行董事，任期为3年，年薪为18万元人民币。这则新闻把退休官员在企业任职的现象拉到了公众眼前，虽然很难说他们三人事实上给企业带来了哪些格外的好处，但关于官员退休后的行为，《公务员法》第102条明文规定："公务员辞去公职或者退休的，原系领导成员的公务员在离职3年内，其他公务员在离职两年内，不得到与原工作业务直接相关的企业或者其他营利性组织任职，不得从事与原工作业务直接相关的营利性活动。"

石秀诗、韩寓群从退出省长的时间算起已经超过3年，但从两位在全国人大的任职时间算起，他们退休的时间尚未满3年。崔俊慧2006

---

① 新华网：《中国清理党政领导干部在企业兼职逾4万人次》，http：//news. xinhuanet. com/fortune/2014－07/22/c_ 1111747942. htm。

年 12 月从国税总局副局长位置退下来以后，到 2008 年 5 月就曾在中国石油任职独立董事，间隔也不到 3 年。人们普遍认为："官员的声望和积累的人脉关系可能会对企业的发展有好处。甚至不排除因为政府在很多事情上审批权力过大，企业的运作成本也比较高，聘请退休官员担任独立董事可能有利于企业降低运营成本。"①

（四）政企合谋

政府与企业之间的交换在一定程度上也可以理解为就是政企合谋，因此，上述四种表现形式均是政企合谋的表现。政府和企业基于各自资源、利益等方面的差异对对方有一定程度的依赖，由此产生共谋的情况，这样政府和企业就构成了利益共同体。举例来说，环境污染问题和矿难问题往往通过媒体曝光才被察觉，这通常就和地方政府和企业合谋之后，瞒而不报有关。地方政府官员为了在短期内获得较为突出的政绩，对于一些对环境污染较为严重的企业在环保方面的要求就会降低，甚至纵容了一些企业的非法行为。同时，企业以高速的增长、大量的税收和吸纳大量就业人口等表现形式回馈政府，从政府那里获得了相对廉价的土地和其他资源。地方政府和当地企业变成了"互惠互利"的战略同盟，以合谋的方式应对上级的监管。当上级进行检查的时候，双方可以互相配合，为彼此打掩护，很容易蒙混过关，而最终承受损失的是当地的普通民众。

一般而言，政企合谋通常有三个层次，这三个层次的政企合谋对社会带来的危害呈阶梯状上升。第一层次是政企合谋有利于官员个人发展，主要表现在职位的升迁方面，在这种情况下，企业行贿手段比较单一，社会影响范围较小，通常只是官员谋取私利的手段。第二个层次是企业将企业经营与地方发展绑定在一起，呈现一荣俱荣、一损俱损的局面，这种情况影响范围就较大，企业通常在该辖区内有较大影响力，地方政府对其有强烈的政治诉求，两者相互配合，对当地的经济发展构成较大的影响。第三个层次上升到制度层面，政企合谋之后对当地制度有一定影响，表现为制定政策上的倾向性等，这种政企合谋的外部效应极大，通常与地方保护主义相关，这种政企合谋的方式看起来较为隐蔽，但影响是最为深远的。地方政府通过政策上的倾向性为相关企业提供了

---

① 陈璐：《3 名退休高官担任中国重汽独董被指违法》，《中国青年报》2013 年 8 月 5 日。

便利，这种制度性的收益有时是难以用金钱来衡量的。

比如，2012 年曾经长期主政山东德州的原山东省副省长黄胜被中纪委立案调查，皇明太阳能股份有限公司也很快宣布终止第三次 IPO。根据公开的报道，IPO 终止的原因是"非经营性资产比重过大"，即太阳城的投资性房地产。皇明股份创始人黄鸣在德州兴建的太阳城，不仅是黄鸣的个人抱负的实现，更是企业与政府深度互动的结果。我们回顾皇明股份与德州市政府的互动过程，就不难发现皇明股份在政企交换中的主导地位。公司成立时，黄鸣邀请德州市市长等领导出席庆典仪式，希望地方领导能够重视太阳能产业的发展。接着伴随着皇明的快速发展，德州市政府认可了黄鸣的想法，希望能将太阳能产业发展成为当地的支柱产业。黄鸣开始了政企互动的更深层次的谋划。2005 年年初，皇明股份提出了建设太阳城的方案，希望企业能辅助政府打造城市品牌，当年，德州市市委书记、市长等领导多次到皇明召开现场会。2005年 8 月，中共德州市委第十二次常委扩大会议就在皇明公司召开，会议上对太阳城的建设进行了战略部署，希望依托太阳城，建设配套的小区、主题公园，举办太阳文化节，提升城市形象和品牌。但是，随着原山东省副省长黄胜被查，皇明股份曾经获得地方政府高达 6000 多万元的补贴和涉嫌低价圈地的问题也被媒体报道了出来。另外，根据检方资料，2006 年 6 月至 2009 年 11 月，黄胜接受皇明太阳能集团董事长黄鸣的请托，为该集团下属公司承揽市政项目工程，以及为其下属职业中专学校升格等事项提供帮助，检方还指出，黄胜于 2008 年夏天在家中收受黄鸣的贿赂。[①]

第四节　政事交往中的公务腐败
——实证考察

一　观察政事业务交往腐败的视角

在最近几年查处的贪腐案件中，医疗卫生、科研教育、文化体育等

---

① 刘春香：《12 位企业界人士涉及"黄胜千万贿金案"黄鸣等卷入》，《21 世纪经济报道》，http://finance.ifeng.com/news/region/20130412/7895387.shtml。

事业领域的腐败已引人关注。这些领域的腐败大多是在政府主管部门与所属事业单位的业务交往行为中发生的，因而，被戏称为"因公"腐败。

学界关注此类腐败现象主要有两个视角：

（1）"部门权力利益化"。朱四倍（2007）直言驻京办引发的种种腐败问题，实质是部门利益作祟。[①] 汪玉凯（2008）认为，一些政府部门可以便利地通过寻租方式实现自身利益阻碍了大部制的整合。[②] 石亚军（2011）将"部门权力利益化"概括为"一些部门不是从社会公共利益最大化和经济社会发展全局出发，而是利用部门权力谋取小团体利益。……有利可图的，乱作为或者违法作为；无利可图的，不作为或者消极作为"，并纳入"集体腐败"研究的范围。[③] 任建明（2011）进一步从垂直管理体制方面讨论了系统性集体腐败滋生的原因。[④] 但"部门权力利益化"视角是一个建基于体制性上下位关系的单向维度，它说明了主管部门腐败的机会来源，却未能解释管理相对方提供租金的动机、压力及其行为逻辑。

（2）"交换支持"。腐败是受（索）贿与行贿双方共同完成的行为，尽管其中有体制上的主动与被动之分，但双方在腐败过程中都置换了相对方所需要的资源、机会或支持。那么，这其中必定会发生某种程度的交换。企业政治行为理论及相关的实证研究比较充分地讨论了企业主动寻求与政府交换的动因和形式。关于政企双方合意交换的讨论，如倪星（2010）从"机会—意愿"的维度观察到在制度变迁和市场竞争双重挤压下的政府与企业交换空间不断收窄，腐败动力逐渐减弱。[⑤] 金太军（2011）从价值理念、信息控制、自由裁量、制度供给和身份认定等方面深度研究了政府企业交换支持的模式与规律，认为政企双方对交换式

---

①　朱四倍：《民生若被部门利益裹胁》，《科学决策月刊》2007 年第 4 期。

②　汪玉凯：《大部制改革的最大阻力来自部门利益》，《农村工作通讯》2008 年第 3 期。

③　石亚军、施正文：《中国行政管理体制改革中的"部门利益"问题》，《中国行政管理》2011 年第 5 期。

④　任建明、刘金程：《如何看待垂直管理系统中的腐败》，《人民论坛》2011 年第 10 期（上）。

⑤　倪星、肖汉宇、陈永亮：《"机会—意愿"视角下的腐败》，《广州大学学报》2010 年第 8 期。

腐败发生具有相互的约束力。① 不过，由于观察的旨趣和领域不同，政府与企业交换支持中所具有的相互约束性及其对腐败空间的挤压并不自然地在政府与所属事业单位的交往行为中再现。因为"用脚投票"、市场竞争、财税来源等这些企业反制政府的变量在事业单位身上是不存在的。这说明在政事关联行为中发生腐败另有其动力、压力和可能性空间，政事交往中的腐败走势与政企交往中的腐败走势未必沿袭相似的轨迹。

因此，从政府与事业单位关系的特殊性出发，研究和建设政事关联行为中的腐败惩防机制是反腐败的新课题。

二　依赖性交换支持：政事业务交往行为蜕变的理论分析

从行政交换视角看，政府主管部门与事业单位间公务关联行为中发生"因公行贿"同样源于双方有对方需要的值得交换的资源，正如社会交换理论的主要代表人物彼得·M.布劳指出："社会交换的动力是由于他们期望从那儿得到的并且一般也确实从别人那儿得到了的回报"。② 如果政府主管部门用行政审批权、财政分配权等的公平制度化下放换取全部所属事业的发展是无可厚非的，但关键是主管部门拥有的资源也是有限和稀缺的，能够通过正常途径获得发展机会的事业单位也有限，那些难以获得自然发展机会的单位就有通过非正常途径获得发展资源的冲动。这种非正常途径就包括事业单位运用单位的公共资源去交换主管部门的稀缺支持。

根据社会交换理论的一般解释，在当前管理体制下，支配政府主管部门和下属事业单位之间关系的核心因素可以分两个维度来讨论：一是政府主管部门影响下属事业单位的维度，包括发展方向及政策、事业审批许可、干部任免及人员编制核定、财政拨款、绩效评估等；二是下属事业单位影响政府主管部门的维度，包括政绩来源、职能及责任分担、信息采集和政策征询等。显然，这是一对不对称的交换支持关系。也就是说，在政事关系中，政府主管部门对下属事业单位的依赖与事业单位对政府主管部门的依赖是失衡的。政府主管部门可以用其发展决定权、

---

① 金太军、袁建军：《政府与企业的交换模式及其演变规律——观察腐败深层机制的微观视角》，《中国社会科学》2011 年第 1 期。

② ［美］彼得·M. 布劳：《社会生活中的交换与权力》，孙非等译，华夏出版社 1988 年版，第 108 页。

许可审批权、财政拨款权、人事任免权和绩效评估权支配下属事业单位，而事业单位却不敢以低水平政绩要挟政府主管部门，否则，事业单位自身的生存空间将会受影响。同时，由于属地和体制性管辖的约束，当主管部门对不同事业单位给予差别化政策支持时，"受到歧视"的事业单位并不能像企业那样"用脚投票"迁出了之，只能顺受。更重要的是政事之间并未完全实现"管办评分离"。这些失衡的因素促使事业单位自我挖掘采取不规范方式获取主管部门特殊支持的动力、压力和能力。

　　根据前文的区分，"公务腐败"不同于一般腐败的地方就在于它是以公务的名义发生的，且为满足某一特定群体利益的诉求而实施的行为。因此，就政事关系中的交易行为而言，其发生首先要有正式制度许可或鼓励的事由。也就是政事单位发生腐败交往行为的动力问题，它是指下属事业单位为便利获取上级主管部门的行政审批、财政拨款，以便在同行事业单位的竞争中取得优势而采取非合规交往的主动性。进一步说，事业单位为何要采取不合法的手段去达成某些发展目标呢？这其中需要祭出"公务"大旗的由头，比如，大学更个名、医院升个级，所有职员都可能从中获得益处或更大的发展空间。否则，没有人愿意"以身许公"。其次，如果下属事业单位不这样做，就可能面临不利的发展环境、丧失发展机遇。即政事单位发生腐败交往行为的压力问题，它是指下属事业单位采取非合规交往的被动性。再次，具体经办人可能执行的是特定单位的集体意志，但一旦事发，经办人逃脱不了受惩处的干系，因为，不论以什么名义，腐败行为总是不合法的，它需要掩护，以便既完成交易，又不易为人发觉。即政事单位发生腐败交往行为的能力问题，它是指下属事业单位为相关腐败交往行为所提供的资金、条件和环境的便利性。比如，做出相应的预算安排或费用可以正常走账、行为信息闭锁、内部审计网开一面等。如果把上述政事关系的核心因素串起来，我们就不难发现其中潜藏的公务腐败滋生逻辑机理，这就是"相机授权—政绩激励—潜规则交换—软预算约束"钩织的公务腐败滋生的"压力—动力—能力"制度生态链，其中，每一个制度环节都可能创设"租金"，而且具有一定的相辅相成的关系，构成了相互强化的制度寻租的链条。

　　政府主管部门的相机授权是公务腐败蔓延的体制性根源，是一种容易诱致腐败的权力分配机制。有关部门有权根据不同时机、不同事件、不同对象采取不确定、不规范的方式向下属单位分配发展机会和资源，提分外的要求。由于相机授权体制具有明显的主观性、不规范性、不公平性、不透明性的特点，其长期运行不断诱致并强化着我国的各种纵向关系向交换关系演化。比如，政府主管部门通常采取特许政策、转移支付、"行政化"及单方面改变游戏规则等具有明显相机授权性的举措调控下属单位。这给下属单位感受到在发展空间上有很大的不确定性、在行动能力上有很大的纵向依赖性。他们在难以通过正常的渠道摆脱这种被动局面的情况下，就有采取潜规则行为去换取他们需要的发展机会和条件的压力。2015 年，中央纪委监察部共通报了 34 所高校的 53 名领导。其中，已有 11 人被"双开"，6 人受到党内警告处分，另有 8 人受党内严重警告处分，16 人正接受组织调查。除了个人违规原因被通报的，还有 15 人虽本人无贪污受贿等违纪行为，但出现监督管理责任缺失，约占被查处总人数的 41%。其中，就存在因为公务需要发生的放任违纪行为。[①]

主管部门掌控的对事业单位的任期政绩评价和人事任免无论对事业单位集体和个体都可能构成采取潜规则交往行为的动力。因为政绩认定和评估权同样掌握在主管部门手中，特别是下属单位的班子任免权是由上而下决定的，这就使得事业单位的主管领导有可能同班子其他成员采取一致行动与上级主管部门发生交易行为，因为不论于公于私，他们都感觉到有压力、动力和条件去采取不确定、不规范的方式以便争取到相关的发展资源和晋升机会。而且，当他们这样去"跑部钱进"时，尽管未必敢直接拿上台面，但也完全可以以"你懂得"的说辞来向单位职工说清楚，从而获得单位内部的"合法性"认同，满足"因公腐败"的主体条件。

再则，在审计风暴和新《预算法》实施前，我国的预算约束总体上偏软，主要表现在预算收入不完全、预算支出不细化、专项转移支付无定规、预算不公开等问题。[②] 这些问题的存在使得下属单位拥有一定

---

① 郭彪：《平均每周一名高校领导被通报》，《京华时报》2016 年 1 月 3 日。

② 穆森：《迈向现代财政坚实一步——财政部部长详解新预算法》，中央政府门户网站，www.gov.cn，2014 年 9 月 10 日。

的不规范支出空间，可以通过"移花接木"等手段将本该用于事业发展的财政资金挪作公关交易费用。这给下属单位有开展"因公腐败"的资金运转空间和能力。

简言之，相机授权为公务贿赂创设了体制空间，片面的政绩激励、人事任免和财政拨款机制的不确定性为公务贿赂施加了压力、强化了动力，而行政交换关系则成为公务贿赂行为泛滥的场域，软预算约束为公务腐败提供了资金来源，行政潜规则充当着公务腐败的"遮羞布"。从而形成了一个关于公务腐败的"压力—动力—能力"结合的三维解释理论。

三　政事交往行为中腐败发生的压力、动力与能力的实证分析

（一）数据收集

为验证事业单位与上级主管部门交往中可能发生腐败现象的"动力—压力—能力"因素的内在相关性及其在不同领域事业单位表现的特殊性，我们在 2015 年 7—8 月间，组织本校 91 位在籍研究生按照其熟知关联度（地域、业缘、亲属）分组搭配，以浙江、河南、山东三省为抽样调查重点，调查了其中 16 个市县的教育、医疗、体育、新闻出版、广电、社会福利、科研、文化、救助减灾 9 大类事业单位（问卷分布见表 4 - 3），涉及高校 9 所、公共图书馆 3 个、博物馆 1 个、文化馆 2 个、少年宫 2 个、体育馆（大队）4 个、养老院 5 所、中小学 8 所、三甲医院 4 家、出版社 4 家、广播电视台 5 家、综合测绘队 1 个、质量检测站（中心）1 家。本次共计发放问卷 2000 份，实际回收 1810 份，回收率 90.5%，经筛选、剔除得到有效问卷 1649 份，有效问卷回收率 82.5%。本次调研涵盖事业单位中的调查样本描述性统计包括最大值、最小值、偏度、峰度等，样本描述性的偏度、峰度的绝对值均小于 2，符合服从正态分布，可以进行下一步分析。

表 4 - 3　　　　　　　　　　　**实收样本来源分布**

分布类别	受访行业									受访人员级别			
	教育	医疗	体育	新闻出版	广播电视	社会福利	科研	文化	减灾救助	处级	科级	科员	办事员
人数	721	119	78	83	45	121	43	396	43	65	212	491	881
比重（%）	43.7	7.2	4.7	5.0	2.7	7.3	2.6	24.0	2.6	3.9	12.9	29.8	53.4

（二）样本的探索性因子分析

（1）样本的探索性因子。样本的信度分析中 α 系数为 0.742，CITC 均大于 0.3，在 0.308—0.602，且没有出现删除款项后 α 系数将提高的款项。KMO 值为 0.773，在 0.7—0.8，而且 Bartlett 的球形度检验近似卡方值为 662.769，显著性概率为 0.000，统计指标符合要求。

通过主成因分析法，根据特征值大于 1 和累积贡献率大于 60% 的原则，共提取了 3 个公共因子，特征值分别为 2.888、1.488、1.056，累积的方差解释为 60.361%，刚好满足大于 0.6 的原则。

将改革压力、信息封闭、任务压力、经济压力、执行依赖这五个成因测量款项的公共因子命名为腐败压力（f_1），司法监督、行贿举报、预算管理命名为腐败能力（f_2），把人事财政依赖、评估依赖命名为腐败动力（f_3）（见表 4-4）。

表 4-4   样本成因条款探索性因子分析综合结果

公因子命名	题项（共同度）	变量贡献率	累积贡献率	Component（抽取的因素）		
				X_1 负荷量	X_2 负荷量	X_3 负荷量
f_1（腐败压力）	任务压力（0.754）	32.094	32.094	0.812		
	执行依赖（0.764）			0.782		
	经济压力（0.648）			0.773		
	改革压力（0.591）			0.617		
	信息封闭（0.524）			0.557		
f_2（腐败能力）	司法监督（0.790）	16.539	48.632		0.729	
	预算管理（0.691）				0.698	
	行贿举报（0.585）				0.622	
f_3（腐败动力）	人事财政依赖（0.816）	11.728	60.361			0.767
	评估依赖（0.816）					0.739
特征值				2.888	1.488	1.056

（2）f_1、f_2、f_3 和 F 的描述统计。表 4-5 显示，f_1（腐败压力，M=3.5184）和 f_3（腐败动力，M=3.5592）在整个成因结构中具有最为突出的地位，其次才是 f_2（腐败能力，M=3.1034），表明事业单位公务腐败主要是实施动力和腐败压力，最后才是腐败能力。F（公务腐

败成因，M = 3.3937）大于 3，表明事业单位存在公务腐败现象，其公职人员认为 f_1（腐败压力）、f_2（腐败能力）和 f_3（腐败动力）是导致 F（公务腐败成因）的三个主要因素。

表 4 - 5　　　　　　　　　f_1、f_2、f_3 和 F 的描述统计

	样本	极小值	极大值	均值		标准差
	统计量	统计量	统计量	统计量	标准误	统计量
f_1	245	1.00	5.00	3.5184	0.05482	0.85806
f_2	245	1.00	5.00	3.1034	0.04576	0.71620
f_3	245	1.00	5.00	3.5592	0.06427	1.00591
F	245	1.22	5.00	3.3937	0.03879	0.60718
有效的 N（列表状态）	245					

（3）九大行业样本的主成分得分值。本书采取 SPSS 软件中"未旋转因子得分值一步算出主成分得分值法"[1]，分别计算出事业单位公务腐败三大公因子 f_1、f_2 和 f_3 的得分，将方差贡献率作为权重得出综合因子得分，公式为 $F = f_1 \times 32.094\% + f_2 \times 16.539\% + f_3 \times 11.728\%$。各事业单位行业公务腐败成因排名如表 4 - 6 所示。负值代表没有达到平均值，主成分得分的绝对值越大，表明对主成分的影响越大。本次行业排名顺序可以大致了解不同事业单位行业对公务腐败各成因的得分。受 f_1 影响较大的是医疗类、体育类和科研类，表明他们受改革压力、信息封闭、任务压力、经济压力、执行依赖这五个因素的影响更大；受 f_2 影响较大的是广播电视类、新闻出版类、救助减灾类，表明这三者受司法监督、行贿举报、预算管理这三个因素的影响更深；受 f_3 影响更深的是新闻出版类、教育类和救助减灾类，表明它们对主管部门的依赖更深，其中新闻出版类主要受人事依赖，而教育、救灾则受评估依赖、财政依赖的影响更深。

---

① 林海明：《如何用 SPSS 软件一步算出主成分得分值》，《统计与信息论坛》2007 年第 5 期。在 SPSS 中把未旋转因子得分值作为新数据保存到数据文件中，自动生成 fac1_1、fac2_1、fac3_1。利用 Transform 工具中 compute 计算功能，在对话框中输入 $f_1 = fac1\_1 \times SQR$（λ）（表 4 - 4 中特征根 λ = 2.888），即得成因主成分得分值。

表 4 – 6　　　　　　事业单位公务腐败成因主成分综合得分排名

综合排名	行业	f_1	f_2	f_3	F
1	教育类	– 0.43	– 0.63	0.65	– 0.17
2	医疗类	2.54	0.15	– 0.34	0.80
3	体育类	1.88	0.29	0.49	0.71
4	新闻出版类	0.35	– 0.78	– 0.98	– 0.13
5	广播电视类	0.04	1.16	– 0.70	0.12
6	社会福利类	– 1.18	– 0.22	0.34	– 0.38
7	科研类	– 1.52	0.41	– 0.90	– 0.52
8	文化类	– 0.93	0.40	0.42	– 0.18
9	救助减灾类	– 0.76	– 0.78	1.04	– 0.25

（4）各主要因子内在相关性分析。在数据的正态分布情形下，分别对 f_1（腐败压力）、f_2（腐败能力）和 f_3（腐败动力）组内各个因素以及 f_1（腐败压力）、f_2（腐败能力）和 f_3（腐败动力）三个主因子进行相关分析，计算变量之间的 Pearson 系数，用星号加以标记。

f_1（腐败压力）的相关性分析。如表 4 – 7 所示，在 f_1（腐败压力）组内各个变量完全独立的情况下，f_1 与经济压力、改革压力、任务压力、执行依赖和信息封闭的相关系数分别是 0.647、0.613、0.531、0.593 和 0.578，并且都在 0.01 水平（双侧）上显著相关，可以认为变量间存在线性关系。同时，各数值均没有超过 0.7，达到没有多重共线性的标准。

表 4 – 7　　　　　　　　f_1（腐败压力）的相关性分析

	f_1（腐败压力）	经济压力	改革压力	任务压力	执行依赖	信息封闭
f_1（腐败压力）	1					
经济压力	0.647 **	1				
改革压力	0.613 **	0.615 **	1			
任务压力	0.531 **	0.457 **	0.561 **	1		
执行依赖	0.593 **	0.452 **	0.508 **	0.592 **	1	
信息封闭	0.578 **	0.464 **	0.653 **	0.519 **	0.477 **	1

注：* 表示在 0.05 的水平（双侧）上显著，** 表示在 0.01 的水平（双侧）上显著。

f_2（腐败能力）的相关性分析。如表 4 - 8 所示，在 f_2（腐败能力）组内各个变量完全独立的情况下，f_2（腐败能力）与司法监督、预算管理和行贿举报的相关系数分别是 - 0.641、- 0.696 和 - 0.586，并且都在 0.01 水平（双侧）上显著相关，可以认为变量间存在线性关系。同时，各数值均没有超过 0.7，达到没有多重共线性的标准。

表 4 - 8　　　　　　　　f_2（腐败能力）的相关性分析

	f_2（腐败能力）	司法监督	预算管理	行贿举报
f_2（腐败能力）	1			
司法监督	- 0.641 **	1		
预算管理	- 0.696 **	0.414 **	1	
行贿举报	- 0.586 **	0.300 *	0.242 *	1

注：* 表示在 0.05 的水平（双侧）上显著，** 表示在 0.01 的水平（双侧）上显著。

f_3（腐败压力）的相关性分析。如表 4 - 9 所示，在 f_3（腐败压力）组内各个变量完全独立的情况下，f_3（腐败压力）和评估依赖、人事财政依赖的相关系数分别是 0.643 和 0.648，并且都在 0.01 的水平（双侧）上显著相关，可以认为变量间存在线性关系。同时，各数值均没有超过 0.7，达到没有多重共线性的标准。

表 4 - 9　　　　　　　　f_3（腐败动力）的相关性分析

	f_3（腐败动力）	评估依赖	人事财政依赖
f_3（腐败动力）	1		
评估依赖	0.643 **	1	
人事财政依赖	0.648 **	0.430 **	1

注：** 表示在 0.01 的水平（双侧）上显著。

f_1、f_2、f_3 的相关性分析。如表 4 - 10 所示，在 F（腐败成因）组内各个变量完全独立的情况下，F（腐败成因）与 f_1（腐败压力）、f_2（腐败能力）和 f_3（腐败动力）的相关系数分别是 0.668、0.594 和 0.694，并且都在 0.01 水平（双侧）上显著相关，可以认为变量间存在线性关系。同时，各数值均没有超过 0.7，达到没有多重共线性的标准。

表 4 – 10　　　　　　　　　f_1、f_2、f_3 的相关性分析

	F（腐败成因）	f_1（腐败压力）	f_2（腐败能力）	f_3
F（腐败成因）	1			
f_1（腐败压力）	0.668**	1		
f_2（腐败能力）	0.594**	0.360**	1	
f_3（腐败动力）	0.694***	0.274*	0.261*	1

注：*表示在 0.05 的水平（双侧）上显著，**表示在 0.01 的水平（双侧）上显著。

（三）各因素的相关性与假设检验

将所有因素与 F（腐败成因）进行双变量相关性分析，根据两个变量"当 $0 \leqslant |r| \leqslant 0.3$ 时，为微弱相关，当 $0.3 < |r| \leqslant 0.5$ 时，为低度相关，$0.5 < |r| \leqslant 0.8$ 时，为显著相关，$0.8 < |r| \leqslant 1$ 时，为高度相关"[①]，探寻各个因素的相关性与假设检验，如表 4 – 11 所示，司法监督、行贿举报与 F（腐败成因）呈低度负相关，其余因素都呈显著正相关。

表 4 – 11　　　　　　　　各因素的相关性与假设检验

题项	编号	假设描述	Pearson 相关性系数（r）	显著性（双侧）	验证结果
f_1（腐败压力）与 F（腐败成因）关系假设	H1	f_1（腐败压力）与 F（腐败成因）不相关	0.668**	0.000	显著正相关
	H1.1	经济压力与 F（腐败成因）不相关	0.619**	0.000	显著正相关
	H1.2	改革压力与 F（腐败成因）不相关	0.634**	0.000	显著正相关
	H1.3	任务压力与 F（腐败成因）不相关	0.592**	0.000	显著正相关
	H1.4	执行依赖与 F（腐败成因）不相关	0.613**	0.000	显著正相关
	H1.5	信息封闭与 F（腐败成因）不相关	0.572**	0.000	显著正相关

[①]　时立文：《SPSS19.0 统计分析从入门到精通》，清华大学出版社 2012 年版，第 146 页。

续表

题项	编号	假设描述	Pearson 相关性系数（r）	显著性（双侧）	验证结果
f_2（腐败能力）与 F（腐败成因）关系假设	H2	f_2（腐败能力）与 F（腐败成因）不相关	0.594**	0.000	显著正相关
	H2.1	司法监督与 F（腐败成因）不相关	-0.491**	0.000	低度负相关
	H2.2	预算管理与 F（腐败成因）不相关	-0.623**	0.000	显著负相关
	H2.3	行贿举报与 F（腐败成因）不相关	-0.487*	0.000	低度负相关
f_3（腐败动力）与 F（腐败成因）关系假设	H3	f_3（腐败动力）与 F（腐败成因）不相关	0.694**	0.000	显著正相关
	H3.1	评估依赖与 F（腐败成因）不相关	0.663**	0.000	显著正相关
	H3.2	人事依赖与 F（腐败成因）不相关	0.663**	0.000	显著正相关

注：**表示在 0.01 的水平（双侧）上显著。

（四）样本的回归性分析

（1）f_1（腐败压力）的线性回归。将 f_1 事业单位公务腐败能力作为 Y，改革压力、信息封闭、任务压力、经济压力、执行依赖分别作为自变量 X_1、X_2、X_3、X_4、X_5，从表 4-12 可知，线性回归方程为：$Y = -0.355 + 0.241 \times X_1 + 0.231 \times X_2 + 0.231 \times X_3 + 0.287 \times X_4 + 0.078 \times X_5$。显著性（双侧）值均小于 0.05，说明线性回归模型的拟合度较好，表明因变量与自变量的线性相关显著。

表 4-12　　　　　　　　f_1（腐败压力）的回归模型系数

		非标准化系数		t	显著性（双侧）	R^2	调整的 R^2	F
		β	标准误差					
模型 1	（常量）	-0.355	0.142	-2.494	0.015	0.646	0.618	23.319
	信息封闭	0.241	0.032	7.54	0			
	经济压力	0.231	0.03	7.765	0			
	改革压力	0.231	0.034	6.722	0			
	任务压力	0.287	0.029	9.866	0			
	执行依赖	0.078	0.027	2.869	0.006			

注：因变量：f_1。*表示在 0.05 的水平（双侧）上显著，**表示在 0.01 的水平（双侧）上显著。

（2）f_2（腐败能力）的线性回归。将 f_2 事业单位腐败能力作为因变量 Y，司法监督、预算管理、行贿举报分别作为自变量 X_1、X_2、X_3，从表 4 - 13 可知，线性回归方程为：$Y = 1.644 + 0.236 \times X_1 + 0.192 \times X_2 + 0.124 \times X_3$，显著性（双侧）值均小于 0.05，说明线性回归模型的拟合度较好，表明因变量与自变量的线性相关显著。

表 4 - 13　　　　　　f_2（腐败能力）的回归模型系数

		非标准化系数		t	显著性（双侧）	R^2	调整的 R^2	F
		β	标准误差					
模型 1	（常量）	1.644	0	12.835	0	0.607	0.584	22.559
	司法监督	0.236	0.000	10.954	0.000			
	预算管理	0.192	0.000	7.223	0.000			
	行贿举报	0.124	0.000	4.157	0.000			

注：因变量：f_2。＊表示在 0.05 的水平（双侧）上显著，＊＊表示在 0.01 的水平（双侧）上显著。

（3）f_3（腐败动力）的线性回归。将 f_3 事业单位腐败动力作为因变量 Y，人事财政依赖、评估依赖作为自变量 X_1，X_2，从表 4 - 14 可知，线性回归方程为：$Y = 7.319E - 15 + 0.500 \times X_1 + 0.500 \times X_2$，自变量显著性（双侧）值均小于 0.05，说明线性回归模型的拟合度较好，表明因变量与自变量的线性相关显著。

表 4 - 14　　　　　　f_3（腐败动力）的回归模型系数

		非标准化系数		t	显著性（双侧）	R^2	调整的 R^2	F
		β	标准误差					
模型 1	（常量）	7.32E - 15	0	0	0	1	1	3.03E + 16
	评估依赖	0.5	0	1.42E + 08	0			
	人事财政依赖	0.5	0	1.43E + 08	0			

注：因变量：f_3。＊表示在 0.05 的水平（双侧）上显著，＊＊表示在 0.01 的水平（双侧）上显著。

（4）f_1、f_2、f_3 的线性回归。采用逐步回归方法，将 F 事业单位公务腐败成因作为因变量 Y，f_1（腐败压力）、f_2（腐败能力）和 f_3（腐败动力）作为自变量 X_1、X_2、X_3。从表 4 – 15 可知，模型 3 的 $R^2 = 1 >$ 0.931 > 0.750，所以，选择模型 3 解释 f_1、f_2、f_3 的线性回归，回归方程为：$Y = 6.884E – 16 + 0.333 \times X_1 + 0.333 \times X_2 + 0.333 \times X_3$，自变量显著性（双侧）值均小于 0.05，说明线性回归模型的拟合度较好，表明因变量与自变量的线性相关显著。

表 4 – 15　　　　　　　　F（腐败成因）的回归模型系数

		非标准化系数		t	显著性（双侧）	R	R^2	调整的 R^2	F
		β	标准误差						
模型 1	（常量）	1.782	0.095	18.821	0.000	0.750ᵃ	0.563	0.561	312.982
	f_3	0.453	0.026	17.691	0.000				
模型 2	（常量）	0.594	0.073	8.157	0.000	0.931ᵇ	0.867	0.866	787.943
	f_3	0.395	0.014	27.517	0.000				
	f_1	0.396	0.017	23.506	0.000				
模型 3	（常量）	6.88E – 16	0.051	3.472	0	1.000ᶜ	1.000	1.000	
	f_3	0.333	0.014	4.06E + 08	0.000				
	f_1	0.333	0.028	3.50E + 08	0.000				
	f_2	0.333	0.017	2.83E + 08	0.000				

注：a. 预测变量：（常量），f_3。b. 预测变量：（常量），f_3、f_1。c. 预测变量：（常量），f_3、f_1、f_2。d. 因变量：F。* 表示在 0.05 的水平（双侧）上显著，** 表示在 0.01 的水平（双侧）上显著。

（五）政事交换中腐败压力、动力和能力的基本关系

（1）不同事业行业领域的差异性。受 f_1（腐败压力）影响较大的事业单位是医疗类、体育类和科研类，受 f_2（腐败能力）影响较大的是广播电视类、新闻出版类、救助减灾类，受 f_3（腐败动力）影响更深的是新闻出版类、教育类和救助减灾类。在行业的综合因子得分中最高的是医疗类和科研类，这与两者面临的"医改"大背景和"科研项目"申报难易程度有一定关系，任务压力沉重也是相当一部分体育训练类单位通过行贿来求生存的重要因素。

（2）f_1、f_2、f_3 与 F 的相关性。f_1（腐败压力）、f_2（腐败能力）、f_3（腐败动力）与 F（腐败成因）呈线性相关，验证结果是显著正相关，

从相关系数看，三个因素的影响程度 f_3（腐败动力）> f_1（腐败压力）> f_2（腐败能力），腐败动力排在第一位，说明事业单位之所以要动用"因公腐败"手段主要还是事关单位负责人的"帽子"和"口袋"使然。因此，控制事业单位的公务腐败应该注意让他们自加压力，而不是行政施压，特别要缓解事业单位的人事财政依赖和评估依赖，以降低事业单位的公务腐败冲动，减少实施机会。

（3）各因素的相关性。在各因素的 Pearson 相关性系数中，执行依赖（0.713）、评估依赖（0.763）、人事财政依赖（0.763）的数值较高，要预防事业单位的公务腐败，必须增强事业单位的自主性，改变事业单位依附于政府主管部门的现状。同时，改革压力（0.734）也远远高于其他值，因此需要理顺改革思路，将改革的信息公开透明，消除事业单位的不安全感和减少其投机行为。

（4）各线性回归模型。各线性回归模型表明各组内的因素都是结果的影响因素，因变量与自变量的线性关系显著，表明要预防事业单位的公务腐败，需要各因素综合分析，首先，完善权力分配机制，循序推进事业单位改革，消解事业单位的公务腐败动力；其次，完善事业单位的管理体系，实现信息的公开透明和评估环节、人员管理的规范性，强化事业单位的独立性，缓解事业单位的腐败压力。最后，完善监督体系和预算体系，挤压事业单位实施公务腐败的能力。

第五章　软预算监管与公务腐败的生长

随着我国改革开放事业的深化，中央对地方、政府对国企的"父爱主义"情结已有了很大程度的淡化，但由于单一制和统一的多民族国家的特殊国情，加之我国预算制度及管理尚不健全，软预算监管作为一种自我财政支出失控行为，在一些地方和企事业单位仍有蔓延之势。特别是以争取地方利益和拓展发展空间为名的滥举债、滥支出，为行政潜规则行为和公务腐败的生长、膨胀提供了现实的物质基础。

第一节　软预算监管与社会主义财政的关系

软预算监管在学术上一般表述为软预算约束。该现象是亚诺什·科尔奈（Kornai）1980 年在分析社会主义企业行为时首先归纳出来，特指社会主义经济中的国有企业一旦发生亏损或面临破产时，国有企业的经理会预期得到国家财政支持，而国家或政府常常通过追加投资、减税、提供补贴等方式，以保证其生存下去。以后的经济学文献把这种现象称为"预算软约束"。这一概念已被运用到一些试图解释转轨时期或市场经济下的企业行为的尝试之中（Maskin，1999）。广义的软预算约束是指当一个预算约束体的支出超过了它所能获得的收益时，预算约束体没有被清算而破产，而是被支持体救助得以继续存活下去。

在处于转型经济的中国，软预算约束被认为是一个普遍的现象，软预算约束往往是被当作一种不良的经济行为，因此，无论是在国有企业改革之时，还是在中国经济市场化的推进过程之中，如何提高预算的硬度成为了主要的目标。林毅夫等根据 1995 年工业普查的数据中的两个重要的财务指标，即不同产业或者不同所有制类别的企业的负债水平和相应的利息支出，作为反映企业软预算约束程度的指标；并以此为解释变量分析了我国企业软预算约束的情况①（林毅夫、刘明兴、章奇，2003）。政府对国有企业和国有商业银行同时实施的双重软预算约束是导致国有企业投资行为扭曲和债务治理机制失效的重要原因（辛清泉、林斌，2006）。预算软约束的存在扭曲了国有企业面临的真实的融资约束，使得其投资对内部现金流的依赖程度要明显低于民营企业，并且这种软约束的存在还减弱了金融发展对国有企业所带来的积极作用，产生了"漏出"效应（朱红军，2006）。预算软约束将会导致上市公司存在过度投资现象，而且国有企业的过度投资倾向比民营企业更为强烈（盛明泉、李昊，2010）。

　　但是，社会主义财政体制并不必然出现或采取软预算约束的现象或手段。国家与财政的关系紧密。财政是实现国家功能的经济基础，国家是财政的管理和支配主体。国家性质不同，财政的属性也不同。在有国家史以来，出现过家计财政、国家财政和公共财政三种形态的财政体制。就提取方式而论，它们分别对应于自然经济、计划经济和市场经济。"家计财政"主要是指封建专制国家特有的家国不分的收入提取和分配体制。"国家财政"是指国家自身作为生产和投资主体产生主要的财政资源，并以国家机构为中心来分配财政资源的体制。"公共财政"是指国家向分散的市场主体提取财政资源，并以社会为中心、以公共服务为主要方向分配财政资源的体制。②

　　公共财政的理念虽然最先萌发于西方古典经济学的"义务论"③，但从国家本质上讲，资产阶级国家财政的公共性主要体现在提取方式上，其分配准则却难以做到以社会为中心，因而难以真正向公共财政转化。究其原因，马克思在《新的财政把戏或格莱斯顿和辩士》一文中指出：（剥削阶级）国家，这是土地贵族、金融巨头联合统治的化身，它需要金钱来实现对国内和国外的压迫"，这种"国家存在的经济体现就是捐税"。由于这些金融、工业财团和土地贵族提供了其中的主要捐

---

① 林毅夫、刘明兴、章奇：《企业预算软约束的成因分析》，《江海学刊》2003 年第 3 期。

② 参见马骏《中国公共预算改革：理性化与民主化》中关于自产国家、税收国家的讨论，中央编译出版社 2005 年版，第 31—56 页。

③ 亚当·斯密在《国民财富的性质和原因的研究》第五篇中讨论了国家为履行公共职能而组织财政收入的方式、来源和原则等。这些思想被认为是公共财政理论的渊源。参见《国民财富的性质和原因的研究》，商务印书馆 2004 年版。

税，这种国家被其收买或被其以"公共目的"绑架是必然的。这种国家的命运既受到交易所中国家债券行市涨落的调节，所以，它完全取决于私有者即资产者提供给它的商业信贷。这样的国家是和人民大众分离的公共权力，不论其财政体制如何设计，都很难保证其通过市场经济体制提取的税收能真正服务于公共目的。社会主义作为一种以提高社会福利、促进社会平等为主旨的社会改造思想，其本意就是"社会之上"。恩格斯曾精辟地指出：所有的社会主义者都认为，国家以及政治权威将由于未来的社会革命而消失，社会职能将失去其政治性质，而变为维护社会利益的简单的管理职能。也就是说，社会主义国家是与民众和社会最贴近的公共权力，这一国家属性决定了社会主义国家的财政只能是以服务社会为中心进行财源组织和分配的财政，即公共财政。

公共财政体制的形成需要有基本的经济制度和政治制度来保障国家的财政收入来源和财政分配方向不被少数集团控制。资本主义市场经济运行方式不能有效抑制自然垄断，使得大财团或财团的联合可以对国家的财政来源构成结构性的威胁；而资本主义国家实行的代议制的政治运行方式又为财团对议员的收买提供了便利，因此，垄断集团实际上控制着资本主义国家的财政收入来源与支出方向。2008 年爆发金融危机后，美国政府被华尔街的金融集团和其他的地产集团、汽车集团所绑架而被迫动用财政资金为他们"输血"就是明证。社会主义市场经济运行方式是以公有制为主体的，可以有效地避免自然垄断，国有企业形成的垄断是国家以社会的名义占有生产资料的一种方式，尽管它对生产效率和竞争公平会造成一定的影响，但不会影响国家财政来源的公共性，而且它还可以抑制私人资本对国家财政基础的威胁；社会主义国家实行"议行合一"的政治运行方式，人大代表有广泛的地区性、民族性、行业性、界别性，行政机关对人民代表大会负责、报告工作，并接受其监督，利益集团企图采取收买人大代表进而控制人民代表大会的方式来控制国家财政支出方向的道路是行不通的。所以，社会主义国家具有实行"取之于民、用之于民"的公共财政体制的基本政治制度和经济制度的条件。

当然，基本政治制度和经济制度还不是建设公共财政体制的充要条件，它还需要一系列财政运行机制的充实和完善。公共财政的核心要义有两点：一是财政要尽可能地从生产性、竞争性投资中退出，将重点转向具有广泛覆盖面的基本公共服务和公共物品的供给，使国民通过财政之手充分享受国家进步和社会发展的成果；二是建立健全财政收支监督的法规、机制和体系，确保财政真正"取之于民"和"用之于民"。①前者是公共财政的功能方向，后者是公共财政的制度保障。公共财政的功能能否实现？关键就在于是否有完善的政府预算约束机制。邓小平同志早就讲过，"加强财政监察是财政工作的关键"。②

第二节　预算失规与腐败滋生的关联

一　预算失规导致腐败的学理逻辑

公共预算失规是指在公共预算的编制、核准、执行和监督过程中发生的违背预算的基本精神、基本规范和基本原则的行为。从理论上讲，预算失规会从两个方面助推腐败的滋生和蔓延。一是放松了对官员贪欲的管制，为官员直接攫取公共财政资源提供便利；二是助长政府规模和职能的膨胀，增加了官员寻租的机会，使贿赂之风公行。其中的逻辑是：政府手中拥有大财权必然导致政府的事权扩大，而如果这种大财权是不受严格监督的，那么大财权就会演化为乱收乱支和滥建工程，官员既可能直接贪挪财政资金，也可能利用工程建设索贿、受贿。正如布坎南和瓦格纳指出的："在平衡预算原则下，任何一项开支的提议一定会伴随着一项征税提议。这一原则的摒弃改变了民主政治运行其内的体制限制，并出现了两种微妙相关的倾向，即扩大政府规模的倾向和通货膨胀的倾向。"③ 这两种倾向都容易衍生腐败。

预算失规导致腐败的情形，并非某个国家的特例，而是一个世界性的现象。美国、英国、法国等发达国家都曾集中出现过类似的原因导致的腐败。以美国为例，1895—1913 年，就因预算监督缺位而衍生出大量的直接攫取公共财政资源的行为。那时，联邦政府、州政府和各级地

---

① 高培勇：《中国公共财政建设指标体系：定位、思路及框架构建》，《经济理论与经济管理》2007 年第 8 期。

② 《邓小平论财经》，中国财政经济出版社 1997 年版，第 224 页。

③ ［美］布坎南、瓦格纳：《赤字中的民主》，类晨曙译，北京经济学院出版社 1988 年版，第 97 页。

方政府没有人知道政府一共收了多少税、花了多少钱，政府收支成了一笔糊涂账。其中，1909 年财政年度有 5000 万拨款被浪费，占全年财政拨款总额 6.6 亿的 8%。① 卡恩在研究美国历史上的财政制度与腐败的关系时，发现美国因预算监督缺位而衍生的直接攫取公共财政资源的行为在 19 世纪末至 20 世纪初这段时间最为猖獗。② 而在美国建立预算约束机制之后，又由于长期实行赤字财政政策，导致财政规模过于膨胀，这期间的政府腐败主要表现为因预算监督失效而发生的寻租和贿赂。到了 20 世纪六七十年代，由于长期实行赤字财政政策，财政规模过于膨胀，导致预算监督的效能大大降低，美国社会职业道德的普遍下降和政府部门贪污贿赂风气盛行。③ 国外学者的研究认为，"20 世纪 90 年代以来，大量的腐败现象都是出现在转型国家之中，其中的一个重要原因就是缺乏公共预算的规则和会计准则报告标准，信息封闭和制度残缺为官员的腐败提供了大量的机会"。④ 这些国家为寻找防治此类腐败的基础性制度安排，都无一例外地从强化预算编制、执行和监督入手，先后建立了预算国家制度。

二　我国软预算约束预留的腐败隐患

我国于 1999 年启动了预算改革，试行部门预算、国库集中收付体制、政府采购等旨在规制取财用财的举措，标志着我国迈出了走向公共预算的第一步。此前，我国财政体制改革的重点是税制调整，对财政支出的规制乏力，致使各级政府部门私设小金库、截流预算资金、预算外开支的现象比较普遍，衍生了大量的政府寻租、侵吞公款、私分预算经费的腐败行为。⑤ 最近十年来，我国对预算支出的规制取得了可喜的进步，但相关的改革仍遇到不小的阻力，还存在形形色色的预算失规现

---

① 王绍光、马骏：《走向"预算国家"——财政转型与国家建设》，《公共行政评论》2008 年第 1 期。

② ［美］乔纳森·卡恩：《预算民主：美国的国家建设和公民权》（序言），叶娟丽译，上海人民出版社 2008 年版。

③ ［美］布坎南、瓦格纳：《赤字中的民主》，类晨曙译，北京经济学院出版社 1988 年版，第 4、64 页。

④ Alex Matheson and Hae‐Sang Kwon, Public Sector Modernization: A New Agenda, *OECD Journal on Budeting*, 3 (1), 2003.

⑤ 高培勇、马彩琛：《打造反腐倡廉的制度基础》，载李秋芳、杨海蛟编《反腐败思考与对策》，中国方正出版社 2005 年版，第 65 页。

象。以 2014 年的国家审计署的审计报告作为分析样本，可以发现由预算编制、执行和监督领域的漏洞滋生腐败现象的隐患比较严重。①

（一）预决算编制过程中的腐败隐患

（1）预决算形式和内容均不够完善。主要包括内容不详尽、随意变更现象较为普遍、前后预算决算内容不衔接和总预算与部门预算不衔接等。比如，中央预算未包括资产负债表，未按规定将发行国债取得的资金计入负债类科目，难以准确反映政府的资产和负债等情况；未披露用以前年度超拨资金抵顶的支出，甚至用以前年度超拨资金 47.05 亿元，抵顶 2014 年度应安排的支出；中央本级收支调增、调减额度较大，总额均超过 1000 亿元的规模；抽查的中央 22 个部门 2014 年度决算收入 5657.19 亿元，而中央决算草案仅反映财政拨款收入 2805.65 亿元，只占这些部门收入的 48.6%，数额差距太大，腐败隐患严重。

在抽查审计的农业部、司法部部门预算中，人员经费来源渠道尚不规范或人员经费预算安排不足，国家工商总局、文化部等 8 个部门和单位多申领人员经费或项目经费 1635.19 万元。国土资源部、交通运输部等 7 个部门和 65 个单位将项目经费或公用经费 4.75 亿元调剂用于人员支出。

（2）各本预算间收支划分不够清晰。一是政府性基金预算中包含非政府性基金项目。在 2014 年政府性基金预算核算中，有 11 个不在基金目录中，占 38%，占当年收入 1864.26 亿元的 45%。其中的漏洞可见一斑。二是混淆一般公共预算和国有资本经营预算，违规将公共预算资金向中央企业安排支出 1.99 亿元、11.05 亿元，外经贸发展专项支出分别安排 6.89 亿元、41.51 亿元。三是国有资本经营预算范围还不完整。2014 年，中央部门和单位下属企业仍有 4500 多家未纳入实施范围，应结合事业单位和国有企业改革加快推进。

（3）预算批复不规范、下达不及时。一是部分预算下达不及时。一般公共预算中，本级支出有 480.53 亿元、专项转移支付有 2495.9 亿元，未按要求在批准后 90 日内下达，分别占预算的 3.7% 和 13%。二是 63 个部门年初预算少编报已确认结余 1.94 亿元。财政部、教育部未

---

① 本节数据和问题均根据《国务院关于 2014 年度中央预算执行和其他财政收支的审计工作报告》汇总而成，2015 年 6 月 28 日。

申报先安排 39 所高校专项资金 44.76 亿元。人力资源社会保障部以公用经费 25 亿元抵顶人员经费，下达给相关部门。三是调整预算计划不规范。比如发展改革委将 274.79 亿元对地方补助上划为中央本级；调减 2 个投向 27.02 亿元，调增 3 个投向 65.71 亿元；在未公开标准或无规划的情况下分配专项 1.3 亿元。特别是向不符合条件的项目安排"煤矿安全改造"等专项 2010 万元，其中存在的腐败问题明显。对相同条件的项目给予明显不同的补助金额。如对同处西部的两个"残疾人康复和托养设施建设"项目，安排补助占项目总投资比重分别为 80%、18%，看似随意，实际上也留下了公务公关的口子。

（二）预算执行过程中的腐败隐患

从审计情况看，还存在财政管理方式不完全适应，部分财政资金被骗取挪用，影响财政资金的安全和高效使用。

（1）税费收缴执法不到位。主要表现为征管不严造成税收流失。2013—2014 年，仅 6 个省份的延压税款就达 158.64 亿元；10 个省份少征 37 家企业税款 3.18 亿元；还有 15 个省份的国税部门违规减免税 5 亿元。未及时足额收缴非税收入。至 2014 年年底，中央非税收入有 193.36 亿元未收缴入库，有 3 个省份少征国有股权出让价款等 27.27 亿元，·8 个省份收入过渡户中有 30.81 亿元未及时缴入国库。

（2）转移支付的改革和规范还不到位。财政转移支付中的"碎片化、部门化、司处化"现象仍然明显。比如，财政部 2014 年上报专项转移支付 133 个，执行中实际安排明细专项 362 个；抽查 343 个明细专项有 43 个部门参与分配，涉及 123 个司局、209 个处室。如"公共卫生服务补助"专项细分为 21 个明细专项，其中卫生计生委疾病预防控制局有 10 个处参与 13 个明细专项的分配。

（3）部分专项转移支付分配审核不够严格。主要问题是未经申报，就向相关单位下达经费，如财政部 2014 年未经评审下达 9 个项目"国家重点文物保护"专项 5714 万元；特别是因信息严重不对称，竟然发生向已因非法集资被调查的企业下达"中小企业发展"专项 190 万元。

（4）专项资金被骗（套）取的现象还比较普遍。主要表现是采取伪造、签订虚假合同、虚报人数、重复申报等方式，骗（套）取专项资金 12.6 亿元。其中，违规套取"产业振兴和技术改造"等中央投资专项的企业占抽查企业数的 81%，可以说是十分惊人。还有 8 个省份顶风挪用或出借资金等 29 亿多元，用于楼堂馆所建设、发放补贴或招商引资奖励等。其中包括住房和城乡建设部、外交学院等 40 个部门和单位转移、挪用或套取财政资金等 2.54 亿元，用于发放劳务费、职工福利等；国土资源部、中国海事服务中心等 36 个部门和单位违规发放津补贴或奖金、实物等共计 6466.41 万元；环境保护部、国家税务总局等 26 个部门和单位的 103 名干部，违规兼职取酬 473.18 万元。

（5）政府性债务管理漏洞较多。恰如上文的理论分析所指，在预算约束不强和政绩激励、晋升压力等因素作用下，债务膨胀是必然的，而债务的偿还责任却往往难以明确。此次审计发现的债务风险主要包括：债务国库库款余额大，如 2014 年 10 月 13 日至 12 月 17 日，财政部 19 次发行国债筹资共 4601.92 亿元。主权外债项目审批管理还不够严格。至 2014 年年底，尚有财政部垫款等 14.82 亿美元未能追偿。有些地方政府性债务偿债压力较大。重点抽查的 9 个省份本级、9 个省会城市本级和 9 个县，2014 年年底，政府负偿还责任债务余额比 2013 年 6 月底增加 46%，这与这些地区上年综合财力呈负增长的情况形成明显反差，债务偿还出现困难。

（三）预算监督过程中的腐败隐患

（1）"三公"经费管理使用中还存在违反财经纪律的问题。主要表现为：卫生计生委、故宫博物院等单位在因公出国（境）时擅自更改行程、虚报行程费用；海洋局、新华社等 26 个部门和单位超范围、超标准列支或由企事业单位等承担出国（境）费用 1105.33 万元。科技部、文化部等 33 个部门和单位在公务用车和公务接待方面存在问题明显，长期占用其他单位车辆，或以租赁方式变相配备公务用车 122 辆；贸促会、中国科学院等 21 个部门和单位挤占其他支出用于车辆购置、维护，以及违规发放交通补贴等。国家民委、司法部等 27 个部门和单位在京外、非定点饭店召开会议 134 个；环境保护部、工业和信息化部等 26 个部门和单位超标准支付、虚列支出或由其他单位承担会议费 346.05 万元。

（2）预算监督信息系统建设统筹规划不够。主要问题是：不按要求制定信息化发展总体规划、相当一部分信息系统未进行安全等级保护定级、部分信息资源共享程度不高，有的部门甚至违规收取经济信息查询使用费。

（3）财政专户清理不到位。一些地方财政存量资金清理涉嫌故意遗漏财政专户，其中，18 个份省本级财政专户存量资金至 2015 年 2 月底有 2145.69 亿元，其中 600 多亿元结存超过两年。重点抽查的 9 个省份本级的应清理专户，有 20% 以上还未清理。专户资金规模较大，相当于同期国库存款余额的 35%，有 4 个省份本级还虚列支出将国库资金 667.08 亿元转入其中。

多年积累起来的预算失规之弊已经从三个方面助长了腐败行为的滋生。

（1）大大助推了政府规模和职能的膨胀，增加了官员寻租的机会，使贿赂特别是商业贿赂之风蔓延。由于虚报预算、挪用预算的现象比较普遍，一些地方和部门滋长了贪功冒进的工作作风，往往将本来没有条件上马、需要多年完成的项目提前上马、一起上马、超标上马，这样主管官员就可以广设租金。我国当前的工程项目贿赂问题多由此生。亨廷顿在《变革社会中的政治秩序》中关于发展中国家在现代化进程中的腐化问题的讨论，也有类似的看法。

（2）预算编制的漏洞和预算执行的随意性为贪腐者开了方便之门。诸如不纳入预算管理、虚报预算、不细化预算、预算收入（含非税收入）不上缴之举，往往使人们难以弄清各部门每年的实际收支数，一些部门还存在长期挂账、延期不做决算、不按收支两条线管理等现象，造成"糊涂账"，令贪污者可以长期隐形、遁形，累积起越来越多的贪污大案、要案。最近三年，查处贪腐千万乃至亿元级的大案已不稀奇。这样的大案如果不利用预算的漏洞长期套取国库，而仅仅采取官商合谋攫取财政资金（大量表现为工程建设软预算约束）的方式，是难以形成的。

（3）挪用预算和自行调整预算用途等现象给一些公款送礼、买官要官和色情腐败分子以可乘之机。买官要官和色情腐败是我国近年来官员腐败的新形式，这两类腐败的资金来源大多与公款收支的漏洞有关。近三年我国查处的 27 位省部级以上的违纪官员中，有 25 位涉及色情腐败，他们包养情妇的开销主要有由单位小金库支出、开假发票用公款报销和向工程承包方索贿三个渠道。

三　腐败大案、要案在很大程度上都是预算违规案

从严治党、保持反腐败的高压态势是我党执政兴国的一贯方针，特别是查处贪腐大案要案的决心和力度有增无减。但与此同时，我国的反腐败形势却依然严峻，尤其是腐败大案要案的发生率和涉案金额有越来越高的趋势。据披露的资料显示，最近五年，单案涉案金额更是已从千万元级跨越到亿元级。剖析2001年以来公开的262起千万元以上的大案要案发生的原因和过程，绝大多数都是利用财政预算监管的漏洞，大肆窃取国家财富。

（1）财权集中的部门是贪腐大案的多发地。在262起贪腐大案中，直接发生在主管财政收入和有大额财政支出的部门112起，占42.7%，这些部门包括财政、税收、煤炭、国土房产等财政收入集中部门和交通、建设、铁路、科教等拥有大额财政支出的部门。如果加上50起主管上述部门的省长、副省长、副书记、副市长的犯案，财权集中部门发生的贪腐大案达到172起，占65.7%，接近2/3。这说明掌握重要财政收支支配权的部门拥有更多的腐败机会，也是行贿人集中腐蚀的对象。

（2）预算漏洞是滋生贪腐大案的"肥土沃壤"。何以权集中的部门容易腐败和被腐败？关键一点在于我国的"预算编制—审批—执行和监管"过程中存在诸多漏洞，比如预算编制不细化、预算审议时间仓促、预算变更比较随意、预算收支账户管理不严、预算监管相对滞后等，为这些腐败和被腐败的行为提供了便利条件。分析京沪高铁建设预算编制及执行情况和京沪高铁弊案的相关性，就可以清楚地看到上述漏洞对腐败大案的催化作用。京沪高铁2006年批准项目立项时的预算为1300亿元，到2008年开工时增加至1700亿元，2010年工程完工时实际发生的投资额高达2209亿元。最初的预算与实际发生的支出偏离如此之大，预算变更太随意，像是听令预算执行机构"脚踩西瓜皮，滑到哪里算哪里"。这其中增加的预算难道仅仅一句"原材料涨价"的话就能完全解释得了吗？自然不是。这里面其实就包含工程承包方为获取工程而开支的交易成本。国家审计署发布的京沪高速铁路建设项目2010年跟踪审计结果显示，共涉嫌各种违规金额超过55亿元。其中，转移挪用公款和建设资金1.87亿元；16家单位使用虚开、冒名或伪造的发票1297张入账，金额合计3.24亿元；50亿元工程招投标违规；0.56亿元工程款未施工先结算。① 7起发生在国土、房产、财政、自然基金委和村镇

---

① 王海亮：《京沪高铁1.8亿资金转挪，50亿招标违规》，《北京晨报》2011年3月24日。

的弊案，则集中反映出我国一些地方和部门在预算收支账户管理混乱的弊病。以至于国土部门的官员可以堂而皇之地将卖地收入、拆迁补偿费纳入自己私立的账户中①，财政局和自然基金委的小职员可以轻易私刻公章将财政专项支出转移、挪用。而杨秀珠和李华波两起贪腐逃逸案，说明我国财政收支监管的滞后问题十分严重。②

（3）官商合谋直接窃取国家财政资金和资产是贪腐大案的基本手段。在传统的"官倒型"腐败案件中，通常是商人向官员行贿，官员为商人提供牟利的便利，商人利用这一便利在社会渔利。而在上述贪腐大案中，直接利用国家财政资金和资产管理的漏洞窃取国家财政资金和资产成为主要手段。262 起案件中，涉案贪污的 113 起，涉案侵吞、私分、转移国有资金资产及巨额财产来源不明犯罪的有 114 起，涉案受贿的 228 起（含重合犯罪）。贪污、侵吞和转移国有资金资产无疑是直接从国库里拿钱。而 228 起涉案受贿的犯罪行为中，除 16 起公安、纪检、执法人员犯罪系强权收取保护费和分赃性质外，其余都涉及虚报、高报预算，工程承包商套取工程款后，再向审批工程的官员返利。比如，原铁道部长刘志军利用职权接受丁羽心请托，内定多家企业中标 8 个铁路建设项目。丁羽心等向中标企业收取项目标定额 2.5%—4% 的中介费，共计 8.22 亿元人民币。③ 刘志军等的受贿款最终都由工程款来支出，这也许是大型工程预算节节攀升的真正原因。再比如，原苏州市副市长姜人杰利用职务之便贪污、受贿 1.08 亿元，其中，以高于成本价十几倍乃至几十倍虚报建设、采购预算的方式收取供应商的回扣是其受贿的惯用伎俩。

原杭州市副市长许迈永在开发杭州西溪地块过程中所获的受贿，也是如法炮制。在 11 起涉案金额接近和超过亿元的特大案件中，有 9 起与国有资金资产监管不严有关。

---

① 辽宁检方指控罗亚平在担任抚顺市国土资源局顺城分局负责人期间，利用职务之便涉嫌贪污、受贿、挪用土地出让金和房屋拆迁费合计 1.45 亿元。《女局长贪贿 1.45 亿被指"级别最低数额最大"》，《检察日报》2010 年 8 月 22 日。

② 据中新网上饶 2 月 19 日电，江西省上饶市鄱阳县财政局一官员李某伙同他人，将财政局基建专户资金 9400 万元人民币转移侵占，案发前潜逃，并留书信告发自己，这近乎是对该县财政监管工作的一种嘲讽。

③ 陈勇、温淑萍：《刘志军案涉铁路中介费高达 8.22 亿元》，《经济观察报》2011 年 2 月 26 日。

第三节　从预算公开走向政府清廉的
国际经验

一　从预算公开走向政府清廉的学理逻辑

建设清廉政府是各国政治发展的一个永恒主题。但是，不同的国家在选择廉政建设的道路上存在很大的反差。历来反腐败的基本道路主要有两条："规制用人"和"规制用财"。相对来说，人们对前者的认知要甚于后者，多数国家对用人制度设计的严密性也甚于用财制度。不过，从国际比较的视野看，只有将用人制度建设和用财制度有机统一起来，才能取得稳定的反腐败成效。随着各国政府财政收支规模的扩张，"规制用财"在反腐败制度体系中将具有更加基础的地位，越来越成为世界反腐败制度建设的重心。

通过监督政府财政权来防控行政腐败的尝试，最早可以追溯到1215 年英国的《大宪章》，它规定为防止皇室的奢华过度，"征税和税收收入的使用须经众议会的批准"。不过当时的众议会批准只是形式。近代国家建立后，为保障政府的效率和清廉，主要通过两项基本的政治制度来规约公权力的行为：一是采取民选制选举和罢免公职人员，从外部监督公权力；二是通过代议制的形式在公权力内部形成权力制约权力的结构。但这两方面的制度安排最初都将监督的重心放在用人上，而没有形成集中统一和受严格监督的财政管理体制，存在"一手硬"和"一手软"的制度漏洞，在很大程度上放任了行政体系的低效和腐化的膨胀，使资产阶级民主运行伊始就面临合法性危机。早发型资本主义国家的贪腐之风在它们于 19 世纪末至 20 世纪初建成现代预算制度、转型为预算国家之前一直是比较猖獗的。这说明对权力的约束最终要落实到对财政权的约束上。

20 世纪初，美国纽约市政研究局的"ABC"小组首创了从预算公开的角度来研究预防腐败的路径，并取得了突出成就。他们举办了"预算展览"的形式，集中向市民展示了政府预算支出的理念、方向、规模和成效。这些展览"激发了公众起来反对政府中的浪费和腐败"，也"迫使公共官员清楚且有针对性地解释他们行为的理由"。① 由此开启的美国预算改革运动在一定意义上也被称为"通过对支出的有效控制来遏制腐败"的运动。②

但是，随后兴起的凯恩斯负债财政思想完全颠覆了古典节俭—平衡—受监督的预算原则。其基本的预算假设是"当总需求降到保持充分就业的最低水平以下时就产生的预算赤字。"因而，"失衡的预算是需要的"，具有正当性，人们也不必关心预算失衡的方向。在失衡预算思想主导下，西方世界陷入新一轮的政府膨胀和腐败盛行的深渊。20世纪70年代，布坎南和瓦格纳考察过资本主义国家预算原则的转向对政治民主和政府清廉的影响，认为凯恩斯的扩张预算思想破坏了西方刚刚建立未稳的现代"民主预算原则"的运行环境，"这一原则的摒弃改变了民主政治运行其内的体制限制，并出现了两种微妙相关的倾向：即扩大政府规模的倾向和通货膨胀的倾向"，使公共预算出现日益严重的失规，增加了官员"寻租"的机会，使贿赂之风公行。因此，凯恩斯主义主导的"赤字民主"应对资本主义国家特别是美国20世纪中叶前后40年间盛行的政府浪费和腐化现象承担"意识形态"责任。③ 布坎南和瓦格纳的推论得到了盖伊·彼得斯的验证。后者在比较分析22个经合组织成员国的税收环境中发现：缺乏有效控制和透明支出方向的政府预算是导致20世纪六七十年代这些国家爆发抗税大潮的基本原因。④

控制政府成本、创建低廉政府是马克思主义政权建设学说的重要内容。其核心思想早在马克思对巴黎公社防止社会公仆腐化的盛赞中就有过精辟的论述。⑤ 列宁也曾专门从监督政府分配的角度，指出，"在全国范围内对产品的生产和分配实行最精密的、最负责的计算和监督"是保证政权不腐朽的基本前提。我国自1994年实行的"分税制"改革

① "ABC"小组指威廉·艾伦、亨利·布鲁埃尔和弗雷德里克·克里夫兰。乔纳森·卡恩：《预算民主：美国的国家建设和公民权》（序言），叶娟丽译，上海人民出版社2008年版。

② 侯一麟：《逆周期财政政策与预算的多年度视角》，《公共行政评论》2008年第2期。

③ ［美］布坎南、瓦格纳：《赤字中的民主》，类晨曙译，北京经济学院出版社1988年版，第64页。

④ ［美］盖伊·彼得斯：《税收政治学》，郭为桂、黄宁莺译，凤凰出版集团2008年版，第219页。

⑤ 马克思：《法兰西内战》，载《马克思恩格斯选集》，人民出版社1972年版，第335页。

对预算收入结构进行了调整，而 1999 年以来推行的部门预算、国库收付制度和政府采购等改革措施又强化了预算支出结构和行为的规范，这标志着我国已开启了建立公共预算制度的步伐。相关研究表明：一方面，"预算改革使得中国的腐败治理开始进入一个通过制度建设来减少腐败动机与机会的新阶段"，"预算改革以来，预算内资金在使用过程中出现违规的比例开始大幅下降"，① 我国一些地方推行的"阳光财政"也对政府的廉政建设起到一定的促进作用；② 另一方面，我国的财政透明度总体水平偏低又在很大程度上制约了我国廉政建设的水平。据我国第一个财政透明度报告《2009 中国财政透明度报告——省级财政信息公开状况评估》的披露，我国财政透明度总体情况仅为 22%。③

需要特别指出的是，循着预算公开走向政府清廉的路径不仅在国内外学术研究中已渐成趋势，而且成为社会观察和评价政府清廉的重要维度。1995 年透明国际首次公布各国腐败感觉指数（CPI），1999 年又公布了首个各国行贿指数（BPI）。国际预算合作组织于 2002 年启动了各国预算透明度项目，并于 2006 年发布了首个预算公开性指数。虽然这两大指数的内容被指存在主观片面性，但它们的发布明确地提出了各国应该思考预算公开与政府清廉的相关性问题。

公共预算体制在一定意义上也是一种用公开、受监督的计划控制政府收支的体制。在这种体制下，政府预算及其约束机制建设具有特殊的意义：

（1）预算成为国家与社会的关系及其调整的一种基本形式，是关于国家与公民的权利和义务、关于国民赋税与政府职能的一种基本规范，而不是单纯的政府收支计划。在公共财政体制下，公民与国家的关系实质上转化成了政府与纳税人集体的关系。有纳税能力的公民都有向政府纳税的义务，而政府则必须按纳税人集体的意愿提供有效的公共服务。没有纳税人核准的预算不仅意味着政府不能支出，更意味着政府不

① Ma, J. and Ni, X., 2008, Toward a Clean Government: Does the Budget Reform Provide a Hope? *Crime*, *Law & Social Change*, 48（2）.

② 高培勇、马蔡琛：《打造反腐倡廉的制度基础》，载李秋芳、杨海蛟编《反腐败思考与对策》，中国方正出版社 2005 年版，第 65 页。

③ 蒋洪：《2009 中国财政透明度报告——省级财政信息公开状况评估》，上海财经大学出版社 2009 年版，第 22 页。

能行动，就此而言，公共财政体制是民主政治制度的一个基本构件。

（2）预算的功能是保证公民以最低的负担获得最有效的服务，是通过政府的汲取对社会资源进行重新配置，使社会大部分人处境变得更好，同时又不加重另一些人的负担，收到"帕累托改善"之功。因此，责任预算、节俭预算和非特殊情况下的平衡预算应成为公共预算的基本原则。

（3）预算的形式是关于政府收支的权限、度量、方向和过程的计划及法律规范的总和。为确保政府预算能真正体现其本质、实现其功能，预算资源的集中统一配置、预算收入的税式化、预算信息的明细化和预算监督的全程化是公共财政体制的基本要求。

从中不难发现，公共财政的根本精神在于通过财政收支来厘清国家与公民的权利与义务关系、确定政府活动的方向与边界。同时，也强调了作为代理人的政府并不直接创造财富，他们必须为自己收支的每一分钱提出令公民满意的理由。由此，我们可以这样来表述其内在的反腐败原理：政府的每一项职能活动都离不开收支，而政府又是非盈利的，其收支均来自向社会的提取，如果能将政府的每一项收支都纳入预算，同时，附上与之相对应的政府活动的理由和信息，那么，只要监控政府预算的编制和执行，就能监管政府行为和公权力的运用。简言之，就是通过规制取财用财来防治腐败。因为，任何形式的腐败都需要在政府公务过程中实现其谋私目的，规制用财不仅可以最大限度地监督政府过程，甚至可以使不符合预算目标的政府活动完全"歇业"。正是在这个意义上说，公共预算约束机制是防治腐败制度体系中的一个基本平台。

当然，要使这一制度平台发挥作用，还需要建立一些具体的机制破解下列难题，这些难题如果解决不好，预算约束机制的防腐反腐功能就会被消解。一是如何控制政府预算外收支？二是如何将政府收入尽可能税式化？三是如何确保政府预算的信息与政府活动信息相对应？四是如何减少预算监督的盲点？因为预算外收支的存在就表明有不受严格监督的政府取财和用财行为，也就有不受严格监督的公权力活动，这样，通过规制预算来规制政府行为，进而预防腐败的目的就不可能实现。而政府收入的税式化和预算内化，尽可能减少政府非税收入，降低预算外收入的比例，直至将其完全归并为预算内收入，则是进一步夯实公民监督政府收支行为及其职能活动的合法性基础的必要步骤。因为在税、费、国债和投资性收入等几种政府收入形式中，税收是最能体现政府应对社会承担义务、政府行为应受社会监督的一种。而如果政府在编制预算时所列职能活动事由是虚构的、笼统的，那么这些部门在动用预算时就可能偏离原目的去做别的事，只要虚开与预算编制时所列活动相关的支出票据就可以套取预算。如此，则监督政府预算也不能收到防控腐败的实效。我国台湾地区陈水扁当局的洗钱案就是此类腐败的典型。

综上所述，在"公共预算"理论框架里蕴涵着这样的学理逻辑："预算公开—公民参与政府预算—监督政府财政权—监督政府事权—减少官员'寻租'机会—抑制腐败"。由此可以推断：一个国家的预算公开性指数越高，有助于提升该国政府的清廉度，两者呈正相关关系。

二 84 个国家预算透明度与清廉度的比较分析

预算公开性指数是由国际预算合作组织进行的一项旨在反映世界各国预算公开情况的调查。调查主要通过一份详细的调查问卷获取数据，问卷的内容涉及两个方面：各国公开的预算性文件和预算实际活动。以 2008 年为例，问卷一共包括 123 个问题。其中有 91 个问题是关于预算信息公开及公开的预算文件所含的信息，特别是是否公开 8 大重要预算文件以及这些文件所含的信息量的大小，另外的 32 个问题是关于公民参与整个预算活动过程的机会以及重要监察机关监督行政官员的能力。由于预算公开的信息量所依据的资料是确定的，客观的和可衡量的，而公民参与预算的程度（制度机会空间和机会实现程度），只能通过测量法律文本中对相关程序的规定来测量，特别是机会实现程度的信息主观性较大，较难测量。因此，在最终的指数计算中只取 91 个问题的平均值，后 32 个问题的信息作为观察预算公开性的辅助性指标，使指数更为准确、客观，总体上能够反映被测量国家的预算公开情况。

透明国际的清廉指数是一个反映全球各国商人和风险分析人员对世界各国腐败状况的观察和感受综合性指数，是主观性质的。从字面意思上也可看出，CPI 显示的是一种对腐败的感知。由于通过收集各国政府反腐败的具体数据来衡量腐败的整体程度非常困难，比如起诉案件的多寡、审结案件的数量等，它们并不能反映一个国家腐败的真实程度，而可能是彰显了一个国家检察院和法院办案的水平和媒体揭发弊案的程度。所以，一种有效的比较不同国家清廉度的方法就是直接收集那些在一个国家里有直接同腐败打交道的人感觉经验。虽然清廉指数是一个主观性的指数，但是，以相关人员的主观感受来测量也不能说不是一种次优的方法。2008 年的清廉指数排行榜采用了全世界 11 个调查机构所发布的 13 个不同调查的数据。这些数据都是有效记录，并且衡量的是腐败的总体程度。

2008 年的预算公开性指数显示了对世界 85 个国家预算透明度的调查结果。而 2008 年清廉指数则显示了 180 个国家的调查结果。为了便于比较分析，本书只选取了两个调查结果共同涉及的 84 个国家的数据，限于篇幅，表 5－1 仅列出其中前后 10 名共 20 个国家的数据。

表 5－1　　　　　　　　2008 年 84 个国家预算公开性指数和
清廉指数前后 10 名对照（以预算公开性指数为降序）

序号	国家	预算公开性指数	清廉指数	序号	国家	预算公开性指数	清廉指数
1	英国	8.8	7.7	75	安哥拉	0.3	1.9
2	南非	8.7	4.9	76	塞内加尔	0.3	3.4
3	法国	8.7	6.9	77	利比里亚	0.2	2.4
4	新西兰	8.6	9.3	78	阿尔及利亚	0.1	3.2
5	美国	8.2	7.3	79	沙特阿拉伯	0.1	3.5
6	挪威	8	7.9	80	卢旺达	0	3.
7	瑞典	7.8	9.3	81	苏丹	0	1.6
8	巴西	7.4	3.5	82	刚果人民共和国	0	1.9
9	斯洛文尼亚	7.3	6.7	83	赤道几内亚	0	1.7
10	波兰	6.7	4.6	84	圣多美和普林西比	0	2.7

资料来源：Open Budget Index 2008 Rankings（ www. openbudgetindex. org）；Transparency International 2008 Corruption Perceptions Index（ www. transparency. org）。文中数据如未特别说明均源于此。为便于与清廉指数比较，此表将百分制的预算公开指数调整为十分制，下同。

（一）两大指数总体相关性检验

通过最常用的 SPSS 相关系数分析方法对 84 个国家的两大指数进行相关分析可以得到两大指数的总体相关性特征（见表 5－2）。

表 5 - 2   两大指数总体相关性特征

		预算公开性指数	清廉指数
预算公开性指数	Pearson 相关性	1	0.664 **
	显著性（双侧）		0.000
	样本	84	84
清廉指数	Pearson 相关性	0.664 **	1
	显著性（双侧）	0.000	
	样本	84	84

注：** 表示在 0.01 的水平（双侧）上显著相关。

从输出结果不难看出，样本中的预算公开性指数与清廉指数的简单相关系数为 0.664，且双侧显著性水平为 0.000。因此，当显著性水平为 0.01 时，都应拒绝相关系数检验的零假设，结果表明两者总体存在线性关系。表中相关系数旁边的两个星号（**）即表示显著性水平为 0.01 时可拒绝零假设，两个星号表明拒绝零假设犯错误的可能性更小。换言之，清廉指数将受预算公开性指数的正向影响，预算公开是影响清廉程度的核心因素之一，预算公开的程度可以部分解释一个国家的清廉度。

（二）两大指数相关性趋势变化特征

预算公开性指数高的国家其清廉指数有高有低，但总体来说比较高，而预算公开性指数低的国家其清廉指数往往也比较低。如果将两个指数放在同一坐标内，就可以清晰观察到两者相关性的这一变化规律。图 5 - 1 以预算公开性指数的降序排列为标准进行比较，图 5 - 2 以清廉指数的降序排列为标准进行比较。

如图 5 - 3 所示，在预算公开性指数均值线以上的国家有 45 个，其中，有 26（58%）个国家的清廉指数在清廉指数均值线之上，其余 19（42%）个国家的清廉指数未达到均值。这表明一国的预算公开性指数高于均值时，这个国家的清廉指数高于均值的可能性较大。即大部分预算公开性指数较高的国家其清廉指数也较高。

如图 5 - 4 所示，在预算公开性指数均值线以下的国家有 39 个，其中，仅有 4 个（10%）国家的清廉指数在清廉指数均值线之上，其余

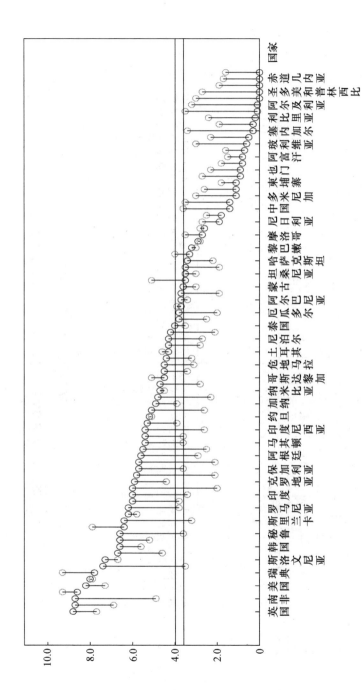

○ 预算公开性指数 ○ 清廉指数

图 5−1 以预算公开性指数为降序排列的两大指数相关性比较

注:图中因为横轴排不下所分析的国家名,所以,横轴所列出的国家不全。下同。

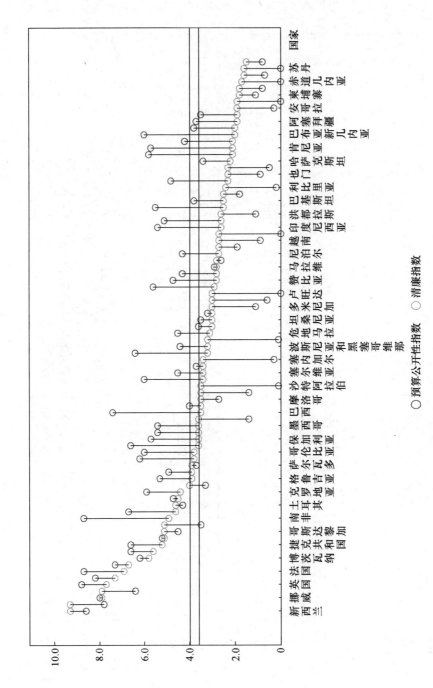

图 5 - 2　以清廉指数为降序排列的两大指数相关性比较

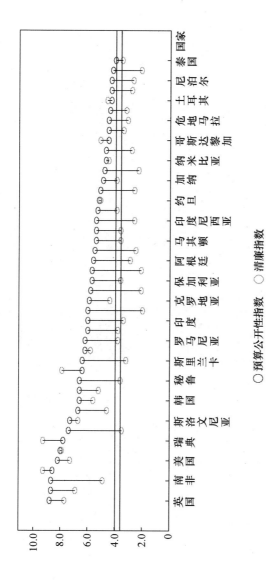

○ 预算公开性指数　○ 清廉指数

图 5 - 3　高于预算公开性指数均值的国家的清廉指数值

注：图中只列举了部分国家。

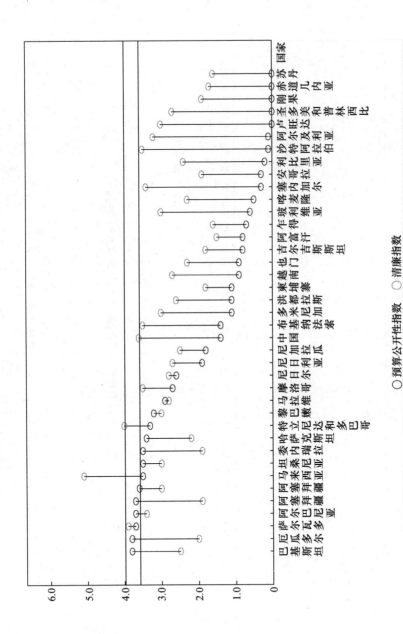

图 5－4　39 个低于预算公开性指数均值的国家的清廉指数值

35 个（90%）国家的清廉指数未达到均值。这表明一国的预算公开性指数低于均值时，这个国家的清廉指数低于均值的可能性非常大。也即绝大多数预算公开性指数较低的国家其清廉指数也较低。

如图 5-5 所示，在清廉指数均值线以上的国家有 30 个，其中，仅有 4 个（13%）国家的预算公开性指数在预算公开性指数均值线之下，其余的 26 个（87%）国家的预算公开性指数都在均值线之上。这表明一国的清廉指数高于均值时，这个国家的预算公开性指数高于其均值的可能性非常大。也即绝大多数清廉指数高的国家，其预算公开性指数也较高。

如图 5-6 所示，在清廉指数均值线以下的国家有 54 个，其中，有 19 个（35%）国家的预算公开性指数在该指数均值线之上，其余 35 个（65%）国家的预算公开性指数都在均值线之下。这表明一国的清廉指数低于均值时，这个国家的预算公开性指数高于均值的可能性比较小。也即大部分清廉指数低的国家，其预算公开性指数也不会很高，预算公开程度普遍较差。

综合以上四种情形，两大指数在均值意义上呈现的正相关性主要表现为：大部分预算公开性指数较高的国家其清廉指数也较高；绝大多数预算公开性指数较低的国家其清廉指数也较低。另外，绝大多数清廉指数高的国家，其预算公开性指数也比较高；大部分清廉指数低的国家，其预算公开性指数也较低。

（三）两个指数的虚假背离及其制度因素

必须指出，尽管两大指数总体上呈正相关关系，尤其是在均值线附近这一特征十分明显，但也有一定数量的国家两个指数的匹配程度差异较大，似乎两个指数也可以是背离的，预算公开指数对清廉指数不起支撑作用。但只要分析这些国家的政治制度特征，便不难发现它们都没有建设预算民主制度的基础和动力，也就是说，这种背离是在没有公共预算制度支撑的背景下出现的，是虚假背离。这恰恰说明预算公开制度在反腐败制度体系中的基础性地位。

从表 5-4 可得 84 个国家中两个指数的差值范围为 0.1—3.9，我们把两个指数差的绝对值在 3 以上的 11 个国家确定为两大指数背离的分析样板，这些国家包括南非、巴西、秘鲁、斯里兰卡、俄罗斯、肯尼亚、

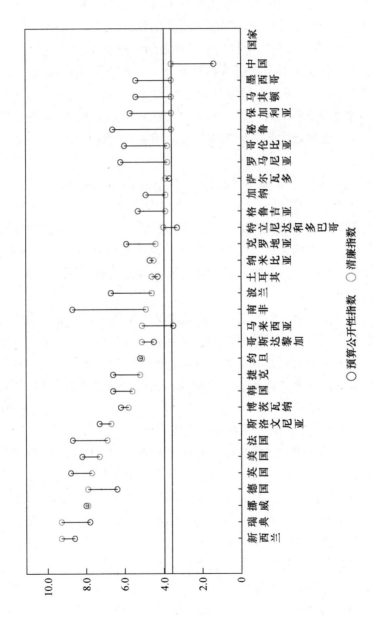

图 5 - 5   30 个高于清廉指数均值的国家的预算公开性指数值

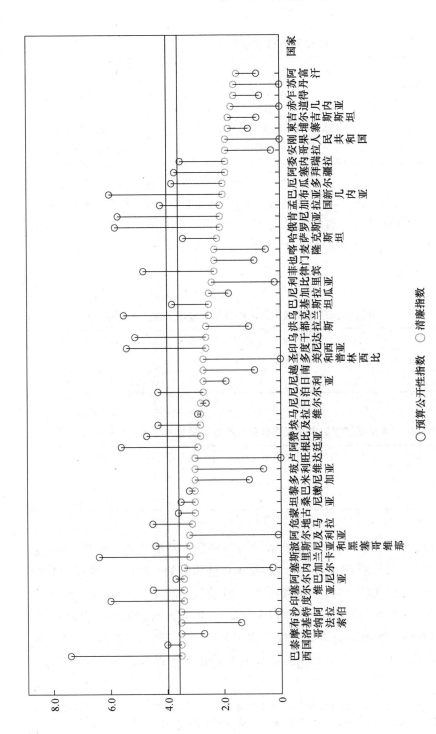

图 5 - 6　54 个低于清廉指数均值的国家的预算公开性指数值

表 5 - 4　　　　　　　11 个两大指数差值超过 3 的国家

（指数差的绝对值≥3）	A. 预算公开性 指数 > 清廉指数	B. 预算公开性指数 < 清廉指数
国家	南非、巴西、秘鲁、斯里兰卡、 俄罗斯、肯尼亚、乌克兰	塞内加尔、阿尔及利亚、 沙特阿拉伯、卢旺达

乌克兰、塞内加尔、阿尔及利亚、沙特阿拉伯、卢旺达。[①] 其中，前面 7 个国家为预算公开性指数大于清廉指数且差值超过 3（见表 5 - 5）；后面 4 个国家为清廉指数大于预算公开性指数且差值超过 3（见表 5 - 6）。

表 5 - 5　　　7 个预算公开性指数大于清廉指数且差值超过 3 的国家

国家	南非	巴西	秘鲁	斯里兰卡	俄罗斯	肯尼亚	乌克兰	均值
预算公开性指数	8.7	7.4	6.6	6.4	5.8	5.7	5.5	6.6
清廉指数	4.9	3.5	3.6	3.2	2.1	2.1	2.5	3.1

表 5 - 6　　　4 个清廉指数大于预算公开性指数且差值超过 3 的国家

国家	塞内加尔	阿尔及利亚	沙特阿拉伯	卢旺达	均值
预算公开性指数	0.3	0.1	0.1	0	0.12
清廉指数	3.4	3.2	3.5	3	3.28

　　表 5 - 5 中的 7 个国家的预算公开性指数的均值达到了 6.6，要远远高于 3.9（3.9 是 2008 年 84 个国家预算透明度的平均值），也即这些国家的预算公开程度均高于平均水平，但是其清廉指数的均值则为 3.1，低于 3.6（3.6 是本书分析的 2008 年 84 个国家廉政指数的平均值）。而表 5 - 6 中 4 个国家的清廉指数的均值为 3.28，与 3.6 的清廉指数均值相距不大，但是这 4 个国家的预算公开性指数却远远低于 3.9 的均值，

---

　　① 在分析两大指数的背离情形时之所以将差值 3 作为背离幅度的标准，是根据两大指数差值最极端的 15% 和背离样板占全部样板 15% 这两个原则确定的。这样，既可以保证对解释特殊性的程度要求，又可以保证有一定的分析样板数量，使解释具有说服力。

其值仅为 0.12。如果单从数字上看，它们都属于两大指数明显背离的情形，似乎说明预算公开不对清廉度起支撑作用或者清廉度的高低与预算公开没有关系。但真实情况并非如此，因为它们都是缺乏公共预算制度支撑下的虚假背离。

表 5-5 中的 7 个国家虽然都建立了现代民主制度，预算公开是现代民主政治制度的一种硬性安排，这些国家的预算公开性指数显得高些。但他们建立的民主制度又都存在一些先天不足：民主制度转型时间短、简单模仿成分高、受前军人政权的影响重、国内种族冲突多等。新建的民主政治制度的认同危机和国家的整合危机使这些国家缺乏建立公共预算制度的基础，公开的预算信息往往与政府行为信息形成"两张皮"现象，预算公开形式化严重，当然，就起不到约束政府事权的作用。另外，这些国家模仿来的民主制度与本国现实状况的磨合还未完成，与预算公开制度相配套的清廉机制也都不成熟，比如上述 7 国中只有南非在官员财产申报制度、离任审计制度的建设和实施方面相对完善。这就难免使预算公开指数"形式化""孤立化"或者"虚高"。

表 5-6 中的 4 个国家虽然清廉指数大幅高出其预算公开指数，但其清廉度仍然低于 84 个国家的清廉指数均值，也属于比较严重腐败的国家之列。4 个国家中，沙特阿拉伯是君主制王国，禁止政党活动，国王行使最高行政权和司法权，不设立真正的议会（协商会只是国家政治咨询机构），因此，预算公开没有制度上的要求和压力，预算公开指数低是正常的。另外 3 个国家，其财政的外援依赖度高，卢旺达和塞内加尔的外援占国民总收入比例大于 10%，阿尔及利亚的外援占国民总收入比例也近 5%。"依赖外援使得政府更为看重捐助者对政府的看法，而不重视公众的公信力，从而削弱了对公众的透明度。"[①] 而清廉指数恰恰是反映国外商人对该国腐败的感知度，预算公开性指数是国家对国内民众知情权的一种保障方式。因此，这些国家的清廉指数大幅高出其预算公开性指数现象是不足为奇的，也可以说它是政府扭曲性选择的结果。

可见，这两种虚假背离的情形不仅不是预算公开与政府清廉无关联

---

① 蒋洪：《2009 中国财政透明度报告——省级财政信息公开状况评估》，上海财经大学出版社 2009 年版，第 234 页。

的例证，反而清楚地说明基于公共预算制度的预算公开是确保政府清廉的基本制度设置。

（四）两个指数高位契合及其"公共预算"的制度基础

从表5-2中抽取预算公开性指数排名前10%的8个国家（南非、巴西的情况上面已作分析），观察其清廉指数的情况，就可以清楚地发现其清廉指数也排名在前10%（见表5-7），即这些国家的两大指数都在高位出现契合。如果说上面分析的两大指数扭曲性背离是从反面印证了它们之间的相关性，那么，两大指数在高位契合则是对它们存在相关性的正面印证。

表5-7　　　　预算公开性指数与清廉指数高位契合的国家

国家	预算公开性指数	清廉指数	预算公开性指数排名	清廉指数排名（本书分析样本内）
英国	8.8	7.7	1	3
法国	8.7	6.9	2	6
新西兰	8.6	9.3	3	1
美国	8.2	7.3	5	4
挪威	8	7.9	6	2
瑞典	7.8	9.3	7	1

何以这些国家的预算公开性指数会与其清廉指数在高位契合？关键的制度原因就在于它们都较早地完成了"公共预算"制度的建设，同时有完备的信息公开法律体系的保障。根据"公共预算"制度的安排，国家预算必须是完整、统一、集中和受监督的，预算不仅仅是政府的收支计划，更应该是政府的实际行动计划。而信息公开法要求政府必须对满足公民的知情权做出法律意义的承诺。在公共预算制度建设方面，法国自1789年开始将课税专属权划归国民议会，1807年设立国家审计署开始对财政支出进行监督，1831年国民议会开始决定财政拨款细节，率先完成了预算国家制度的基本建制。英国从1780年就开始建立制度用单一账户取代部门小金库，1787年通过《统一账户法》，1861年设立国库收支审核委员会，1866年通过《财政审计法》，完成了向预算国

家的转型。美国的预算制度改革稍晚一些，但至迟于 1921 年，随着《会计与预算法》的通过以及预算局、审计署等统一预算编制和监督机构的设立，也形成了较为完备的预算国家制度体系。在信息公开法律体系建设方面，美国于 1966 年制定了《信息自由法》，1974 年又制定了《隐私权法》，对《信息自由法》进行了补充，确立了"公开是原则、保密是例外"的政府信息公开准则。法国也早在 1978 年就出台了《自由获取行政文档法》。英国在 2000 年通过了《信息公开法》。公共预算制度和政府信息公开法律体系的完善，不仅促进了政府预算信息和过程的公开，而且有利于提高政府预算信息公开的真实性，保障这种公开能发挥预防行政腐败的功能。因为当预算案中的每一个项目都是透明的，政府运用财物的随意性将受到制约，企图通过虚列项目支出、随意增加项目拨款等方式谋求私利的行为就会遇到难以逾越的制度障碍。

三　从预算公开走向政府清廉：国际经验的启示

（一）"规范用财"和"规范用人"一样都是防控公权力腐败的基本路径，二者缺一不可

预算失规导致腐败的情形是一个世界性的现象。美国、英国、法国等发达国家都曾集中出现过类似原因导致的严重腐败。以美国为例，在 1895—1913 年间，就因预算监督缺位而衍生出大量的直接攫取公共财政资源的行为。那时，联邦政府、州政府和各级地方政府没有人知道政府一共收了多少税、花了多少钱，政府收支成了一笔糊涂账。其中，1909 年财政年度有 5000 万元拨款被浪费，占全年财政拨款总额 6.6 亿的 8%。[①] 这些国家为寻找防治此类腐败的基础性制度安排，都无一例外地从强化预算民主和预算信息公开入手，先后建立了预算国家制度。我国因预算漏洞而引发的腐败现象也不容小视。根据 2008 年国家审计署对中央 49 个部门 2007 年度的预算执行情况的审计，共发现 26 类预算失规现象，据不完全统计，上述各类涉嫌违规的资金高达 251.44 亿元。近年来，我国财政支出的规模快速扩张，由预算失规引发的腐败有进一步蔓延之势，因此，从"规范用财"的视角，建立完善的预算制度体系以预防腐败就显得更为迫切。

---

① 王绍光、马骏：《走向"预算国家"——财政转型与国家建设》，《公共行政评论》2008 年第 1 期。

（二）要真正发挥预算公开制度的防腐反腐功能，离不开健全的公共预算制度体系和信息公开法律体系的支撑

上述研究已经表明，完善的公共预算制度体系和信息公开法律体系是保障高预算公开度与高清廉度有效结合的关键。我国虽然从 1999 年开启了现代预算制度的改革，通过推行国库收付、部门预算、统一采购和预算审批等制度，我国预算管理权力的统一性和规范性有了很大的加强，但分散性、隐蔽性问题无论在预算编制、预算执行，还是在预算监督上，都依然存在，不纳入人大监督的预算资金规模还不小。特别是预算信息与政府实际行为信息不相符的情况还比较普遍，公共预算制度体系的建设还处于起步阶段。在预算信息公开的法制建设和执行方面，我国 1989 年颁布的《保密法》和 2008 年 5 月开始实行的《政府信息公开条例》虽然明确规定，财政预算、决算报告是重点公开的信息，但这些法规对我国预算编制和执行过程的约束力还有限，或者说执行得不够好。有关研究表明，我国目前财政透明度总体水平还较低。[①] 所以，健全预算制度和切实执行信息公开法，在更大程度上公开政府预算是我国反腐败制度建设的努力方向。

（三）公共预算制度框架下的预算公开不仅要求全面、详细、真实地公开预算信息，还要求公开与之对应的政府行为信息

上述分析表明，那些预算公开指数与清廉指数背离的国家，其公开的预算文件不够详细和真实，特别是预算文件中根本看不出政府行为的方向和支出细目，而预算公开性指数和清廉指数双高的国家，不仅公布了构成预算公开指数核心指标的全部文件，更重要的是附有政府行为支出细目，如《执行者预算提案》《公民预算》《预算前声明》《年内报告》《年中审查》《年终报告》《审计报告》等。公民可以在官网上便利地查阅上述文件，并提出质疑。我国目前所公开的预算文件主要有中央和地方预算执行情况与下一年中央和地方预算草案的报告、审计报告，数量少，内容也较简略，只有粗略的大项。一些政府和部门甚至还将"其他支出"作为一项大的支出科目，而与之相对应的政府行动计

---

① 2009 年我国的预算信息公开度得分仅为 22%，在全部 31 个省份（台湾、香港、澳门地区除外）中，仅有福建及格，财政透明度为 64%，有 20 个省份的财政透明度在 20% 以下。蒋洪：《2009 中国财政透明度报告——省级财政信息公开状况评估》（总报告），上海财经大学出版社 2009 年版，第 22 页。

划却寥寥数言，不仅人大代表、普通民众看不懂预算，连财政学专家也有类似的呐喊。监督主体很难通过预算信息了解政府运转的真实情况，这自然会削弱预算的监督功能。因此，提交人大审议和向公众公开的预算信息只要不涉及国家机密，就应该细化。

（四）预算公开制度要与其他规制用财的制度体系相匹配才能起到维护政府清廉的作用

那些预算公开性指数高而清廉指数低的国家已经用事实证明，仅仅有预算公开制度并不能对抑制腐败做出多大的贡献。这个制度体系至少应包括四个方面：

其一，统一的政府收支账户制度。如果政府收支分散在千千万万个账户，预算信息就难免支离破碎，即便政府想公开预算，也只能公开其中的一部分。预算公开所能起到的约束作用只能是局部的。

其二，统一的预算监督制度。要将权力机关的预算监督、财政系统自身的监督以及审计监督有机结合起来，充分发挥权力机关监督的权威性、审计监督的专业性和财政系统自身监督的经常性的优势，避免出现形式上"三管齐下"而实际上"三不管"的监督缺位现象。因为财政系统自身监督的动力不足，审计机关监督的权力有限，而权力机关的监督又缺乏专业水准。

其三，统一的预防预算违法的法律体系。要以《宪法》为龙头，以《预算法》《审计法》和《刑法》为支撑，在《宪法》中对国家预算的基本原则和精神加以规定，在《预算法》《审计法》中增加对预算违法的法律责任追究的条款，同时，在《刑法》中增设预算违法方面的罪种，强化对预算违法行为的法律约束力。

其四，要对公务员进行全面的财政诚信教育，建立财政诚信责任机制，这是预算公开性指数和清廉指数双高的国家的一条重要经验。比如，新西兰制定了《财政责任法案》，澳大利亚订立了《预算诚信章程》，英国颁布了《财政稳定守则》，美国推行了《联邦政府阳光法案》。这些法律或行政规章专门拘束虚报预算、挪用财政资金和捏造财政收支信息等行为，有利于确保政府公布的预算信息和财政收支行为的真实性、准确性和完整性。

第六章　完善腐败治理与官员监管的制度安排

前文的分析清楚地表明，行政潜规则行为的滋生从制度归因上讲，有一个很长的制度链，形成了孵化公务腐败的制度生态环境。其中，相机授权是体制基础，激励扭曲是体制动力，行政交换是体制空间，软预算约束是体制条件。由于授权的制度化约束不强，在最上游的权力分配过程中就留下寻租空间，加之行政过程信息不透明，受任期因素（动机、评价和资源调配）的影响，下级政府和企事业单位就有动力，也有能力和条件，通过内部交易的潜规则方式获取更多的发展资源和机会，也衍生出越来越多的公务腐败现象。因此，要从制度上铲除行政潜规则和公务腐败生长的土壤，就必须以完善授权机制为核心，改革政府激励机制、规范行政交换行为、硬化预算约束，使行政潜规则行为没有生长的制度基础、动力和条件。但是，模式对制度选择的约束具有更上位的观念意义。制度创新需要与模式优化同步推进。

第一节　我国反腐败模式及其优化的方向

一　我国的反腐败模式及其优势

（一）我国的反腐败模式

根据反腐败主导者不同，可以将反腐败模式区分为议会主导型反腐败模式、行政主导型反腐败模式和执政党主导型反腐败模式三种。当然，这种区分也不是绝对的。在许多国家通常是"两驾马车"或"三驾马车"共同推动国家的反腐败行动。

首先，在议会主导型反腐败国家，议会掌握着政治上的主导权，在权力体系中享有极高的地位，因此也在反腐败监督中成为最终的负责机关，直接实施反腐败的机构由它产生并向它负责。从世界范围来看，北欧五国中的四个国家采用这种模式，即挪威、瑞典、芬兰、丹麦；除此之外，还有英国、新西兰等国家。

其次，在行政主导型反腐败模式中，直接实施反腐败的主要机构由行政部门或行政首脑产生。在这种类型的国家中，行政部门或行政首脑往往在权力体系中占有很高的地位，享有较大的权力。在政体上多为总统制或半总统制。采用这种模式的国家则主要有法国、俄罗斯以及埃及等。

最后一种模式是以执政党为主导的模式，在这种模式下，执政党在整个政治权力结构中占据极其重要的地位。执政党内部有严格的反腐败制度，设立高规格的反腐败机构，反腐败行动由执政党发起、动员和组织，反腐败的主要对象也主要针对党员，并通过党员的垂范将廉政的理念和作风向社会推广。新加坡的反腐败模式也在很大程度上与此种模式相类似。新加坡自1959年取得自治后，人民行动党一直执政至今。李光耀毫不讳言地说："人民行动党就是政府，而政府就是新加坡。因此，人民行动党内的反腐败体制就是新加坡政府的反腐败体制。"①

我国现阶段的反腐败工作基本上是执政党——中国共产党主导的。正如，《中国的反腐败与廉政建设》白皮书指出："中国探索形成了党委统一领导、党政齐抓共管、纪委组织协调、部门各负其责依靠群众支持和参与的具有中国特色的反腐败领导体制和工作机制。"

从反腐败的方式看，大致要经历"运动反腐败模式—权力反腐败模式—制度反腐败模式—网络反腐败模式"的变迁。当然，这些模式通常也是结合一起运用的，只不过在不同的阶段，有主辅之分。从我国反腐败工作的发展历程看，通过运动的方式反腐败和依赖权力等级自上而下推进反腐败工作的模式运用得相对多一些，反腐败的法律、制度建设在稳步推进，各级政府和官员依靠制度预防腐败的自觉性还有待提高，网络监督的力量正在崛起，但是，还没有成为正式化和规范化的反腐败

① 李秋芳：《世界主要国家和地区反腐败体制机制研究》，中国方正出版社2007年版，第9页。

路径。

新中国成立以来，一直在推进反腐败模式与制度创新。从新中国成立之初《中华人民共和国惩治贪污条例》的颁行，到《关于实行党风廉政建设责任制的规定》《中国共产党党员领导干部廉洁从政若干准则》《关于领导干部报告个人有关事项的规定》《关于对党员领导干部进行诫勉谈话和函询的暂行办法》和《关于党员领导干部述职述廉的暂行规定》，特别是党的十八大以来，我党先后颁行"八项规定""六条禁令"，扎实推进"三严三实""四个全面"、反"四风"等活动，可以说，我国已初步形成系统的反腐败法规制度。我国的反腐败模式已经从执政党主导的运动式反腐败模式向执政党主导的制度化反腐败模式转型。毫无疑问，以执政党为主导、以"党管干部"为抓手的反腐败模式在过去的反腐败中起到了积极的作用，有其自身的优越性，其本身也有历史发展的内在逻辑。

（二）我国反腐败模式的优势

其一，以"党管干部"为抓手，有利于从腐败发生的源头环节——公职人员的选拔、任用入手遏制腐败，确保公权力掌握在德才兼备的干部手中，减少执政主体腐败的可能性。因此，我国现行的反腐败模式呈现出"规范用人"为核心的鲜明特征。在反腐败的制度设计中，我们对如何选人、用人、监督人的制度安排比较严密。据不完全统计，仅在党的十六大这五年间，党中央、国务院和中纪委及相关部门发布的重要文件就有《中国共产党纪律处分条例》等29个，全国省部级以上机关共制定相关规范性文件2000余件。① 近两年，我党根据腐败现象的新形势，先后颁布了《关于领导干部报告个人有关事项的规定》《关于对配偶子女均已移居国（境）外的国家工作人员加强管理的暂行规定》等重要规范，重点是加强依法依纪对党员和国家工作人员的管理。这些规定有效地遏制了我国一些地方存在的"跑官""卖官""买官""要官"和贿选等干部任用上的腐败之风。

其二，以执政党为主导的反腐败模式，有利于保障反腐败斗争的执

---

① 王爱琦、王寿林：《权力制约和监督专题研究》，中共中央党校出版社2007年版，第7—8页。

行力。这种反腐败模式较之议会主导型反腐败模式、行政主导型反腐败模式，反腐败的效率更高。一方面执政党作为官员选任、升迁的直接决定者，在对官员个人的相关问题查处时有着极大的便利条件；另一方面党员在整个干部中处于核心的地位，那些握有权力有腐败的机会的干部大多在纪检监察的监管范围内，可以有针对性地防控主要的潜在腐败对象。目前，我国已形成了党委统一领导、党的纪检机关组织协调的反腐败工作机制。根据我国反腐败的工作程序，发现腐败案件之后，一般先由纪检监察机关调查处理，已经达到犯罪程度的则随后移送检察机关进行侦查、起诉，最后由法院进行审判。[①] 由此可见，纪检监察机关的调查成为反腐败的第一道关口。从最近十多年纪检机关和检察机关查处的案件情况看，受党纪处分的干部人数基本上与检察机关的立案、结案数基本相当。这说明，纪检机关查案对检察机关的立案有重要的联动影响，只要党委和纪检机关动真格，查处干部队伍中的贪腐分子就不存在难以逾越的障碍。反腐败的深度和成效与执政党的决心和各级纪检机关的执行力息息相关。

其三，建立以执政党为主导的反腐败模式符合我国政治发展的逻辑。从我国自身的历史发展过程中看，在新中国成立初期，我党刚刚开始从革命党转换为执政党，作为党员的官员还依然保留着革命时候的优良传统，受当时社会环境与社会风气的影响，腐败发生的确具有个案性。鉴于当时社会背景下腐败较低的发生率以及腐败被发现的容易程度，很自然就形成以官员个人为监督对象的反腐败工作方式，而对建立将官员群体作为监督对象的制度性反腐败模式认识不充分。同时，这一模式也契合我党"党管干部"的原则。党管干部原则的核心就是"一切干部都是党的干部"，也就是说，在干部队伍中虽然有党员与非党员的划分，但党对非党的干部也同样具有管理权。基于这样的原则，建立以执政党为主导、以干部动员和监督干部为核心的规范用人式的反腐败模式，是顺理成章的。

二　我国反腐败模式尚需完善的方面

（一）"规范用人"与"规范用财"要有机结合

在我国当前确立的"领导干部廉洁自律、查办违法违纪案件、纠正

---

① 倪星：《腐败与反腐败的经济学研究》，中国社会科学出版社 2004 年版，第 33 页。

部门和行业不正之风"三项反腐败工作格局中，核心是围绕腐败的主体做文章。诚然，在腐败发生的三个要素中，腐败主体当然是最为关键的，从主体的角度出发遏制腐败是一种很重要的方式。但并不能因此而忽视从客体和桥梁的角度展开反腐败斗争。这里所说的腐败的客体和桥梁就是官员手中的财政支配权。我国的反腐败模式注重对用人的规制。在思想理论上，我们习惯于思考用人与"政举""政废"的关系，而对政府取财用财的制度思考不多。在干部选拔任用方面，出台的文件较为系统，可是，从规范用财方面来约束干部行为的制度建设不够，在实施中也难以全面公开落实。比如《关于党政机关县（处）级以上领导干部收入申报的规定》《关于对党和国家机关工作人员在国内交往中收受礼品实行登记制度的规定》等。

在传统的政府管理思维中，存在用人权决定行事权的定式，其实，与之并行甚至更为基础的逻辑是财权决定事权。公民一手选择他们中意的人来为他们服务，一手决定政府预算计划以控制政府的事权规模和方向，这是执政为民的双保险。品行、操守和党性修养对一个公职人员的行为约束十分重要，但这种约束力，在不同的人和环境下是不确定的，而财权对事权的约束是硬约束。如果决定公职人选后，不对其财政支配行为予以严格的约束，是难以保证其行为的为公、为民方向的。俗话说得好，"常在河边走，哪有不湿鞋？"当一个公职人员处在一种可以不规范地支配其手中的财权，而又很少受到有威胁的规约的环境中，这种不规范的行为就容易常态化。在反腐败的实践中，常常能见到本来各方面素质都不错的干部，担任某个财政支配空间大的职位后，很快就腐败的现象。一个文史研究室主任职务可能数十年都不会发生任职者因贪腐而下台，而一个交通局长岗位则可能接连数任都因巨贪而获刑。这并不说明两种任职者的初始性品格存在多大的差异，而是表明不受严格约束的财政支配力越大产生腐败的危险也就越大，它在一定程度上，印证了"规范用人"的反腐败手段需要得到"规范用财"的制度支撑才能收到稳定的反腐效果的道理。

在各个时期，党和国家颁布的禁止性党纪、党规都不少，何以那么多"不准"依然管不住官员的手脚？根本原因就在于各级政府手中有足够不受严格约束的财权[1]，使政府的权力边界难以确定，官员和一般民众都以为政府可以做这做那。因为有财政保证，各级政府和官员就有扩大事权的冲动和条件，比如增加项目、工程或加强对社会、市场的干预及管理等。而政府事权的扩大，至少会对政府与社会的关系产生以下三方面的影响：其一是增加社会对政府的依赖，其二是强化政府对社会、市场的控制，其三是增加官商结合的机会。不论哪种情况，都可以为官员提供"寻租"的空间，而民间也有"设租"的需求或压力。

从以上的分析中我们发现：仅从规范用人的维度遏制腐败有其内在的缺陷，不能很好地发挥作用。所以，一个更加有效的方式是将规范用人与规范用财两种模式结合起来，实现更高效的反腐败工作。

（二）强化权力监督与约束权力边界需要标本兼治

腐败是指政府官员利用权力谋取私利的行为。[2] 那么权力作为其中的核心要素理应在反腐举措中受到重点关注。因此，以往的研究或者实践把对权力的监督作为反腐败的主要方式，包括以权力制约权力、以责任制约权力、以监督制约权力以及以市场制约权力等。[3] 这些反腐败理念和举措无疑是必要的，但它们都是建立在明确化了的权力的基础上，且都是通过一个外生力量来限制权力的滥用。它们的一个基本前提是：权力本身的边界是合理和恰当的，也即在认可了既有权力的基础上而形成对权力运行过程的制约。并未考虑到权力本身不合理的状况。从理论上说，"有权力的人们使用权力一直到遇有界限的地方才休止"。[4] 但实际情况往往是一种超越政府应有职能的权力不断在强化。扩张是行政权力的天然倾向。政府实际行使的行政权容易超出其应当承担的公共责任，这在西方国家也是如此。[5] 因为与市场和社会相比，行政权力是具有垄断性的。显而易见，垄断性的权力往往会带来垄断性的利益。当政府权力超越其应有的界限之后，就为政府部门及其官员的腐败活动提供

---

① 例如，据《国务院关于 2014 年度中央预算执行和其他财政收支的审计工作报告》披露，重点抽查的 9 个省份本级、9 个省会城市本级和 9 个县，2014 年年底，政府负偿还责任债务余额比 2013 年 6 月底增加46%，这与这些地区上年综合财力呈负增长的情况形成明显反差，财权的逆向扩张趋势仍然严重。

② 吴丕：《中国反腐败——理论与现状研究》，黑龙江人民出版社 2003 年版，第 2 页。

③ 参见沈荣华《行政权力制约机制》，国家行政学院出版社 2006 年版，第 27 页。

④ 孟德斯鸠：《论法的精神》上册，张雁深译，上海译文出版社 1987 年版，第 154 页。

⑤ 姜明安：《行政法与行政诉讼法》，法律出版社 2006 年版，第 31 页。

了条件。所以，并不是只有不被监督的权力会导致腐败，腐败的产生还与政府实际拥有的权力超出其应当拥有的权力有关。监督权力的运行与约束政府事权的边界应当并举。正像巴亚德·鲁斯廷（Bayard Rustin）所说，权力本身会导致腐败。我们知道，政府权力的产生是基于人民的委托，其权力的边界取决于代理的事务。当一些事务能够由市场与社会自行解决时，政府并无必要创设管理这项事务的权力。那么，如何通过限制政府权力的边界来遏制腐败就成为问题的关键。而这一问题通过规制用人这条路径是难以解决的。我们需要这样一种机制：将政府的权力与公共事务捆绑起来、将政府的事权与财权捆绑起来，继而通过一种对财权的控制来控制政府的事权，确定政府权力的边界。如前所述，公共预算制度恰恰蕴含着这样的反腐败机理和机制，因此，我国要加快完善公共预算制度的步伐。

（三）党内反腐与国家反腐需要无缝对接

我国虽然已初步建立起中国共产党纪检机关、国家司法机关、政府监察机关和审计机关以及国家预防腐败局组成的党和国家联动反腐败的体系。但在现行反腐败模式下，党的纪检机关与国家反腐机构的协调机制仍存在不少问题。目前，我党专司党内纪律监督的各级纪委，与同级党委一样，由各级党的代表大会选举产生，从理论上讲，并非同级党委的职能部门。但党章又规定，纪委是在同级党委的领导下工作。党的纪委与党委组织、宣传部门及国家监察部门、公检法机关的隶属或协作关系尚不明晰。党的纪委统一协调党内外反腐败工作的权力和机制只是在新修改的党章中提及，并没有在国家相关法律中予以明确，党的纪委在办案过程中与组织部门以及相关国家机关的联系渠道不够顺畅。执纪机关与执法机关的衔接"长期处于打招呼的临时性状态，具有不确定性"。在案件查处中，有些纪检监察机关对既违反党政纪又违反法律法规的案件，只作纪律处理，不移交或不及时移交司法机关，致使个别违法犯罪分子逃脱法律制裁。在纪委和检察机关的反贪部门之间，通常出现多口批办、重复查处的现象，造成不必要的浪费。

党内监督是系统工程，如何将党内监督体系和制度与国家监督体系和法律有机地贯通起来，形成两个体系相辅相成的反腐败工作格局是我国完善反腐败模式的又一重点。

（四）"不敢腐败"的态势与"不能腐败"的制度要形成合力

腐败发生，一是有强烈的贪腐欲望驱动，二是有便利的贪腐条件支撑，因此，反腐败工作既要保持高压态势，令公职人员"不敢腐败"，也要完善制度建设，封堵腐败发生的条件，使公职人员"不能腐败"。

长期以来，我们习惯的反腐败手段有两大特点：一是根据腐败现象的新形式，不断推出"限制性"的行政规定。比如，吃喝风行时，颁布严禁公款吃喝的规定；公款旅游风行时，颁布严禁公款旅游的规定；官倒风行时，颁布严禁处级以上近亲属经商的规定；裸官现象越来越普遍时，颁布加强配偶子女已移居国（境）外的国家工作人员的规定。诸如此类，且不说这些规定的实际成效、合理性如何，至少这些规定的作用方式是值得推敲的，头痛医头、脚痛医脚式的治标痕迹明显。二是事后查处、惩治的多，事前预防工作做得不足、过程中的检查审计不动真格，即便有预防也主要是思想性、动员性的，制度性的预防措施不扎实。比如，被称为"纪委书记第一贪"的曾锦春案，在中纪委介入调查前，湖南省纪委曾调查过三次，结论都是没问题。这是我国传统反腐败模式的一大软肋：一方面我们努力建构令官员"不敢腐败"的反腐败高压态势；另一方面封杀官员腐败空间令其"不能腐败"的制度安排却尚存漏洞；补救式的惩治力度不小，预防式的监督检查却不实。而最好的预防性反腐败手段、令官员"不能腐败"的制度安排就是公共预算制度。通过透明、完整和受监督的政府预算，约束政府行使公权力的边界、方向、方式和度量，可以最大限度地抑制官员腐败的机会。

第二节　制度化授权

一　制度化授权的理论基础

"相对而言，贪官好抓，而把贪官手中的权力关进制度的笼子很难。这种难，不仅在于权力本身追求扩张与随意的特性，更在于权力的来源及其赋予的制度性程序其实已经决定了权力能否被关进笼中的结果。如果权力来源于权力，而非来源于权利，那么，所有的权力就会在笼子外面一起撒欢；同样，如果权力的赋予非根基于权利，那么，权利就无由制止权力与权力的密谋及其勾当。用权利制约权力，这就是权力的制度之笼。因此，所谓把权力关进制度的笼子里，就是建立使权利能够制约权力的制度，就是要在相应的制度中建立以权利赋予和剥夺权力、制约和限制权力的一整套程序。"①

毫无疑问，正是由于相机授权制度给行政相关方预留了通过潜规则行为争取更多权力的空间，使行政潜规则行为有生长的制度土壤。如何通过改变权力配置机制以化解这种困境？当下主流的理论解释和制度设计思想都受到基于信息不对称、有限理性假设的完全合约理论（委托—代理理论）和不完全合约理论的深刻影响。但这两种理论都是以企业治理为背景的假设，并不完全适合用于政府间授权问题的分析。

（一）信息不对称相关理论对授权困境的诊断及其局限

（1）完全合约理论。在该理论模式下，授权被解释为委托人的决策权与代理人的信息之间的一种交换，获得授权的代理人必须达到委托人明确规定的结果。其基本假设是在企业管理中，拥有决策权的人可能不拥有最优决策所需要的信息，而拥有相关信息的人又没有决策权，要使两者结合，要么决策权人努力掌握相关信息，要么将决策权授予相关信息拥有人，当决策权人不能掌握相关信息或获取信息的成本过高，授权就是达成可预知收益的最优选择。但是，要实现完全合约式的授权，委托人将面临两大困境：一是不利选择，即符合信息要求的代理人可能是多个，而且代理人之间可能会出现合谋，委托人很难做出最优选择（如病人选医生）；二是道德风险，即委托人难以判断代理人的工作状态和工作成效，当代理人与委托人的偏好不一致，或者存在代理人失约比守约可获得更大收益的机会时，代理人可能逃避责任，造成代理损失。为此，委托人需要延长授权链——再授权，亦即聘请监督者。②

完全合约理论是最早也是经典的授权理论，它初创了将授权纳入契约管理的模式，从信息不对称的视角揭示了授权困境的机会主义诱因，提出了由委托人—监督人—代理人构成的基本授权结构。但它将信息与决策权之间的紧密关系的假设过于刚性，按照该理论的解释逻辑，若委托方与代理方的信息是对称的，授权就不会出现困境。而事实上，信息

①《反腐 600 天：治标的热闹和治本的门道》，光明网，http://star.news.sohu.com/20140709/n401979259.shtml? pvid=6aa0c692c0b968f8，2014 年 7 月 9 日。

② T. 格雷姆、J. 巴拉：《官僚机构与民主——责任与绩效》，俞沂暄译，复旦大学出版社 2007 年版，第 59 页。

仅仅是实现最优决策的必要条件，而非充要条件，其中，一定有比信息不对称更为根本的因素。否则，如何解释在一个人员少、管理环境确定的处、科室，仍然是权力集中在处长、科长一人手中呢？

（2）不完全合约理论。它是由格罗斯曼和哈特、哈特和莫尔等共同创立的，因而这一理论又被称为 GHM（格罗斯曼—哈特—莫尔）理论或 GHM 模型。该理论对授权困境解释的逻辑是：其一，由于人们的有限理性及交易事项的不确定性，使管理者不得不授权，又由于同样的原因，授权不可避免地会面临风险，它的不确定性也是衍生机会主义的源头。其二，所有授权契约要明晰全部特殊权力的成本过高，即使在完全信息的条件下，也不可能签订一份能保证合约双方都能执行的完全合约。其三，当契约不完全时，将剩余控制权配置给投资决策相对重要的一方是有效率的。因为，在契约中，可预见、可实施的权力对资源配置并不重要，关键的应是那些契约中未提及的资产用法的控制权力，即剩余控制权。

可见，不完全契约理论将授权可能存在的困境以及如何实现最优授权的解释建立在自然状态不确定性（有限理性）的假设上。这对委托—代理理论将授权困境归因于双方的信息不对称的假设是个重要的深化，它提示人们任何授权面临的困境都具有自然的刚性，最佳的授权方式是渐进授权。正如哈特指出，一个完全的合约是不可能存在的，因为存在事后的讨价还价余地，这需要随时间的推移而不断修订或重新商定合约。① 但有限理性假设仍然没有突破信息不对称假设的逻辑，只是说明了信息不对称的主观原因。

应该说，从完全合约理论到不完全合约理论，分别对企业内部治理框架下由简单到复杂管理环境中授权的必要性、困境和优化机制做了递进式的解释，但这些解释有两个严重的缺陷。一是解释环境局限于产权硬约束下的委托—代理双方的有限博弈，或者说近乎"囚犯困境"式的博弈，而非在开放条件下的竞争性博弈。实际上，只有在企业内部治理结构中，权力的上下两端才不存在硬竞争关系。而在没有产权硬约束的其他组织（政府组织、社会组织乃至国有企业）的治理中，权力的

---

① ［美］哈特：《企业、合同与财务结构》，费方域译，上海三联书店1998年版，第27页。

上下两端的博弈尽管也难免陷入"囚犯困境"式的博弈结构，但这不是主要的博弈结构，更不是唯一的博弈结构。① 因而，上述理论面对政府授权的环境，其解释力是残缺的。二是解释的基础仅仅是信息不对称、有限理性等影响授权机制的自然属性因素，但是，除自然属性外，决定授权过程、方式和成效的还有社会属性。企业授权与政府授权的根本区别正是社会属性不同。制约政府授权的社会属性因素是民主诉求和地方利益的独立性，而影响企业授权的社会属性因素是效能诉求和产权归属。因此，企业授权主要是管理性的，授权后权力回收的渠道畅通。而政府间授权不仅要考虑管理效能，更要考虑民主过程和地方社会的需要，政府授权的上下级间都代表着可区分的区域利益，因而具有明显的竞争性和利益下放性，授权后权力回收的难度大、成本高。一句话，利益不对称才是造成政府授权困境的根本原因。因此，上述理论并未触及政府授权困境的本质。

（二）政府授权的真实困境假说——利益不对称

不可完全合约理论是近十年来授权理论的前沿话题。贝克、吉本和默菲、德瓦特里庞特和雷伊、哈特和霍尔姆特罗姆（Baker，Gibbon and Murphy，Dewatripont and Rey，Hart and Holmstrom）等将授权的可合约性、不完全合约性修正为不可合约但可转移。正如艾伦·施瓦茨指出："当一个契约争议的优化解决依赖于契约的一方或双方事后不可获得的信息，或决策方不可能证实的信息时，这个契约就注定是不可完全契约。"② 该理论认为，自然状态以及委托—代理双方的机会主义倾向是不可合同的，只是存在事后揭示它们的或然性信号，即事后可合同和不可合同两种情况。如果说自然状态的不确定是导致授权不可完全合约的自变量，则委托—代理双方的机会主义倾向就是其中的因变量。授权环境越复杂，特别是在开放的利益竞争环境下，授权过程容易出现机会主义选择，授权的不可完全合约性将更加突出。在事后也不可合同的条件

---

① ［美］埃莉诺·奥斯特罗姆：《公共事务的治理之道》（中文版译序），余逊达、陈旭东译，上海三联书店 2000 年版。

② ［美］艾伦·施瓦茨：《法律契约理论与不完全契约》，载科斯、哈特等《契约经济学》，经济科学出版社 1999 年版，第 103 页。

下，只能指定谁具有行动的选择权。① 政府间授权恰恰就受制于这样的环境。

正如最早从经济学角度对授权进行正式分析的霍尔姆特罗姆指出，企业授权主要指委托人为利用代理人或监督者的信息优化决策，而与该代理人或监督者签约，并将和其他代理人签约的权力授予该代理人或监督者，其目的主要是信息交换。而政治学意义上的授权是指"从中央政府向下级地区机构的权力转移，也意味着较高级别的权威把权力、利益和义务传递给较低级别的权威"②，其目的不仅仅是信息交换，更主要是利益交换。因此，本书基于利益不对称困境提出更具解释力的政府授权不可完全合约和不易回收的假设。

（1）不确定行政环境——政府授权不可完全合约。在大多数情况下，企业授权是可合约的，因为企业经营的环境受投资人安全逐利的本能约束，只有在少数风险投资领域，企业面临的自然状态是不可合约的，况且，企业是一个可以自主选择、自由退出的组织，当出现高风险、不确定的恶劣经营环境时，企业可以放弃或终止在该领域的投资逐利。相比之下，政府管理的内容不仅面广、线长，需要满足的社会需求层次多样，而且政府是社会利益和社会责任的最终代表，是不能自主退出的组织。通常，越是企业、社会组织和民众自我化解不了的风险，就越需要政府担当，所以，政府管理将时常面对不确定因素。尤其是政府授权夹杂着利益和社会责任的转移，在不确定的环境下，上下级政府间很难简单地将剩余利益控制权的分配和事后责任的划分写入一纸之约。这意味着政府授权在多数情况下是不可完全合约的。

（2）政府授权的利益附加值高——授权不易回收。企业授权基本上是作为一种管理手段，下级按上级的要求完成委托任务后，得到上级的利益激励，但下级获得的授权本身并不能自主牟利。在政府授权过程中，情况就大不一样。这与政府权力的属性和运行方式有关。任何一级地方政府不论其在整个体系中处于何种位置，都不仅仅是上级政府的代理人，更是其辖区利益的法定代表，是一级政权的代表，具有"分公

---

① 郑育家：《企业性质、政府行为与真实控制权安排》，上海交通大学出版社2010年版，第22页。

② 安德鲁·海伍德：《政治学核心概念》，吴勇译，天津人民出版社2008年版，第258、297页。

司"所不具有的独立性，必须获得地方社会的合法性支持。它所拥有的权力是"社会价值的权威性分配"，可以制定和执行具有提取、分配、管制和激励等多项功能的公共政策，它们足以影响公共资源的流向。因此，政府间授权必然带来处置社会价值的权威的转移和社会资源配置权的转移，下级政府通过上级授权所获得的公共政策制定权和执行权，自然就具有为地方谋利以及自我渔利的动力和可能。正是因为授权与利益下放存在紧密的一体关系，下级政府一旦得到授权就会尽一切可能将其留置在地方，使之难以回收。

政府授权的不可完全合约性给上下级政府的违规行权预埋了制度漏洞，而政府授权的高附加值又为上下级政府的违规行权提供了动力。因此，在政府授权过程中，上下级政府都存在违规的偏好，这使得政府授权的违规率（滥权）较高，处置起来也较为困难。更为重要的因素是，政府权力相对于企业权力拥有更多的外部机会，即授权双方都可能因为失约而获得比守约更大的利益，比如寻租、贱卖国有资产、恶意采购等。所以，政府授权不仅会导致利益的正常下放，还会衍生普遍的违规性既得利益。尤其是除特殊授权外，政府授权带来的利益下移，多数是普惠性的，不构成各下级政府间的直接竞争，下级政府间容易低成本合谋，抱团留置因授权衍生的各种利益，使上级政府即便在事后发现问题也难以收回权力。比如，中央对各地留置土地出让金的许可政策便是"覆水难收"。

综上所述，在造成政府授权困境的诸多因素中，利益不对称比信息不对称更为根本。作为权力上端的委托方往往以整体利益代表和驾驭者的身份将授权限制在管理意义上，他们指望通过不断增强获取地方治理信息的能力、降低获取地方治理信息的成本、监督下级放弃机会主义的方式完善授权；而作为权力下端的代理方则不断以民主诉求和地方利益的独立性及特殊性将授权视为分权①，将所获得的授权地方化，极力堵塞权力回归之路。这样政府授权就不可避免地演化为政府间的权力和利益竞争，上级政府及其部门将会更加惜权和集权，而下级政府和地方将更加难以得到实际性的授权，或者获得授权的成本会更高，为了增加地

---

① 分权与授权有根本区别。分权通常是在联邦体制至少也是在自治体制内采用的权力分割形式，而授权一般不涉及权力分割，只意味着一种有附加条件的转移。

方发展必要的资源和主动性，地方政府将不惜采取硬扩权的办法。

（三）制度化授权、利益对称是化解授权困境的制度基石

不论是从理论方法层面，还是现实制度层面，各级政府、企事业单位围绕政府授权的争夺无一例外地主要是为防止利益不对称，而不会止步于解决信息不对称问题。相机授权机制以信息不对称为制度运行的切入点，却掩盖了更令各方担忧的利益不对称问题。这恰恰是各方不遗余力地通过潜规则行为争取有利于自己的授权的体制根源。

从理论方法层面看，利益不对称分析着眼于解释授权行为的动力，而信息不对称分析着眼于解释授权行为的条件，前者分析的是行为的内因，后者分析的是行为的外因。根据唯物史观，外因只能通过内因起作用。在利益对称的背景下，双方存在解决授权困境中的信息不对称的基础，但反过来，在信息对称的背景下，双方也不可能解决既有权力配置造成的利益不对称问题。原因很简单，改变权力配置的目的是为追求新的利益交换，而不是信息交换。就政府授权困境而言，无论是上级惜权集权，还是下级违规行权扩权，都是从各级政府所承担的责任、所享有的利益做出的"理性"选择。但从更大、更综合的集体利益均衡考察，各方特立独行的理性都不可能带来真正的集体行动理性。正如集体行动理论的代表曼瑟尔·奥尔森所说："除非一群体中人数相当少，或者除非存在着强制或其他某种手段，促使个人为他们的共同利益行动，否则理性的、寻求自身利益的个人将不会为实现他们的共同的或群体的利益而采取行动"。[1] 上级集权不授正是立足于过多授权可能造成管理失控和权力地方化风险的理性考量，而下级违规行权扩权则立足于民主诉求和地方利益需要的理性考量，双方利益找不到对称点时，就不会达成双方恪守的权力配置合约。更何况其中还夹杂着官员自利的需要对权力配置的影响。当然，上下级政府间存在的沟通障碍、相互监督困难等信息不对称因素也会加深授权的困境，但它充其量是造成政府授权困境的一种"添加剂"。

从现实制度层面看，政府权力本质上就是分配社会价值的体系，其

---

① Olson, M., 1965, *The Logic of Collective Action: Public Goods and the Theory of Groups.* Cambridge, Mass.: Havard University Press, p. 2.

运行的正当性很大程度就取决于其对系统成员利益的满足程度。[①] 因此，集权、分权、授权和收权诸如此类的权力分配制度都是以优化利益分配为标的的。集权多一点，还是分权多一点，授权多一点，还是收权多一点，其动力和阻力均取决于上下级政府及其背后所代表的区域利益差异，而不取决于这一过程中的信息是否对称。下面以我国两种不同权力调整方向的授权改革为例，略作分析。我国 1994 年推行的分税制改革，虽然集集权、放权于一体，但主基调是以利益上收为核心的权力调整体制，分税制改革后，中央财政收入占全国财政收入比重从原来不到三七开的水平大幅提高到五五开。改革的阻力主要来自东部发达地区既得财税利益的存废，而其动力则是为了改变此前央地间明显不利于中央的事权和财权关系。没有人会把它解读成财税信息不对称的产物。恰恰相反，中央对地方截留、滥用财税资源的信息的准确估计，更坚定了中央实施分税制改革的决心。我国 1986 年和 1994 年实施的国家级贫困县扶持计划则是以利益下放为主基调的权力调整体制。根据制度安排，纳入国家级贫困县扶持的地区，除得到中央、国家机关的定点帮扶和东部发达省市的对口帮扶外，还可以得到特定税收的减免优惠、低息贷款以及数额不等的国家专项转移支付拨款和省、市的财政扶贫拨款。这一计划引发了中西部地区县域间的激烈竞争，国家两次分别划定 331 个和 592 个贫困县。虽然贫困县的名称并不好听，但进去的都不肯出来，没有被纳入计划的削尖脑袋都想挤进去，以至于即便进入标准提高了，贫困县还越扶越多，一些实际上已经脱贫的县至今还赖着这顶"帽子"，造成扶贫资金的严重浪费，扶贫式授权陷入进退两难的困境。面对此类情况，中央扶贫部门绝非用一句"地方弄虚作假造成信息不对称"的话，就可以搪塞过去的。地方不肯脱帽显然是受戴帽比摘帽更有利可图的理性驱使，而中央扶贫部门不动真格地下去摘帽，既可能受到既得利益者的阻挠，也可能受既得利益者的利诱。退一步说，即便有弄虚作假的信息不对称因素，下级不惜以造假的方式强行留置授权优惠与上级甘愿受捂假之嫌维持既有的扶贫授权格局，都与改变授权可能造成新的利益不对称密切相关。正如吴敬琏所言，在缺乏透明、规范的授权制度约

①　[美] 戴维·伊斯顿：《政治生活的系统分析》，王浦劬译，华夏出版社 1989 年版，第 26、297 页。

束的背景下，"一些从行政垄断和权力寻租中得益的部门和个人，为了维护其既得利益，蓄意阻挠改革进程，并有意误导公众……扩大自己的权力和腐败'寻租'的空间"。①

可见，不论以何种基调为主导的政府授权制度，如果要使之顺利、有效运行，均应以排除利益不对称为基础。上级集权时，要充分考虑下级政府的自主性和地方利益的合理要求；上级授权及调整权力分配时，要充分考虑与接受授权的其他利益相关方的利益主张。同理，下级在争取上级的授权时，也要以不谋求损害其他利益相关方的利益为底线；下级在行使上级授权和自主决策时，则必须以保证不牺牲全局利益为前提。换言之，避免因授权带来的利益不对称，是破除授权困境和授权漏洞的核心问题，解决这一问题的根本出路就在于将授权的内容、程序和资格条件制度化，即便是必须给某些地方给予特殊的优惠，那也必须摆在桌面上，实行公平、公开和规范的制度化授权。制度化授权并不必然要求授权内容在各下级单位间的对等性，而是要求实现授权的知情权和公平竞取授权的机会。相机授权体制则在授权内容和程序上都具有明显的信息不对称特征，从而使本来就难以完全合约和带有利益转移性质的行政授权陷入明争暗斗的困境中。

二　制度化授权及其形式

因授权机制的漏洞而引发的问题可以从央地关系的潜规则现象中找到根子，而"驻京办"现象就是央地关系出现潜规则运行的一个缩影。可是，我们在寻找治策时，却往往将两者分开，寄希望于将驻京办一撤了之。② 且不说，驻京办是否撤得了，在现在的体制下，即便驻京办撤了，地方还会以其他的方式来取悦中央相关部门。③ 因此，驻京办问题的根子不在于地方是否在京城设立什么机构，而在于现行的央地权力配

---

① 吴敬琏：《转型决非单项动作　关键在推进全面改革》，《北京日报》2011 年 7 月 11 日。

② 国务院办公厅于 2010 年 1 月 19 日印发《关于加强和规范各地政府驻北京办事机构管理的意见》，拟在未来的 6 个月内，将数千家地方职能部门及县级政府驻京办撤销完毕。

③ 据业内人士称：在北京现在就有很多人专门为各地跑部委提供方便，这些人就像"黄牛党"一样，不受任何制约。"联系处室的人、跑下来一个项目他们收费很高。"一些地方政府直接聘请这些人专跑资金，然后按 5% 或者 10% 进行提成。而这些人维护关系的办法就是依靠腐败。《一位驻京 20 年老办公室主任"撤办"前现身说法》，《南方日报》2010 年 1 月 28 日。

置体制——"相机授权"。它给央地双方都留下了太多的自由裁量空间。央地关系中的潜规则现象正是在这样的空间中繁衍、蔓延的。而根据国际反腐败工作的实践，"腐败程度取决于行政管理机构所拥有的自由裁量权。政府官员在决策时只有存在自由裁量的空间，就有可能腐败"。① 换言之，要根治这些现象，就必须推动央地间的权力配置体制从相机授权走向制度化授权。②

所谓制度化授权，是指有权机关为管理便利和获得更好管理效益，依据刚性约定的授权条件、内容和程序向下级政府或行政相对方区授权的体制。它以授权利益的对称性为基础兼顾授权信息的对称性，是一种更公平、透明和法制化的授权体制。与相机授权体制相比，它突出了两种含义：一是制度化集权，即对上级部门集权的约束，强调上级集权的确定性和规范性，或者说允许上级部门对核心权力实行透明化集中；二是制度化行权，即对下级政府分享权力的承诺，强调对下级行权的监督和规范，或者说确保下级政府对非核心权力的固定式分享。制度化授权区别于制度化分权的关键点在于它仍然认可中央作为国家全部公权力的初始性拥有者地位，地方公权力来源于中央授予，中央与地方在权力配置上的地位是不对等。因此，制度化授权既契合我国单一制的国情，又切中我国现行权力配置体制的弊病，有利于提高我国央地权力配置的透明度、可信度和拘束力，最大限度地规避权力运作过程中的机会主义倾向。制度化授权的核心目标是实现中央对国家核心权力的"透明化集中"和地方对国家非核心权力的"固定式分享"，只有这样，央地之间才能真正发挥好央地两个积极性。

当前，我国政府授权困境主要源于不公平授权导致的利益不对称。正是由于这种利益不对称性使得政府间授权在程序上难以完全合约，在实体上难以顺利回收。因此，要从根本上优化政府权力运行机制就必须将授权与利益转移结合起来设计，最大限度地从制度上排除因利益不对

---

① ［美］爱德华·L. 格莱泽、克劳迪娅·格尔丁主编：《腐败与改革：美国历史上的经验教训》，胡家勇、王兆斌译，商务印书馆2012年版，第7页。

② 学者从经济学角度主张"制度化分权"，比如财政联邦主义的观点比较流行。但从政治学角度讲这与单一制国家结构形式是不和谐的。在单一制国家，央地间权力配置的经典模式只能是纵向式的授权，即便我国实行的分税制严格说来也只是中央授权的一种，并非真正的分权，只不过它采取了更加刚性和稳定的形式，而这正是值得我们在其他权力的配置改革中推广的。

称而造成的授权困境，制定《行政授权法》，实行制度化授权。它既需要规范中央部门及上级政府的集权行为，又需要管制地方及下级政府的违规扩权和行权行为。

（一）采取法律保留的集权形式

法律保留的思想产生于 19 世纪初，最早提出该概念的是德国行政法学之父奥托·迈耶。法律保留通常有两种形式：一种是宪法上所规定的法律保留，另一种是宪法本身的保留。法律保留具有在特定范围内对行政自行作用的排除功能。因此，法律保留本质上决定着立法权与行政权的界限，从而也决定着行政自主性的大小。① 这一思想同样适用于处理政府间权力配置关系。采取法律保留的形式，改革目前那种分散的、一事一议式的合约型（实际上是不可完全、难以执行的合约）临时权力配置方式，更能体现公权力配置的确定性和严肃性，可以从程序上规避上级政府的随意集权行为和下级政府的随意扩权行为。另外，法律保留式集权对所有地位平等的下级政府来说是一种公平的集权，可以从实体上保证授权的公平性，规避不公平授权引发的利益不对称问题。因为宪法只有一部，且制定和修改的程序复杂，而授权合约则可能因时、因地和因人而异，变更的随意性大。在具体制度设计中，首先要采取宪法本身保留的方式，在《宪法》中旗帜鲜明地表明公权力代表的中央属性，将中央处分公权力的基本原则、内容和程序纳入根本大法的约定中。其次要根据宪法的精神，在《政府组织法》中增列权力保留条款，分别对中央相对于省、省相对于县（市）、县相对于乡（镇）的权力保留内容和方式进行规定，体现政府权力行使的分层性。

（二）以国家和地方核心权力为集权内容

要真正约束上级集权，就必须大大压缩上级集权的内容，要求中央部门及上级政府放弃全面集权的老路、走选择性集权的新路。② 因此，如何确定中央及上级政府集权的内容便成为建立制度化集权机制的关键。如果法律保留中央及上级政府集权的范围过大，势必压制下级行政的能动性，削弱下级政府作为一级政权相对独立存在的价值，同时也是对行政分层的特殊功能结构的否定；反之，如果保留范围过小，又将危

---

① ［美］奥托·迈耶：《德国行政法》，刘飞译，商务印书馆 2002 年版，第 72 页。
② 郑永年：《中国模式经验与困局》，浙江人民出版社 2010 年版，第 131 页。

及单一制的国家结构形式，削弱中央及上级政府对下级政府的调控能力。人们所熟知的权力分配模式，不论是联邦制还是单一制，都习惯采取列举有权或禁止下级政府行权范围的方式，确定上级政府的核心权力边界。但其理论依据和标准仍然争议不一。中国台湾学者许宗力立足利益的对称性和影响的广泛性、持久性提出的公共事务重要性五条标准，为我们划定上级政府保留核心权力的内容提供了颇具启发性的思路。这5条标准是：（1）受规范人范围的大小。通常，受规范人的范围越广表示该规定对公众的影响越大，对公共事务越具有重要意义。（2）影响作用的久暂。通常越具有长期影响作用的越具有公共事务重要性，如核电厂的兴建、养老金的给付等。（3）财政影响的大小。凡事务需动用国家庞大资金的，一般而言具有公共事务的重要性。（4）公共争议性的强弱。凡事务对于公共意见的形成过程中，已经或者可预期引发公众的争议的，通常即具有公共事务重要性，且争议越强的越重要。（5）现状变革幅度的大小。变革越大，引发的争议势必越大，越有公开详尽地讨论的必要，越有法律保留的必要。① 依此逻辑，只有那些如果由地方或下级政府自主支配将对辖区内长时间、大范围的公众利益造成不确定性影响的权力才应纳入中央及上级政府保留的范围。而不具备此类属性的权力都可作为非核心权力固定向地方及下级政府授权。这样，可以减少因权力过多地集中于上级而引发的整体与局部利益不对称现象。

（三）对再授权行为的规范

由于政府授权是不可完全合约的，根据新的形势调整权力的初始分配通常是完善政府内部治理的必要举措。权力调整主要有追加授权和收回授权两种形式，但两者都会造成新的利益不对称，令政府授权不能和已授权难以回收。为破除这种再授权困境，必须将权力调整纳入制度规范的轨道。其一，要依法调整。无论是上下级政府哪一方提出权力调整的要求，都要严格依照《宪法》《政府组织法》和《行政授权法》对各级行政机关向下级授权的基本原则、内容和方式的约定，规避权力调整中的私相授受行为。其二，要协商调整。虽然权力调整的决定权归属中央、归属上级政府，是单一制国家结构形式的应有之义，但由于权力调整会打破原有的利益分配格局，调整权力分配应严肃谨慎而行，要在同

---

① 许宗力：《法与国家权力》，（台北）月旦出版公司1994年版，第187—192页。

级政府内部经过最高议事程序形成决定，在外部，要与各下级利益相关方协商，尽可能在各利益相关方中达成权力调整的共识。其三，要公平调整。无论是追加授权还是收回授权，如非特殊需要或存在特别过错，尽量不对众多下级辖区中的某个地方单方面提出，避免"得者兼得"或"会哭的孩子有奶吃"的怪象，加剧利益不对称的冲突。

（四）管制地方及下级政府的硬扩权

如前所述，我国地方及下级政府硬扩权的主要手段是自行举债，其主要目的是特定政府为获取不受上级监督的自主支配利益，以及较其他地区发展的竞争优势和官员晋升优势。这种硬扩权的"孳息"具有地方或下级垄断的特征，且易滋生腐败，对政府正常授权秩序的威胁不言而喻。解铃还须系铃人，要管制地方及下级政府的硬扩权行为，就必须管住地方及下级政府的预算黑洞，硬化对地方恶意举债的约束。为此，需要转变现行的预算思维和改革现行的预算平衡模式。一方面，以公共财政理念为核心，加快从"政府预算"思维向"公共预算"思维转型、从常年赤字预算思维向常规状态下的节俭＋平衡预算思维转型、从"不完全预算"思维向"完全预算"思维转型，使预算从"政府需要的预算""高负债预算"和"不受严格监督的预算"转变为"社会和民众需要的预算""平衡预算"和"公开的预算"，才能最大限度地挤压地方及下级政府硬扩权的资源空间。另一方面，要积极探索基于政府任期的预算平衡模式、强化财政绩效评估。从地方政府举债硬扩权的动力中不难看出，硬扩权通常是一级政府的集体选择，因而真正支配各级地方政府财政支出的是一届政府的发展意图，这种支出不会在会计年度终结日结束，而必然会延期到政府任期届满。因此，按一届政府的任期跨度而不是按一个会计年度来实现财政预算平衡就是一种能有效约束地方政府举债硬扩权行为的财政机制。该机制对各级政府在任期内实现预算平衡做出刚性规定，预算审批、管理及监督部门要对该届政府进行卸任预算审计，厘清财政积欠，并将审计结果作为该届政府主要官员升职或留任的重要依据。此举不但可以限制地方政府不负责任的举债硬扩权行为，还将大大增加其"政治成本"。

三　制度化授权的保障机制

（一）法制化授权机制

在央地间的权力配置上，中央多一点，还是地方多一点，只是问题的枝节方面，更重要的是权力配置要有章可循。

首先，要在《宪法》层面对央地政府间的责权利进行原则性的区分，将中央处分公权力的基本原则、内容和程序纳入根本大法的约定中。比如，中央对改善国计民生负总责、掌握国家核心权力、谋求国家核心利益，而对国家核心利益影响不大的责权利可以打包式地稳定地授予地方，除非地方在履行上述权能时出现重大失误、失效乃至危及国家利益，一般不采取行政手段干涉。这样，既有利于确保中央对公权力有最终的控制权，又有利于限制中央向地方授权和收权的随意性。

其次，各部门、各行业的具体管理体制对其所履行的行政审批权、资源分配权的基本原则、内容和程序也应予以约定。诚然，我国像联邦制国家那样，在央地政府间订立《政府间关系法》并不现实，但必须看到我国的单一制体制是以社会的超大规模和极不平衡的区域发展为基础的，这与国际上其他单一制国家的情况也不一样。法制化授权的目的是确保授权的稳定性、可信性和对授受双方的约束，以便中央可以放心去盘算国家大事，地方也敢于大胆作长远规划，不至于选择机会主义的歧途。可是，当前央地政府间对权力配置的争论焦点还主要放在量多量少这一枝节问题上，殊不知，缺乏规范的授权，不论哪方多一点、少一点，都会产生负激励。

（二）透明化授权机制

央地关系中的一些潜规则现象之所以能长期大行其道，一个重要原因就是中央有权部门如何给地方批项目、定规划、转移支付、颁发行政许可、达标评优的具体操作规范是不透明的，而地方的财政预算信息也是不透明的，这样，中央某些部门或个人就有机会向地方提出额外的要求，而地方也有条件去满足这些要求，并且不被曝光。比如，我国省级财政信息透明度的平均水平仅为22%。① 而参与中央对地方转移支付分配的37个部门，没有一个部门对外明确公布过其审批转移支付的条件和标准。不论是源于利益不对称还是信息不对称的上级集权不授和下级违规行权、扩权行为，都与缺乏强有力的内外部监督有关。这里讲的内

---

① 蒋洪领导的课题组通过对我国31个省级财政透明信息的调查，发布了我国第一个财政透明度报告，报告披露我国财政透明度总体情况仅为22%，属于明显偏低水平，这也在很大程度上制约了我国廉政建设的水平。参见《2009中国财政透明度报告——省级财政信息公开状况评估》，上海财经大学出版社2009年版。

部监督是特指对某种授权有同样获取资格的其他同级政府，比如，当中央政府及其部门向某省授权（包括审批项目、规划）时，我国其他31个省、区、市应有知情权和监督权，以此类推，省县之间、县乡之间的授权均应如此监督。这里讲的外部监督是特指与某种授权有密切利益关系的本辖区社会和民众，比如，省政府给予某县扶贫优惠政策，该县民众就应该有充分的知情权和监督权，监督县政府是否合法合理地运用该优惠政策帮助当地民众脱贫致富，而不是违规行权中饱私囊。这两方面的监督都很有针对性，又因为利益攸关而有强劲的监督动力，是排除授权过程中可能出现利益不对称和信息不对称的有效路径。

因此，要加强对授权过程的监督、加快阳光政务工程建设，使行政潜规则无处隐身。在此，我们需要明确中央对地方授权的另一个重要原则：中央各部门可以根据不同地方发展的差距和特殊性给一些地方适当的照顾、实施某些优惠政策，但照顾也必须纳入公开透明的轨道。否则，某些部门及其官员私相授受国家资源，还有可能盗用"协调区域发展"的名义来埋单。另外，加强授权的监督也是防治央地关系出现潜规则现象的重要环节。我国的行政监督制度虽然建立起了完整的内部监督和外部监督体系，但有处置权、能掌握信息的内部监督体系因困于行政架构内，同样也面临潜规则的渗透和包围，在监督查处潜规则现象时，往往动不了真格；而处于局外的外部监督体系又没有正式的处置权或处置权虚化，加上信息不对称的阻隔，其监督的积极性难以调动起来。特别是对中央部委与各级地方政府间这种跨层级、跨部门的互动行为的监督尤其虚化。为此，我们需要建立以下三种机制：其一，探索建立由中央考纪部门与各竞争地方合作监督中央部委的项目审批、转移支付和行政许可的机制，通过引入了利益攸关者，可以大大提高监督的动力和真实性；其二，健全中央部门行政审批的信息披露制度，尤其是在审批具有竞争性资源、政策和规划时，应该将相关信息知会各竞争地方；其三，完善对地方获批项目的绩效评估机制，要严格按照地方申报项目时的各项结果承诺，在项目中期和结束时进行评估和计分，秉持奖优罚劣的原则，对实施项目情况好的地方累积加分，对项目实施绩效差的地方累积减分，并将绩效评估结果和累积积分作为新项目审批、行政许可的重要参考条件，以防有关部门只管把资金和项目分下去、地方则只管把项目和资金争取到手，双方在自身利益最大化的目标下完成

"交换式""寻租"。当地民众的监督侧重于揭发检举地方政府行权的外部性行为，并就当地政府因其违规行权、过错行权而被上级收回授权对地方社会造成的利益损失问责，增加当地政府违规行权的政治风险。

（三）公平化授权机制

地方不遗余力地争取更多的中央授权，除中央授权不够规范、不够透明为地方留下了潜规则运作的空间外，还在于激烈的地方竞争及其各级地方主政官员之间的晋升锦标赛使然。地方政府为地方利益和地方社会发展而竞争，地方官员为自己的政治前途而竞争，原本无可厚非。问题是，中央对地方及其官员间的竞争激励制度多数情况都可能导致零和结果，即一方所得为另一方所失。特别是中央的资源有限，能够创设的激励标的往往难以为地方所均沾，官员晋升的机会更是如此。而中央部门扶持地方的政策及其力度能否一碗水端平对地方及其官员能否在竞争中胜出又很关键。比如，中央赋予广东先行改革的政策，使广东迄今仍保有明显的先发优势，而同样具有先发条件的江浙，当时只能由民间自发地搞"地下改革"，起步整整晚了十年[①]，北方环渤海地区的整体改革推进又晚了十年。至于其他的行政许可，比如区域发展规划、重大项目落户、大额转移支付等也能对地方发展和官员"织造"政绩产生大的影响。因此，地方总是希望中央给自己更多的优惠和照顾，同时又害怕其他地方得到的更多。这样，如何保证中央公平授权？便成为授权机制设计中一个不容忽视的问题。这里至少有三个层面的问题需要考虑：其一，建立各类授权的基准资格条件。中央各部门应颁布自己手中掌管的行政审批、规划核准、转移支付、特殊补助、行业准入等地方极力争取的授权项目的合规资格条件，尽量用制度化标准来裁量地方申请，减少人为自由裁量的空间。其二，分类授权。可以根据授权项目的不同意图将其区分为扶持性授权、试验性授权和匹配性授权，分别采取不同的原则授予地方。比如，对于扶持性授权尽可能均沾配置，但配置总量不宜过大，以防地方进行逆向选择；对于机遇与风险并存的试验性授权，先授予抗风险能力强的地区，但试验后的推广只要符合条件就不要另外

[①] 邓小平在讲到当年的改革开放布局时就对晚开发浦东表示过遗憾之意，他说："浦东如果像深圳经济特区那样，早几年开发就好了。开发浦东，这个影响就大了，不只是浦东的问题，是关系上海发展的问题，是利用上海这个基地发展长江三角洲和长江流域的问题。"《邓小平文选》第三卷，人民出版社2004年版，第366页。

设限；匹配性授权是指某些授权项目只适合授予具有特殊区域禀赋、经济禀赋的地区，才能发挥授权的效能，对这类授权项目要限制地区间的非理性竞争。其三，授权布局合理，适度分散，要避免"得者兼得"或"会哭的孩子有奶吃"的怪象。

第三节　改善政府政绩评价管理

改善政府政绩激励的核心是改革任期考核相对单一的内容和方式，约束班子成员在任期内对资源支配的随意性，避免各级政府、企事业单位的任期性短期行为，从而减轻他们运用潜规则的方式开展不当竞争、硬发展和硬扩权的动力与压力。

一　从自我导向到行政导向：我国政府业绩考核机制的得失

任何一个时期的政府都肩负有特定的使命，也有其特定的完成使命、条件和环境，同时，也需要一个有效而符合时宜的政府业绩考核机制作为完成其使命的动员、鞭策和检验机制。没有那个特定的政府业绩考核机制能适应不同时期肩负不同任务的政府评价工作。我国对政府及公务员的考核机制大体上经历了从"自我导向考核"（软考核）到"行政导向考核"（硬考核）发展的历程。

所谓"自我导向考核"就是以组织及其公职人员的党性公德自觉性为支撑，以批评和自我批评为手段，激励组织和成员发挥工作的积极性、创造性，以完成计划工作任务的机制。激励的诱因是动员自我进步，考核表彰主要以荣誉和符号物为主。这一机制在我党长期的革命和改革开放前的国家自主建设时期沿用。它不明确规定考核内容的重点，也没有硬性的考核等级比例结构，而是突出模范事例、强调高度认可，考核等级宁缺毋滥。它追求的是一级组织和干部工作的自觉性和能动性，鼓励成员间相互评价、自我评价，强调组织内部合作互助，而成员间的竞争只是促进工作的手段。1978 年 2 月党中央提出的"比、学、赶、帮、超"思想是其精髓，而其机制雏形早在 1943 年 5 月 8 日颁发的《陕甘宁边区政务人员公约》①中就有体现。《公约》第四条规定政

---

① 　中国延安干部学院编：《中国的希望在延安——延安时期党的廉政建设》，第 47 页。

务人员受考核的工作内容与精神，强调"积极负责，发扬创造精神"，在该条的特别注释中指出政务人员要"不避难就易，不避重就轻。不要指定做才做，不指定就不做"，折射出政务人员接受业绩考核的内容以有益革命和建设为指向，具体做什么需要自己能动地发掘，只要做出成绩都会受到肯定的评价。第六条规定政务人员受考核的工作方式与原则，强调"互规互助，正人正己，贯彻三三制精神"，在该条的特别注释中指出政务人员要"发扬批评与自我批评，劝善规过，切磋琢磨，互相帮助"，透露出对政务人员的考核不求"独秀"而求"共进"，不仅要求自己做得好，还要帮助他人做得好。

这样的考核机制是符合时代使命和环境的。因为建立新的政权、制度和国民经济体系有很强的探索性和挑战性，因此，对公职人员给定任务的做法是不可取的，鼓励内部竞争的制度也不利于各级组织共同完成具有探索和挑战的任务，同时，当时的工作条件和物质待遇也不可能在很大程度上根据评价结果做出区分性安排，加之，公职人员整体的工作理想和动力维持在较高的水准上，这些因素都有利于维护以自我评价和互相帮助为基础的考核机制的效力。但是，当我国完成社会主义改造、初步建立起国民经济体系后，给定的任务就很明确，那就是加速经济发展、增强国家实力，同时，新生代的公职人员和老一辈的革命者、建设者在工作观念和动因上也出现了沟壑。基于这样的背景，政府业绩考核机制也需要相应的转变。遗憾的是，在后革命的相当长一段时期，我们并没有及时地给定发展经济的要务，也没有根据公职人员价值观念的变化，推进考核机制的变革，致使相对模糊、带有很强柔性的自主导向的业绩考核机制在自我评价呈现人人好、个个好的"天花板"效应面前损耗其效力直至名存实亡。到改革开放前夕，我国公共部门普遍出现了干与不干一个样、干多干少一个样的"庸、懒、散"工作氛围。

所谓"行政导向考核"就是依靠上级专门制定的考核制度确定考核内容及其重点，明确划分考核等级、比例结构和结果的使用，它假定等额人群有相似的工作表现级差，鼓动相关部门和人员被动竞争，评价的内容、方式和结果都很少有伸缩性。说它是行政导向的业绩评价，一方面是指评价的重点内容是以上级部门核定的中心任务及其数量指标为基准；另一方面是指评价过程和结果的认定是以纵向主管部门或人员为主导。2007年1月4日颁发的《公务员考核规定（试行）》，明确规定考核重点是工作实绩，明确规定考核优秀等级的比例不得超过 15%。由于我国在改革开放后确定以经济建设为中心的指导方针，在实际工作中，注重实绩的考核就难免简化为以 GDP 总量大小和 GDP 增速高低来论英雄。规定考核等级比例就是要加大政府间、成员间竞争的压力，客观上使得被考核对象不能仅仅关注整体效力，更加要考虑自己的位次，体现出"零和"博弈的特定，因为优秀或晋升数量是额定的，A 晋升了，B 就得原地踏步。

　　这种考核内容高度统一、评价权力高度集中、竞争压力高度紧张的业绩评价机制同样也适合我国改革开放后的时代使命和环境。因为，时代的使命很明确就是追赶，这就需要效率和动力，需要上下心无旁骛，一心一意谋发展。可以说，这种考核机制是我国改革开放后国家发展动员和激励制度的重要分支，其引擎作用毋庸置疑。事实也确乎如此，1978—2013 年，中国经济年均增长 9.8%，高于同期世界经济年平均 3% 左右的增长速度 6.8 个百分点，是世界平均发展速度的 3 倍多，走完了他国一百年的发展历程。但是，如果说改革开放之初，我国社会经济及政治发展的主要矛盾是由于绩效低下而积累了巨大的赶超压力，我们不得不取道绩效性合法性模式，立足"效率优先"的原则，集中制度和政策安排，配置主要的优质资源来落实"发展是硬道理"的话。那么，经过 30 多年的努力，虽然不能说效率问题、发展的动力问题已经完全解决了，但多年的"效率优先"和赶超战略的实施所积聚的"公平""环境"和"共同富裕"的压力显然已上升为社会冲突的主要方面。如果我们不适时对"公平""环境"和"共同富裕"等问题进行"补课"的话，在原有的业绩评价机制的鼓动下，我们将坠入"硬发展没道理"的深渊。反面的事实也同样确乎如此。行政导向的业绩评价机制在不少领域已出现极端化、简单化倾向，比如，为只求结果不讲方式、只要成功不管过程、只讲必要不顾可能的"一票否决"制泛滥成灾。以致在一些县乡基层政府每年要领受三四十项"一票否决"的考核任务。这迫使他们在关键时期为了完成任务不被"一票否决"而不得不弄虚作假、欺上瞒下。"布置工作时，一级吓一级。为了达到某项指标，一些地方不惜动用各种手段，乃至损害当地群众利益，如'谁影响了发展一阵子，我就影响他一辈子'之类；检查工作时，一级骗一级，一旦当初确定的某些数字指标难以实现，为了保住位子，一些单位领导便会在报表上做文章，搞数字游戏，瞒报责任事故，或者干脆向监督、考核者行贿"。① 更何况，相对单一的评价内容和具有明显行政属性的评价流程，不仅强化了政府和官员间的集体唯上"性格"，更将国家发展的动力引入行政推动的路径依赖之中，而社会经济建设的方向和成果分配的格局也很大程度为行政导向所左右，已经为社会所诟病。可以说，行政导向的业绩评价机制有效地改变了公共部门"庸、懒、散"的工作局面，但其发展到极端的程度，又造就了一批又一批的"浮、冒、贪"干部。党的十八大以来，我国各级政府在官员政绩评价中看重 GDP 的情结已逐渐淡化，或者说比重在下降。这在一定程度上，约束了各级政府班子成员在任期内推进"硬发展"的盲动性，有利于避免一些政府集体性的任期短期行为。然而，随着全国经济增速放缓的"新常态"的出现，在一些地方关于 GDP 考核的压力又出现反弹。② 为此，必须从"新常态"下政府使命及其履职环境的时代变化的高度，系统反思和改革我国政府业绩评价制度。

二 "新常态"下政府的履职使命与评价政府的社会诉求

经济学者姚洋（2005/2008）借用曼瑟·奥尔森的"泛利性利益"的概念，提出了"泛利性政府"的理论。其核心要义是："政府应更关心国家的长远利益，而非短期的政治收益；政府应有能力有效抵御来自利益集团的压力，以国家的整体利益为标准来制定政策。"③ 这一理论对更全面地评价政府政绩提供了符合国家及民众利益的价值框架。政府需要正确认识自己的时代使命，倾听社会民众对政府使命的诉求，而不是政府单方面确定这样的使命，并对其履职成效进行评价。

那么，当今的时代有什么根本特征？政府在其中应发挥怎样的核心作用呢？由美国太平洋基金管理公司总裁埃里安提出的"新常态"一词，可以很好地揭示当今时代社会的根本特征。意思是说，"世界也许再也无法回到全球金融和经济危机前稳定的'正常'状态"，他的这一表述也成为 2012 年第 40 届达沃斯世界经济论坛年会的主题。2014 年 5月，习近平总书记在河南考察时首次提出的中国要容忍经济增速放缓的

---

① 《监督论坛：一票否决不可过滥》，《甘肃日报》2005 年 1 月 13 日第 5 版。
② 定军：《一季度全国 30 省市 GDP 增速低于年度预期目标》，《21 世纪经济报道》2014年 4 月 30 日。
③ 姚洋：《作为制度创新过程的经济改革》，上海人民出版社 2008 年版，第 7 页。

"新常态"。其核心要义就是经济发展要从重速度向重质量转型、从重规模向重结构转型、从重总量向重民生改善转型。2014 年 12 月 5 日召开的中央政治局会议首次以会议报告的形式提出新常态的思维。习近平再次总结，新常态有三个主要特点，即速度——"从高速增长转为中高速增长"，结构——"经济结构不断优化升级"，动力——"从要素驱动、投资驱动转向创新驱动"。① 其实，从社会民众对经济增长的现实需求和政府自身对经济增长的追求思维转型角度讲，"新常态"的概括与西方发达国家四十年前对风险社会来临的预测有异曲同工之妙。换言之，"新常态"意味着社会面临的主要风险在转变。在传统社会人们主要面临工业化的技术风险，生产要素配置缺陷—贫困—生产主义构成的因果路径三点一线的推进图式，使解放生产力成为人类别无选择的政治需求。政府的使命就是生产增长、创造生活机会和摆脱物质贫困或剥夺。它支配着传统社会中政府理念、体系、制度、职能、行为方式和绩效评价的价值中轴。但是在风险社会形态下，社会演进的因果路径图式将会是另一番景象，即后物质主义—生活的个性化—社会冲突和生态破坏，社会风险主要不是供给短缺造成的，而是不合理的制度和生产生活方式人为造成的。因此，风险社会境遇下的政治主题和政府职能也将被赋予新的使命，那就是引导公民怎样选择好的生产生活方式、如何重建社会团结以及如何对生态问题。政府管制的理念和中心议题也逐步由生产主义支配下的有效供给向生活主义支配下的安全、优质和多元化供给转变。应该说，当时的预测已越来越符合今天的现实。

现在有越来越多的民众认识到，他们面临的风险不只是或主要不是贫困和财富的多寡，而是生产主义本身。"我们一心一意致力于增加财富，却没有因此变得快乐。两瓶啤酒让我们觉得很好，因此 10 瓶啤酒会让我们的快乐增加 4 倍。事实是如此吗？显然不是。"② 麦基本更是发出了"发展与幸福不成正比"的呐喊。根据他的研究："1946 年，美国是世界前四大经济强国中最快乐的国家；30 年后，它在前 11 个先进国家中排名第八；再过 10 年后，它在 23 个国家中排名第十，其中许多

---

① 《中央政治局首提新常态，提前定货币政策》，中国新闻网，2014 年 12 月 6 日。
② ［美］比尔·麦基本：《幸福经济：从"更多"到"更好"》，林丽冠译，海南出版社2010 年版，第 37 页。

国家是第三世界国家。认为自己婚姻幸福、对工作和生活环境满意的美国人比例持续下降。"这种现象并不仅限于美国，"跟随美国走向富裕的其他国家，例如，英国在1973—2001年国内生产总值增加了66%，但是人们对生活的满意度没有丝毫改变。日本在1958—1986年人均收入增加了5倍，但是，满意度没有增加。反而，许多地方酗酒、自杀和患抑郁症的比率却大幅增加"。① 概言之，在社会发展进程中必须明白社会真实需要的变化以及政府应该为满足社会需要的职责。用吉登斯的话说："如果理想政府的目标是推动人们追求幸福的话，那么政府就必须关心公民的精神状态，而且不只是公民的物质财富水平。"② 所有这些反思都将人们的视野引入对强化社会性管制的期待中。

"风险社会"形态虽然是特指20世纪六七十年代以后西方主要现代化国家的社会境遇，但按照当前线性式的现代化进程，北半球的大部分国家都会很快跨入其中。当前，我国许多地区就处于向这样的社会形态过渡的阶段。早在2013年，上海、北京、天津的人均GDP就超过1.3万美元，达到中上等富裕国家的水平，③ 而一些规格略低的发达城市，如广州、深圳、苏州、杭州等的人均值可能还更高。但与此同时，一些看似费解的现象也大量出现，人们的幸福感并未与经济增长同步提高。比如，产品丰富了但吃啥买啥都觉得不安全了、逃离"北上广"现象增多了④、在国内投资发展但选择在国外定居生活的人多了、城市漂亮了但水和空气等自然环境差了、物质丰富了但精神却浮躁了，诸如此类，其实，就有明显的风险社会的迹象。因为，这些地区的人们面临的风险已经不是或主要不是物资的匮乏和数量的短缺等确定性的需求，而是快乐、安全和健康的生活空间等不确定性的感受需求得不到满足。换言之，经过数十年的连续激励，我国经济社会发展中暴露出的一些问题表明：经济增长不是解决问题的唯一手段。根据相关调查，经济增长

---

① ［美］比尔·麦基本：《幸福经济：从"更多"到"更好"》，林丽冠译，海南出版社2010年版，第31、32页。

② ［英］安东尼·吉登斯：《超越左与右——激进政治的未来》，李惠斌、杨雪冬译，社会科学文献出版社2000年版，第196页。

③ 《28省份2013年GDP总量据估算已超全国两万亿》，《新京报》2014年1月21日。

④ "最新民调显示，'北上广'三大城市中，六成市民认为自己没有分享到当地的经济发展成果"。鸣义：《共享发展？"北上广"六成被调查者说"没有"》，《第一财经日报》2012年2月3日。

也不是民众最关心的政府职能。①

随着社会的进一步发展，经济增长对满足社会民众需求的贡献会降低，民众最迫切希望政府担负的职能将由关心经济问题转向关心社会问题。同时，政府也越来越难以主导，更不用说单独承担抗拒复杂风险的责任，政府与社会合作共同分担风险的机制将越来越成为各方的共识。这就意味着，政府工作的好坏将越来越不以经济增长为评价基准，下级政府工作的好坏也将越来越不以上级政府的评价为基准。因此，政府任期政绩评价需要从内容和方式上加以改善。提高社会管理绩效在政府政绩内涵中的比重，提高社会评价在政府政绩评价中的分量将是大势所趋。②

三　社会性管制职能：政府任期业绩评价的重要内容

所谓社会性管制是指政府以保障劳动者和消费者的安全、健康、卫生、环境保护、防止灾害为目的，运用公权力采取禁止、限制和保护等方式影响企业、社会组织和公民行为的一种政策工具，因而它也被称为 HSE（Health，Safety and Environmental Regulation）管制。众所周知，政府的基本职能包括政治统治职能和社会管理职能，其中社会管理职能是基础。根据国际著名管制经济学家植草益的观点，政府的社会管理职能主要包括医药卫生与健康的管制、取缔毒品等麻药的管制、防止劳动灾害、疾病的管制、保护消费者的管制、交通安全的管制、消防管制、环境保护的管制、产业公害防止的管制、防止公害的管制、防止自然灾害的管制、提高教育质量的管制、提高福利服务的管制、文物保护的管制等。③ 政府管制应该将公民生命安全、健康排在工作目标价值序列的最优先地位，应当将有限的资源首先用于加强以保障公民生命安全为目的的社会性管制。社会性管制是让民众得实惠的政府政绩诉求。

改革开放以来，在先富带动共同致富的政策引导下，特别是党的十六大明确提出大力发展中等收入阶层，我国民众的收入水平不断迈上新

---

① 据人民网2001—2011年在每年的两会前夕所作的民众最关心的两会话题调查，经济增长问题没有一次列入人民关注的视野，经常入选的是住房、腐败、社会保障、食品安全、环境保护等。

② 据统计，全国已经有70多个县市明确取消了GDP考核，开始实施以环境和民生为主的差异化考核。《什么样的人能当领导干部？》，《人民日报》（海外版）2014年9月11日。

③ ［日］植草益：《微观规制经济学》，朱绍文等译，中国发展出版社1992年版，第282—284页。

台阶，中等收入人群逐渐增多，尽管不同地区的社会结构差异还较大，但在一些地区这一阶层已逐步成为社会最重要的社会结构。比如，"至2011年，八成以上的浙江人告别农业，浙江社会结构变化最显著的莫过于中产阶层加快形成，私营企业投资者、个体工商户以及各类经营管理人员、专业技术人员等群体持续扩大"。① 2010年，北京中产阶层在社会阶层结构中所占比例已经超过40%，约540万人。② 随着社会结构的变化，大多数公众都会从数量性的追求转移到质量性和选择性追求上。而这些诉求并不是简单地增长和发展所能解决的。正如麦基本所说："根据一般而言，最多在达到人均收入一万美元时，金钱可以购买快乐。超过这个点之后，金钱与快乐的关联性就消失了。"③ 这一论点也许有偏激之嫌，但并非危言耸听。根据2005—2010年《小康》杂志社中国全面小康研究中心与清华大学媒介调查实验室在全国范围内展开的持续调查，"物价、医改、社保、食品安全、腐败、教改、房改、就业、收入分配改革和环保"是入选频次最多的中国民众最关注的十大焦点问题。④ 而民众最痛恨的问题入选频次最多的是腐败、制假、食品安全犯罪、黑恶势力和拐骗妇女儿童等问题。⑤ 在这两类问题中，确实没有多少与经济增长有关的因素，倒是实实在在的生活问题占了大头。

西方国家自20世纪70年代以来开展的以风险社会为背景、以生活政治为主题、以社会性管制为主线的政府管制创新，最重要的一个经验就是如何在经济增长减速，甚至滞胀的情况下，仍然保持社会的稳定、提高民众生活的幸福感。这对当今我国步入"新常态"境遇履行好政府使命具有很好的借鉴意义。我国社会经济已连续多年高速增长，无论是社会境遇，还是民众需求，都发生了很大的变化，相应地，政府管制职能也需要积极转变。特别是许多社会问题在经济高速增长的面前，可能会暂时"雪藏"，但经济减速是我国必须面临的考验。在经济增长之

---

① 王中亮：《〈浙江省社会发展十二五规划〉发布》，《都市快报》2012年2月2日第1版。

② 《2010年北京社会建设分析报告》，《京华时报》2010年7月18日第2版。

③ ［美］比尔·麦基本：《幸福经济：从"更多"到"更好"》，林丽冠译，海南出版社2010年版，第36页。

④ 《2010年民众最关注十大焦点问题》，《小康》2010年第11期。

⑤ 李恩树：《公安机关将重点打击老百姓最痛恨犯罪》，http://www.legaldaily.com.cn/locality/content/2012–01/06/content_ 3271091. htm? node = 32241。

外，有效地强化政府社会性管制，增加其在政府任期考核的权重，不仅是改善任期激励的有效路径，更是让基层民众得实惠的考核机制。因为，经济增长本身还不等同于社会福利，它需要经过市场之手和政府之手的转化，才能变成老百姓的福利，经济增长可能会有水分，也可以自己炮制，但社会福利是老百姓的真切感受，是没法编造的。换句话说，如果各级政府真正为改善当地的社会福利、食品安全、健康及疾病控制等社会事业展开竞争，做出让民众满意的业绩，那才真正是老百姓所希望的"真金白银"的业绩。

为了将社会性管制纳入政绩考核，首要的是转变政府工作的目标价值，确立以社会性管制优先的政府工作目标价值序列。我国各地区的社会境遇存在一定差异，这就决定各地、各级政府的工作目标价值会有不同，但我们同样必须正视安全、健康、好环境和自我实现无论对穷人还是富人、东部发达地区还是中西部欠发达地区都是短缺品，疾病传播、环境恶化、有毒食品也不会挑选人之贫富、地之贫富进行攻击。因此，不论何级、何地的政府都应该将公民生命安全、健康排在工作目标价值序列的最优先地位，在我们已经大范围步入小康社会阶段之时，更应如此。在这个问题上，近年来，我国的一些先发地区已经开始对重"GDP"的工作思维进行反思。比如，2011 年"在北京'两会'上，GDP 的风头被 PM2.5 的议题牢牢'压住'。过去的一年，为限制机动车这一 PM2.5 最大来源的数量，北京市付出了市场销售额下降近千亿人民币的代价"。在上海，"将'GDP'增速视为脸面的思路也受到批评，为保障居民住房，上海房地产业付出了比上年下降 2.4% 的代价"。在广东，"重点谈论让民众共享改革发展的成果"。[①] 但是，大部分地区仍然在走追赶"GDP"的老路，而没有将社会性管制、社会管理职能放在突出的位置。

四　强化社会评价：政府业绩考评的改革进路

在诸多绩效评价模式中，360 度绩效考核法以其考核内容和参与主体的全方位性受到私营部门推崇。其核心要义就是"与被考核者发生工作关系的多方主体那里获得被考核者的信息"。简言之，就是一级组

---

① 李洪鹏：《2011 年 GDP 成绩单：18 省份增幅放缓京沪浙靠后》，《法制晚报》2012 年 1 月 26 日第 3 版。

织、一名职员的绩效不是单向度地确定的。由于政府及公共部门的工作所具有的社会属性最为突出，因此，其绩效评价更加适合采用具有多维信源支撑的方式。只不过，在私营部门的 360 度绩效考核中，上级主管的评价权重可能比同事、客户和直接下属的评价权重大些，全员的绩效评价由老板终定，这是由资本的话语权决定的。而在政府及公共部门全方位绩效评价则理应由社会来主导，因为政府及公共部门的行政权力来自社会选择。关键是如何在实践中改革现有的评价机制落实社会对政府及公共部门的绩效评价权利。

首先，政府及公务员实绩的核心内容应由所在地区的民众确定或认可。改革"一切为了人民、为了人民的一切"，明白无误地告诉人们，政府工作没有自身的目的和利益。这就要求政府不能自己设定重心或十件大事之类的任务作为自己工作的重点考核指标。这些所谓的重心或大事需要通过一定的形式让民众背书认可才能成为其考核的实绩内容。由于处于不同发展水平地区的民众会有不同的核心诉求，因此，不同地区的政府就应该有不同的工作重心和被考核的核心内容，政府不能有千篇一律的政绩考核指标。在不发达地区，经济增长、充分就业可能仍然是政府工作的第一要务，而在另一些地区，交通畅快、环境改善则是政府工作的首选。但不论在何种地区，食品安全、健康保障、医疗卫生、空气和水质这些与民众生命最紧密相关的事业都应是政府工作业绩考核的重中之重。

其次，要充分保障社会民众在政府业绩考核中的评价权重。政府工作是否做到了位？哪个部门做得好？上级部门有权评价，但归根结底应由社会民众说了算。如果只有上级部门有权评价，那么考评对象完全可以变相应付。正所谓"上有政策，下有对策"。而如果主要由社会民众来评价，相关部门要糊弄天天见面的老百姓就不那么容易。最近发生在江苏省环保考评检查中的一个例子就很能说明问题。① 因此，政府业绩

---

① 江苏省一位副省长说："去年底，我去检查各地环保工作，发现一些地方的环保部门，不是花力气执法，而是远远地开个车子跟在后面，省长到一个地方，这些地方官员就给企业打电话，报告省长到哪了。过去去检查工厂违法排污，经常遇到开门放狗，现在不放狗了，但是检查组一到门口值班室，值班室就按个铃，进门后直奔污水处理口，到了那警铃还在响，副厂长已经跑来了赶快把污水处理口关掉了。"石小磊：《南京人均年吸尾气 90 公斤》，《扬子晚报》2012 年 2 月 12 日第 6 版。

考核的评价权重在社会民众、上级部门、同级部门和直接服务对象之间应如何合理划分？是个需要好好研究的问题。我们认为，有两种解决方案值得探索。一是划分不同权重的考核要素，由上述参与主体各自负责主评不同的业绩要素，比如社会民众主要对考评对象的工作总体满意度进行评价，上级部门主要对考评对象的执法执政（政策、政令）执纪情况进行评价，同级部门主要对考评对象的协同合作情况进行评价，而直接服务对象则对考评对象的服务态度和效果进行评价。在此基础上再根据各自的权重分和考评分加总形成"四考合一"的考评体系。① 二是将主要负责人和工作人员进行区分评价（类似政务官与常任官分类评价），由主要负责人代表一级政府或部门总体对社会民众负责和上级政府或部门负责，采取以社会民众评价为主、上级评价为辅的模式考评，而其他工作人员则主要接受直线管理部门的考评，辅之以直接服务对象的考评。这样既保障了政府业绩考评的民主性合法性，又提高了政府业绩考评的科学性有效性。

再次，要创建社会民众评议政府的平台，做强做实公众评议。公众参与的广泛性和真实性是实施社会导向的政绩效评估模式改革的"生命线"，要保障其活力，就必须做到：（1）充分利用先进的电子政务流程，广泛吸收民众参与到党政绩效评估中来，培育一批独立的绩效评估机构，聘请政府绩效监督员，使社会评价建立在专业评估、独立评估和科学评估的基础上，而不流于形式。（2）按行业分类抽样入户（企业）调查方式随机选取足够数量的社会评价员，作为市民代表层面参与社会评价，确保社会评价的信源具有必要的散布性和代表性。② （3）探索网上评议，依托新媒体的各种信源采集平台，采取一号一评的方式，对各考评部门特别是窗口服务单位的公众满意度进行评价。（4）设立社会评价专线电话。社会评价期间，考评办向社会公开社会评价专线电话，并在杭州考评网开设了专用电子信箱，接受社会各界投诉、咨询，发现问题，及时查处。

---

① 参见王丽娟《余杭"四考合一"改进干部评价体系》，《杭州日报》2014年7月23日第1版。

② 比如江西省尝试由第三方机构对老百姓随机抽样调查，一年调查近5万人连续两年不及格，对党政主要领导起到组织调整，对遏制腐败起到很好的效果。郭芳：《江西廉政考核初试社会评价机制》，《中国经济周刊》2014年3月18日第3版。

最后，以社会民众评估促行政问责、落实政府的社会性管制责任。为使民众评估不流于形式，真正发挥其对政府职能部门的引导、约束和鞭策作用。政府要以立法的形式确立社会导向绩效评估的地位，保证绩效评估成为公共部门公共管理的基本环节，以促进公共部门努力提高绩效；从法律上确立绩效评估的权威性，确立绩效评估机构的独立地位，独立对政府机构进行绩效评估，并向政府和公众宣布评估的结果；确立绩效评估工作的制度和规范，对绩效评估全过程做出详细规定，使绩效评估工作有法可依，有章可循；规范绩效评估程序。在推进政府绩效评估过程中，要求每个参评机构对照目标管理的各项指标进行自我评估，为防止自我评估中的弄虚作假行为，各单位的自我评估材料要在政府考评网上公布公示，接受民众的监督（包括答疑、举报、批评），公示过后，才开始进行社会评价和领导评估，以保障绩效评估结果有比较高的公信度。评估结束后，要将评估结果悉数公布、不流情面，要做到民众可以在网上查阅各单位的各项考核分数和排名情况。要成立专门的考核督办机构对绩效差、长期落后的单位负责人实行问责制，根据不同的考评情况，给予评估当年不得晋升职务和工资，如属连续出现这种情况，党政一把手要受到撤职处分。

第四节　规范政企、政事交换关系

政企交换是所有行政交换关系中最普遍、最复杂、最不容易规范，也是最容易出现潜规则交换的一种。不少看似下级政府向上级政府公关的交换行为，实质上是就有为相关企业请托的因素，或者说最受惠的是企业，尽管其中也能增进政府自身的政绩。以前文提及的湛江市政府为湛江钢铁项目向国家发改委苦尽甘来式的公关活动为例，其背后就有宝钢和韶钢两家企业的极力推动。因此，规范政企交换是规范行政交换的关键，也是抑制行政潜规则交换行为和预防公务腐败的关键。

一　规范政企、政事交换的理论基础

规范企业与政府关系行为从理论上讲首先需要厘清企业与政府的属性，政府的属性不多讲。社会及企业本身对企业属性的认识的确有含糊不清的问题。单一从经营理性的角度将企业定位为一个营利组织的看法

比较流行，而恰恰是这样的理解使企业容易出现角色缺位，使企业行为缺乏盈利目标之外的约束。企业在决策、经营和处理与利益相关方的关系中较为普遍地采取各种潜规则手段规避社会责任，突破平等公平的竞争环境和法规制度。

20世纪50年代以来，在西方兴起的企业公民理论和利益相关者理论就是从多维责任约束企业行为，从多重角色规定企业属性的理论。比如，波士顿学院企业公民研究中心将"企业公民"界定为社会文化范畴，是指一个公司将社会基本价值与日常经营实践、运作和策略相整合的行为方式。一个企业公民认为公司的成功与社会的健康和福利密切相关，因此，它会全面考虑公司对所有利益相关人的影响，包括雇员、客户、社区、供应商和自然环境。世界经济论坛认为，企业公民包括四个方面：一是好的公司治理和道德价值，主要包括遵守法律、现存规则以及国际标准、防范腐败贿赂、道德行为准则问题以及商业原则问题。二是对人的责任，主要包括员工安全计划、就业机会均等、反对歧视、薪酬公平等。三是对环境的责任，主要包括维护环境质量、使用清洁能源、共同应对气候变化和保护生物多样性等。四是对社会发展的广义贡献，比如传播国际标准、向贫困社区提供要素产品和服务，如水、能源、医药、教育和信息技术等。英国的"企业公民会社"认为企业公民的含义包括下列四点：企业是社会的一个主要部分；企业是国家的公民之一；企业有权利，也有责任；企业有责任为社会的一般发展做出贡献。

1953年，美国学者霍华德·R. 鲍恩（Howard R. Bowen）出版的《企业家的社会责任》一书，宣告了现代企业社会责任观念的开始，并由此开始了一场关于企业社会责任的大辩论。他在书中论证说，如果企业在决策中认清了更广泛的社会目标，那么，其商业行为就会为广大社会带来更多的社会和经济效益。为此，他对企业社会责任的概念作了个归纳：企业社会责任是指企业按照我们社会的目标和价值观的要求，向有关政府靠拢，做出相应的决策，采取理想的具体行动的义务。①

美国佐治亚大学的卡罗尔（Archie B. Carroll，1991/2004）和加拿

---

① 乔治·斯蒂娜、约翰·斯蒂娜：《企业、政府与社会》，张志强、王春香译，华夏出版社2002年版，第132页。

大多伦多大学的克拉克森（Max B. E. Clarkson）进一步对企业的社会责任作了一个较为清晰的阐述，认为企业社会责任乃社会寄希望于企业履行之义务；社会不仅要求企业实现其经济上的使命，而且期望其能够遵法度、重伦理、行公益，因此，完整的企业社会责任，为企业的经济责任、法律责任、伦理责任和自由决定的责任，它们构成了企业责任的"金字塔"。① 根据卡罗尔的解释，所谓利益相关者，是指"在企业经营和决策过程中具有权利、索取权或利益的集团或个人"，"权利"是指"索取权"，与企业具有书面或无书面但事实上存在契约关系的称为法律索取权（如业主、员工或顾客）；而与企业不具有契约关系的称为"道德索取权"（如企业所在社区的居民）。据此，他将利益相关者界定为业主、顾客、员工、社区、竞争对手、供应商、社会激进分子团体、公众8种，并提出企业对这些利益相关者承担的社会责任是一个由经济、法律、道德和慈善（或人道）组成"企业社会责任金字塔"。克拉克森于1995年发表论文，概括和分析一个以"企业社会绩效"（Corporate Social Performance，CSP）为题的研究项目（1983—1993年历时10年，进行了78项实地研究）的成果，其目的在于建立一个以利益相关者为基础的框架（或简称利益相关者框架），用来分析和评价企业社会绩效。哈佛商学院教授林恩·夏普·佩因在其新近的著作《公司道德——高绩效企业的基石》中将社会责任作为所有非财务责任的总称，强调对基本道德准则和社会价值观的遵守是企业社会责任的核心。

由此，根据企业公民和利益相关者理论，理性的企业公民行为至少应受以下责任约束：一是严守国家法律、法规，防范腐败贿赂等交易中的道德行为准则问题，以及对公司小股东权益的保护。二是员工权益保护，主要包括员工安全计划、就业机会均等、反对歧视、生育期间福利保障、薪酬公平等。三是环境保护，主要包括减少污染物排放，废物回收再利用，使用清洁能源，减少能源消耗，共同应对气候变化和保护生物多样性等。四是社会公益事业，主要包括员工志愿者活动、慈善事业捐助、社会灾害事件捐助、奖学金计划、企业发起设立公益基金会等。五是供应链伙伴关系，主要包括对供应链中上、下游企业提供公平的交

---

① ［美］阿奇·B. 卡罗尔、安·K. 巴克霍尔茨：《企业与社会——伦理与利益相关者管理》，黄煜平、李春玲等译，机械工业出版社2004年版，第23页。

易机会。六是消费者权益保护，主要包括企业内部执行较外部标准更为严格的质量控制方法、对顾客满意度的评估和对顾客投诉的积极应对、对有质量缺陷的产品主动召回并给予顾客补偿等。如果企业能按照"企业公民"的角色定位，切实履行企业与利益相关方的各种责任，那么企业行为（包括企业与政府的交换行为）就不会仅仅盯住经济利益，就不会仅仅满足股东的需求，而置相关方利益、环境保护、产品安全、公平竞争等不顾。

从 2003 年《21 世纪报系》在中国传播企业公民理念开始，企业公民在中国本土的发展历史不过十几年。企业公民价值观已经深入人心，获得了政府、学界、企业和公众的普遍认同。然而，我们还缺乏适合中国本土的完整企业公民理论体系，特别是具有实践价值的企业公民行为框架和执行工具。[①] 目前，我国企业公民角色认知和建设中存在两个主要问题：

第一，企业公民的角色不清。学界对企业与社会关系的理论研究经历了商人伦理阶段、企业伦理阶段、企业社会责任阶段、企业社会回应阶段、企业社会绩效阶段和企业公民阶段。一方面，从"公民"到"企业公民"有一个演变的过程。"企业公民"是一个法律概念，指的是在一个国家进行了正式注册登记并根据该国法律享有企业权利并承担企业责任和义务的法人。其与"公民"的差别体现在四个方面：企业公民是法人公民而不是自然公民；是组织而不是个人；是社会细胞；是社会组织生命而不是个人生命，企业公民的生命周期是法律上企业生产经营活动存续的时间。另一方面，从"社会责任"到"企业公民"也有一个演变的过程。根据卡罗尔（Carroll，1979）企业社会责任金字塔理论，企业有四种责任：经济责任即创造利润；法律责任即遵守社会法律；道德责任即做正确、公平、公正的事；慈善责任即为各种社会、教育、娱乐或文化事业捐赠。[②] 而在我国，"企业公民"与"企业社会责任"这两个词往往混同使用，人们简单地理解"企业公民"为企业回报社会，为股东创造利润的同时，通过捐助或者承担社会项目来回报社

---

① 许亚萍、王再文：《企业公民理论与实践研究》，知识产权出版社 2010 年版，第 1 页。
② 邵炜、王晶晶：《从"社会责任"到"企业公民"的演变》，《特区经济》2009 年第 3 期。

会和公众，具体的体现为经济责任和慈善责任，法律责任和道德责任较弱。"企业社会责任"是社会对企业的期望和要求，而"企业公民"在精神表达、行为展示和责任履行上更具有公民意味，也更符合企业的社会存在本质和存在特性。然而，我国大部分企业往往对厘清企业的社会角色，履行企业的社会责任能规避就规避，至少是不那么主动。我国大多数企业还认为，优秀企业公民就是捐钱多的企业，进而认为，遵守企业公民的标准需要经济实力，是自愿而不是强迫的，是企业发展壮大之后而不是企业长期应担当的。

第二，企业公民角色冲突。企业公民与其利益相关者是一组相互依存、相互补充的角色集，角色内和角色间存在着各种冲突。例如，在企业里，股东、投资者、员工、顾客、供应商等主要利益相关者与政府、媒体、社会组织等次要利益相关者聚合在一起形成角色集，两者自身或者之间往往发生矛盾和利益冲突妨碍企业公民角色扮演的顺利进行。

（1）角色内冲突。社会对企业的预期，既包括经济上的，还包括法律上的、道德上的、慈善方面的和环境上的，这些要求在某个特定的时间段可能构成相互对立性质的规范，由于它们存在某种程度的不相容性，会在企业公民内心产生矛盾和冲突，出现利义不能两全那样的困境。比如员工一方面希望增加工资奖金，另一方面又希望减少劳动时间，放宽质量要求，这两者不可能同时满足。同样是股东，大股东和小股东之间也有矛盾。企业既是一种经济组织，也是一种社会组织，因而它具有人格化的特征，也具有企业道德，故有"企业良心"一说，当企业的企业良心与经济效益权衡时，也会发生角色内冲突。

（2）角色间冲突。企业与顾客、企业与供应商，企业与社会环境等常是由角色利益上的对立、角色期望的差别以及偏离角色规范等原因引起的冲突和矛盾。具体主要表现为两种情形：一是空间、时间上的冲突。如企业作为社会细胞时有为社会发展贡献力量的义务；作为市场经济的主体，创造利润促进经济发展是其主要责任；作为员工载体，为社会就业率考虑；作为资本的创造者，则一定要让钱生钱让资本雪球越滚越大，这样就不可避免地在时间和空间上产生了矛盾。二是由于角色不清或角色定位单一，企业行为就不可避免地会围绕相对单一的目的或个别主体的利益展开，而忽略其他目的和利益相关者的利益。比如，为履行好经济责任而不顾及法律责任、道德责任、慈善责任和环境责任，为股东利益而不顾及同行业利益、客户利益、消费者利益、员工利益等。特别是当上述责任和利益在空间或时间上处于冲突状态时，企业往往会动用潜规则手段进行取舍。其中，通过与政府的潜规则关联，形成超经济力量以压制、规避其他责任和利益诉求，是非理性政企交换的惯用形式。因此，要规范政企交换行为，从理论上讲，必须使政府和企业对自身的角色定位有正确清晰的认识，形成社会共识，政企双方都以此来约束自己的行为，社会各方、利益相关者以此来监督政企关系行为。其理想的模式就是"政府公仆化""企业公民化"。

二　企业公民建设：政企交换的企业自律机制

企业要规范社会角色，建设企业公民管理体系和评价体系，成为真正的企业公民。目前，"企业公民"建设在全球越来越受到重视，并开始着手制定国际标准。中国社会工作协会企业公民委员会成立于2003年10月，由国内具有一定影响力和强烈社会责任感的企业和企业家以及相关领域的权威人士联合组成，为非营利组织。是经中华人民共和国民政部批准并主管，目前国内唯一一家致力于"企业公民"和"企业社会责任"理念普及和实施的全国性社团组织。由其组织的"中国优秀企业公民表彰大会"即"中国最具社会责任企业家"调查评价活动，吸引了国有企业、民营企业和世界500强跨国公司优秀代表的积极参与，并建设了较完善的中国企业公民网，有力地推动了中国企业公民事业的发展。但什么样的企业才能称得上是真正合格的企业公民？企业应当坚持社会责任绩效指标考核和企业公民体系建设成效考核并重，探索建立社会责任业绩考核体系，包括社会责任业绩考核制度、业绩考核组织体系、业绩考核程序，以效果为导向，循序渐进，持续改进。

（一）厘清企业与利益相关者的角色关系，建立良性循环的角色集

正确处理好企业与股东、员工、供应商、顾客及公共利益相关者之间的各种关系，摆正自己的位置，互助互利，协调双赢，走可持续发展道路。同时根据利益相关者理论，社会生态平衡理论和系统论针对企业公民角色不清，角色冲突和角色失调现象做出相应改进和调整。应当从提高企业社会责任主体角色认识，分清不同场合角色扮演认知和扭转错误角色的行为着手，制定企业公民建设战略规划，划分好利益相关者范围和内容，做好企业公民定性和定量工作。作为社会责任承担的主体，企业公民不仅视自己为社会的经济细胞，而且把自身视为独立行使相应

权力并承担应尽义务的"经济公民",在社会中更多地发挥自己的作用。在实践中,一方面,要大力发展企业公民的社会责任服务机构,打造企业公民服务渠道和平台;另一方面,电台、网络、报刊等媒体机构应广泛宣传企业公民理念,勇于揭露企业不负责任的生产经营行为,大力表扬优秀企业公民的典型事迹,形成良好的舆论导向,监督和鼓励企业社会责任的承担。消费者应逐步树立消费者的社会责任理念,倡导绿色消费,通过消费者的购买选择与权益维护行动对企业实施监督。员工也要不断提升自身的责任意识,加强集体协商的力量,通过劳动选择权利和权益维护等行为,敦促企业承担起应尽的社会责任。针对关键利益相关方,加强社会责任重大信息披露,通过媒体报道、日常沟通、工作汇报、参加论坛、召开新闻发布会等多种方式,强化社会责任信息日常披露。各种组织、机构以及社会公众之间也应加强沟通,通过共同的努力加快我国企业公民建设的步伐,为社会和谐可持续发展贡献力所能及的力量。

（二）实现企业在发展中与政府和社会的和谐合作关系,达到社会生态平衡

中国企业公民建设的基本方向是依法经营、诚实守信,节约资源、保护环境,关注社会、支持公益,树立以人为本的经营理念,做到权利与责任的统一体。加快中国企业公民建设,既是社会和谐发展的要求,也是企业可持续发展的战略选择,需要在企业、政府和社会三个方面全面加强:其一,推动企业公民建设,促进企业履行社会责任,最根本的还是要充分发挥企业的主观能动性,从意识到行为、从机制到体制建立起一套完善的保障体系,使企业由内而外形成一种自发的力量促进企业社会责任的承担。要树立公民意识形态,营造优秀的企业公民文化,建立高效的法人治理结构,这是企业生存发展的基础,是一个企业权力分配最主要的制衡机制,也是企业社会责任承担的微观决策基础。其二,政府要积极引导企业公民建设活动,要采取政策激励、财税优惠等办法鼓励和支持企业履行社会责任、慈善责任、道义责任和环境责任。其三,积极发挥非政府组织在促进企业公民建设中的作用,他们可以通过劳工权益运动、环境保护运动、消费者抵制运动、慈善宣传活动以及制定广泛接受的社会责任标准体系等监督企业履行社会责任行为,推动企业公民建设。现阶段,非政府组织的作用主要在于给企业增加承担社会

责任的压力，增强企业承担社会责任的主动性，为企业与政府、企业与自然、企业与公众交流提供一个平台。当前，我国真正发挥作用的非政府组织还是带有官方背景非政府组织，因而，非政府组织要自下而上真正起到作用，必须有效使用政府资源。

（三）企业自身要作为一个能够长远发展的有机体，进行全面社会责任管理

企业首先要深刻认识企业自身的使命，自觉发挥企业公民的作用尤其是央企的表率作用，在战略上要将企业公民理念全面融入公司核心价值观，明确公司实施全面责任管理的方向与目标，确定公司履行社会责任的内容和原则。同时将企业公民理念融入企业管理全过程和日常管理体系，全面、全员、全过程、全方位履行社会责任，进到企业公民的义务。应当建立社会责任组织管理体系和考核体系，为公司全面社会责任管理提供坚强的组织保障和激励机制；加强公司社会责任能力建设，持续提升公司全面社会责任管理水平；建立利益相关方参与机制和社会责任信息披露机制，夯实公司全面社会责任管理的利益相关方基础，探索建立社会责任信息披露机制，面向政府和社会，每年定期发布社会责任报告。国家电网公司连续四年发布了社会责任报告，在我国企业中目前是唯一的一家积极参与社会责任国际标准制定和国际交流。该公司先后成为社会责任国际标准（ISO26000）的国内首家观察员企业和专家成员企业，实现了中国企业参加社会责任国际标准制定会议零的突破。

基于企业公民理论，建设政企交换的企业自律规范体系的重点是：其一，树立"企业公民"的自律理念，企业在从事政治行为应从"企业公民"的角色高度对其目的进行过滤。其核心是作为一个"企业公民"在运用政治行为谋求自身经营环境改善的同时，必须表达出对人类、社区以及环境的尊重，采取符合社会公德及法律规范的行为策略。其二，以"内部控制"为自律机制，防止企业采取软预算约束的手法行商业贿赂之政企交换行为策略。一般意义上的"内部控制"包括会计控制和管理控制两大部分，是企业内部保证资源安全和运行效率的相互监督体系。这一机制对企业自我防控不当政企交换行为也同样关键。我国大部分企业采取不当政企交换行为的手法是商业贿赂，其便利条件就在于其成本可以轻易地计入经营成本。如果企业内部的会计、审计和出纳制度能够在一定程度上形成对企业资金运行方向、方式的硬约束，

至少可以从程序上增加不当政治行为的障碍。其三，提高政企交换行为风险的自律意识。不当的政企交换行为具有明显的"双刃剑"效应①，也许短时间内能给企业带来利益或竞争优势，但"暗箱"总有被打开的那一天。企业因与政府中的某些官员走得太近、交往的方式太特殊而受到牵连的例子犹如其采用正当的政治行为获得利益的例子一样不胜枚举。轻者，企业可能对官员意图亦步亦趋，失去自主发展的理性；重者，企业主将与贪官一起身陷囹圄。

总之，完善企业公民建设的目的在于转变企业发展方式，树立良好的企业公民形象，提升企业的品牌形象，推进企业与社会的良性互动与发展。只有这样，企业在面临角色、利益、责任冲突时，才不会动辄采取政府关联、请托、行贿、寻求政府相关部门的庇护等手段谋求极端利益。

三　政企交换中的政府自律机制

政企交换行为的另一方主体就是政府和官员，他们的不当管制或者图谋私利之举会给企业采取不当政企交换行为策略施加压力，对不少企业来说，正是这种看似外在却又极为沉重的体制性压力促使他们选择了不正当的手段与政府打交道。因此，建立政府及官员的自律规范体系可以从根本上改变政企交换行为的环境。目前，我国政府行为自律规范体系主要包括由纪检机关颁布实施的官员操守及纪律规范、由立法机关颁布的调整政府及官员行为的法律规范和由行政机关内部颁布的行政工作规范。应该说初成体系，但仍存在"制度漏洞、制度模糊和制度粗化"等问题②，需要进一步优化。不过，即便这些制度都完善起来，对于改变企业经营环境来说仍然是下位性的规范。因为企业不当政治行为的上位性诱发因素是政府及官员对政企关系的不当定位，也就是说，只有从根本上改变政府部门和官员的管制理念、约束其管制权能、转变其管制方式，并将其法规化、制度化，他们中的某些人才没有对企业指使、"寻租"、恶意管制乃至刁难之举。因此，对于规范不当企业政治行为而言，

---

① 2007—2010 年，中国检察机关共处理了 169000 起企业腐败案例，涉案人员达 169000 人，涉案金额达 238 亿元。其中与政府关联的腐败案例占多数，http://www.factiva.com/cn/products/watchlist/anti-corruption-in-china.asp。

② 高勇强、陈磊：《企业不当政治行为治理：中美制度对比与启示》，《战略管理》2011 年第 1 期。

只有基于治理、善治理念进行政府管制体制机制改革，将政府与企业放到平等合作的治理主体格局中，才是政府自律规范体系建设的关键所在。

（一）培育以合法性为内核的制度文化，破坏行政潜规则生长的文化环境

显规则与潜规则的本质区别就在于合法性问题上。何以会有那么多公共群体、公职人员和民众认可或被动接受没有合法性的潜规则？原因自然是多方面的，但关键一点还是合法性意识薄弱。合法性是现代民主社会演绎出的法律和政治概念，我国学术界虽然对此极为关注，但把拷问合法性作为一种工作和生活方式还远没有达到社会化的程度。加之，在我国传统文化中，修身重于建制，法的分量本来就轻，既有关于法的思考也多仅局限于"法天"、"法道"和"法先王"那种极具神秘意义的"合法性"，有一种自然接受朝廷行为合法性的心理积淀。在先天文化不足和后天努力不够的合力作用下，我国公民心中以合法性为内核的制度文化意识还很淡薄。作为公职人员，有相当一部分人的头脑中还没有形成从合法的边界上来讨论政治、行政、管理和服务问题的思维，还没有追问自身权力、地位和利益来源的合法性的习惯，还没有养成"对事不对人"的坚守制度底线的工作作风。作为一般民众，人们很少也没有条件去甄别政府行为中哪些是合法的，哪些是不合法的，哪些官员的行为是代表政府真实意志的行为，哪些官员的行为是他们私下意志的产物。这说明，在这些公职人员和民众的工作和生活中还没有把"合法性"问题放到应有的位置，还有认可行政潜规则、接受其行为结果的"沃土"。培育以合法性为内核的制度文化，一方面就是要在全体公民中树立以合法性为底线来评判和认可行政规范的效力的思维，而不是其逆逻辑，即以得利、有效、简便来评判和认可行政规范的合法性；另一方面要建立定期审查行政行为合法性的机制，任何行政潜规则都要通过行政行为展现出来，审查行政行为的合法性可以起到过滤行政潜规则的作用。只有这样，真正表达民情、贯彻党意、体现公共行政精神的显规则才能更硬起来，而那些隐藏的、私下约定的和假借政府名义的行政潜规则就会在合法性的拷问声中萎靡。

（二）完善行政监督体系，加快阳光政务工程建设，使行政潜规则无处隐身

行政潜规则之所以能长期隐藏于显规则身后，人们深受其害，又揪

其不出，打它不着，一个重要原因就是我们对行政潜规则现象还存在监督死角，政务公开不充分。我国的行政监督制度虽然建立起了完整的内部监督和外部监督体系，但在权能设置上还存在内重外轻的弊端。有处置权、能掌握信息的内部监督体系因困于行政架构内，长期面临潜规则的渗透和包围，在监督查处潜规则现象时，往往动不了真格；而处于局外的外部监督体系又没有正式的处置权或处置权虚化，特别是信息不对称的阻隔，其监督的积极性难以调动起来。行政潜规则正是在这样一种内部打不痛，外部打不着的"温床"中孵化成长的。要强化监督，真正抑制潜规则的蔓延，必须让内外监督两个轮子都转动起来。行政内部监督体系要从隶属关系、人事权、经费等方面完全脱身于行政系统，不纳入地方行政架构，直接受命于国家监督机构，采取特派员的形式进驻地方，从制度设置上尽可能减少监督体系与地方利益、部门利益扯上关系，保证他们轻装履责。要在地方监督体系建立问责制，在经常发生随意违规、曲解规范、私定规则现象的地方，而监督机构又长期发现不了，处理不力的，要追究监督机构的责任。外部监督的能量要充分地挖掘出来。行政潜规则造成的危害最终都会转嫁到社会公众身上，社会公众最有监督行政的激情，但由于行政信息闭锁和沟通渠道不畅，他们往往不清楚哪儿受到了不公正的对待，更不清楚其背后的行政潜规则因素。因此，要发挥外部监督的作用，关键在于政务公开、信息对称、沟通渠道畅通和监督权利得到保障。当前，要抓紧在项目招标、土地拍卖与承包、食品医药检验、政府采购、社会保障、股权转让和干部提拔等最易被潜规则侵蚀的领域推进"阳光政务"工程，要建立全国信访信息系统，设立国家投诉受理中心，各地要充分利用政府上网工程或指定专门的大众媒介发布行政办事程序，党委宣传部门、政府的法制办和司法局要深入社区定期宣讲各种正式规范的精神。只有让社会公众对显规则充分知情，他们才知道如何去防范潜规则的侵害，并与之斗争，形成对潜规则的内外部监督夹击态势，行政潜规则藏身的空间才会逐步缩小。

（三）提高行政建范水平，规范行政自由裁量权的运用

毋庸讳言，由于我国社会发展的不均衡性以及社会的快速转型特征，各地情况千差万别，社会建立规范的水平也不一，使我国正式规范体系一定程度上存在"大方向、粗线条、高弹性"的问题。为了使统

一的行政规范体系有更好的适应性，正式规范必须为各地行政管理和执法部门预留充分的灵活运用空间，设置必要的自由裁量权。但是，地方行政自由裁量权运用失当又往往是行政潜规则膨胀的"酵母"。因此，要遏制行政潜规则的泛滥就不能任由地方随意使用行政自由裁量权。规范地方行政自由裁量权要从两方面入手：一方面，要加强对显规则的适用性和合法性的调查，及时做好规章制度的立、改、废工作，缩短我国立法与司法解释的周期，提高显规则的科学性、时效性和可操作性，尽可能减少因显规则的滞后性、模糊性而令一些地方萌发行使自由裁量权的冲动。另一方面，要充分尊重各地的特殊性，在与地方实际关联紧密、普适性不高的行政建立规范领域，国家应向地方下放行政立法权，也可以说是扩大地方行政建立规范的自主性。与其让一些地方以"不合实际"的理由阳奉阴违地对待正式行政规范而另搞一套，还不如授予地方因地制宜的建立规范权，让地方按照阳光的程序，制定显规则。而一旦放权给地方建立规范后，就要紧缩地方行政执行的自由裁量权。潜规则最易在行政执行过程中发作，要设置更复杂的程序遏制住行政执行中私自变通、随意解释行政显规则的现象。

（四）进一步明晰政府行为的合理边界，防控行政潜规则的危害性越界放大

经过数次行政改革，我国的政府模式已走出了"全能政府"的阴霾，但对于哪些领域应该由政府履责？哪些事务应该由社会自治？还比较模糊。这客观上为公权力创设了更大的潜在寻租市场，也迫使私人行为保持着对政府行为的高度依赖，以及"设租"需求，留下了广阔的公（权）私（利）交易空间。我们知道，利益驱动是行政潜规则生成的主要动力。政府权能越大、公域与私域的边界越是模糊，官员滥用自由裁量权的空间就越大，民众就越离不开"市长"。其结果是政府职能、官员权力的"灰色地带"增多，而行政"灰色地带"又往往是显规则最不便规范或难以规范的领域。这样，行政潜规则滋生的基本条件都汇聚于此——显规则薄弱、官员渔利的大空间和民众对政府的依赖。明晰政府行为的合理边界可以最大限度地缩小权力"寻租"和民众"设租"的范围，枯竭潜规则泛滥的利源，对整治地方行政潜规则有釜底抽薪之效。

四　政企交换的他律规范体系

要规制不当政企交换行为，自律虽然是根本性的，但他律是对自律的监督和促进，也是对自律的必要补充。对政府不当管制和官员贪腐行为的他律机制应包括专门机构的约束机制、关联企业的申诉机制和民众评议机制。在专门的他律机制中，正如《中国的反腐败与廉政建设》白皮书指出："中国探索形成了党委统一领导、党政齐抓共管、纪委组织协调、部门各负其责依靠群众支持和参与的具有中国特色的反腐败领导体制和工作机制。"但是，纪检、监察、审计和反贪机构的运行仍然显得分散，监督和处置过程的公开性更显不足，影响其震慑力和公共性理解。此外，行风纠察机制也是一个重要的相互他律的制度设计，但在我国尚不健全，有时流于形式，应大力探索和推广异地、跨部门轮换纠察的做法。关联企业的申诉机制和民众评议机制在我国还不普遍，其主要障碍是缺乏实效和害怕报复，因此，建立健全这两种机制的关键在于形成积极的他律文化和社会制度环境。根据国外行业公会的成功经验和我国企业政治行为普遍单干的特征，对企业不当政治行为的他律机制应由两部分构成。

一方面是建立行业公会他律机制，其中的核心是三个结构：一是信息公开机制，企业欲采取政治行为策略应履行向行业公会告知义务，让利益攸关者充分知情，从而防止"暗箱"式的企业政治行为伤害行业利益和公众利益。二是利益协调机制，企业单方面启动影响政府政策的行为无非是谋求自己摆脱困境或巩固其竞争优势，但其结果的另一面很可能是使其他企业陷入不利的困境或处于竞争劣势，加剧不正当的恶性竞争，因而，企业在做出相关的政治行为策略之前，如果涉及的问题确属个性化的，该企业应对其负外部性进行评估和自控，如果涉及的问题具有行业普遍性，则需要进行行业协商形成一致行动。三是违规惩处机制，即如果企业一意孤行采取危害第三方利益的政治性关联策略，轻者招致同行业的道义谴责，重者会被行业视为另类，面临市场被蚕食或者供应链折断，使其企业政治行为得不偿失。比如，美国商业领导人国际团体考克斯圆桌会议发布的"商业准则"，其所具有的企业规范力就不亚于政府性规则。①

---

① 高勇强：《企业非市场行为与规范化研究》，《中大管理研究》2007年第2期。

另一方面是通过民众自组织或第三部门形成评议企业的社会性力量。其重要性正如萨拉蒙所指："由于他们在市场和国家之外的独特地位，他们通常以较小的规模、与公民的联系性、灵活性、激发私人主动支持公共目标的能力……公民社会组织在寻求介于仅对市场信任和仅对国家信任之间的中间道路中的战略重要性已经呈现出来。"①

五　以"管办评"分离为突破口改革政事关系

（一）厘清政事关系及其基础性体制

要化政事交往中的"腐败动力"为"防治助力"，必须完善权力机制，重新定位政府角色，健全事业单位管理机制，完善绩效评估机制，降低事业单位的人事依赖、财政依赖和评估依赖。

其一，完善权力机制，规范行政交换。规范政府与事业单位的权力关系，主要路径有两种，从实体上减少权力作恶的机会，"尽可能"限制权力的边界；从程序上控制权力作恶的程度，"尽可能"监督权力的运作。但是，无论怎样"尽可能"的监督都会存在缺陷，因此，最重要的还是控制权力边界，必须保障权力分配机制本身的透明性和确定性。

其二，转变政府角色，改进人事财政管理制度。要缓解事业单位的人事依赖，必须重构主管部门和事业单位的法定关系，明确双方职能分工，提高主管部门人事选拔、任用事业单位班子成员的公开透明度，将人事选拔、聘用、管理，权力的授予和人事管理的干预放在阳光下进行，特别是探索建立事业单位依章程开办的体制，形成事业单位的内部制约机制，使班子成员不至于轻易形成一致的"因公腐败"动议。另外，要改革目前政府主管部门主要通过财政拨款权来调控指挥下属事业单位的体制，降低财政指挥棒的影响力，其中的关键措施就是将事业单位预算作为各级政府的部门预算，不需要通过其主管部门进行二次分配，减少政事关系向交换关系转化的机会。

其三，完善绩效评估机制，建设评估反馈系统，缓解事业单位的评估依赖。需要加强绩效评估的制度化、法制化，建立健全评估监督机制，明确评估的要求、标准、步骤，重点提高评估程序的规范性、透明

---

① ［美］莱斯特·M. 萨拉蒙：《全球公民社会——非营利部门视角》，社会科学文献出版社 2002 年版，第 5 页。

性、公开性，保障评估结果的公正性和科学性。同时，打破政府对评估信息和评估组织的垄断，保障评估信息的畅通，改革现行信息公开制度，疏通公众参与评估渠道，实现社会公众参与评估渠道的多元化。建设评估结果及时反馈系统，监督主管部门具体评估行为，保障相关方的知情权、监督权。特别是要公示评估标准、评估内容、评估的程序与步骤、操作流程和拟定的对应评估结果，建立评估专家诚信记录制度，使得评估结果有理有据。

（二）积极推进事业单位的"管办评"分离改革

要化政事交往中的"腐败压力"为"防治借力"，必须加快推进事业单位的管办评分离改革，以缓解事业单位的压力，降低执行依赖；同时，积极建构政事间新型沟通机制，破解因信息不对称而令事业单位不得不采取潜规则公关的困境。

其一，理顺政事关系，推进管办评分离改革。预防事业单位的公务腐败，必须理顺、重构政事关系，改变政事高度一体化现状，核心是实行管办评分离。具体而言，政府之管要集中在为事业开办者营造良好的外部环境，加大对事业开办者审查、运转监督、经费审计等宏观内容的把控，作为公共服务责任主体的政府，要安排、筹划好公共服务的资源配置，履行好"定方向、定标准、定政策"的职能；事业之办主要体现在事业单位内部具体事项和公共服务提供过程的自主性，主管部门要做的是保证过程的公正、结果的公平，实现"保基本、保公平、保底线"。另外，要积极建立和规范社会之评，切断主管部门与事业单位的内循环关联。

其二，明晰产权，改革公共事业资源配置机制。一直以来，我国事业单位的人、才、物由政府统一进行配置，资源配置机制存在的诸多弊端，为公务腐败提供了可乘之机。因此，除了要提高公共服务资源配置的透明度，加强对政府资源配置权力的约束与监督之外，还要大胆鼓励社会组织、市场资源参与经办公共事业，作为政府支持力度不足的补充，支持有条件的事业单位通过扩大社会服务种类、提高服务质量获取更多的社会资源，使事业单位不会总想着贪吃主管部门那一点饵料，主管部门也不能总以"财神爷"自居。

其三，公开管理信息，完善政事工作沟通机制。一方面，作为公共服务供应者的政府主管部门和事业单位应及时、准确、真实地向公共服务受众公开管理信息，包括决策、执行流程、服务质量、成本与成效等，自觉接受公众监督，最大限度地堵塞政府主管部门和事业单位合谋寻租的空间。另一方面，完善政府主管部门与事业单位双方的沟通机制，主管部门将国家政策动向、财政拨款分配、公共服务发展方向、绩效评估办法悉数向事业单位传达；同时事业单位必须如实表达公众对公共服务利益诉求或者意见，反馈公共服务具体执行和单位内部现实情况等微观内容，最大限度地减少事业单位之间为某个政策、某项财源、某次评估结果而竞相用潜规则的方式讨好政府主管部门的现象。

（三）强化对政事关系的内外部监督

要化政事交往中的"腐败能力"为"防治接力"，必须深化财务制度改革，加强预算管理，硬化预算约束，加强司法监督，增大社会参与，形成多层次监督机制，使原先的腐败润滑剂转化为预防腐败的盾牌。

其一，加强预算管理，硬化预算约束。一是改革事业单位的财政分配制度，实行基本公共服务供给均衡预算和绩效预算结合，减少专项预算的额度，公开预算拨款的依据、过程和数额信息，接受各下属事业单位间的相互监督，最大限度地挤压政府主管部门向少数事业单位"暗箱"输送财力、物力的空间。二是深化事业单位内部财务制度改革，硬化内部审计控制约束。"公务腐败"的所有费用都会以各种名目转换成合理支出在事业单位的财务系统走账，因为没有谁会为这类吃请送贿付费。其中的便利就是由当前事业单位的内部财会和审计制度固有的漏洞提供的。要堵塞这些漏洞，关键一条是严格报销制度，要求支出科目、数额和事由与预算科目、经费和事由一致，实行有出入就"一票否决"的核销办法，斩断"公务腐败"的资金链条。

其二，构建新型法人治理结构，加强行业自律和社会监督。一方面，要改变事业单位由政府单一出资、治理和考核的机制，根据事业单位的公共服务内容和在市场中起的作用进行分类，探索建立政府、事业单位和市场混合出资、治理和考核的体制，形成以各方共同组织的理事会为核心的法人治理结构，强调除主管部门、事业单位组成以外，需要社会捐赠人、公共服务对象的加入，单位管理层不仅要对主管部门负责，还要定期向理事会汇报事业单位的发展、管理状况。这样可以防止事业单位的管理层为片面追求某项政绩或受到某种压力铤而走险。另一方面，建立并完善事业单位行业监管机构，比如，教育业监管委员会、医疗卫生业监管委员会等，形成政府主管部门、行业监管机构、事业单位理事会三者共同监管又相互制衡的格局。防止事业单位管理者与主管部门单线"暗箱操作"、相互输送利益的腐败行为。

第五节　硬化预算监管体系

一　预算国家制度蕴含的反腐败机理

所谓"预算国家"是从国家的财政取用方式的视角来区分国家类型的一个术语。熊彼特曾基于现代国家活动的税收基础，把现代国家直接称为"税收国家"。[①]"预算国家"是"税收国家"的提升形态。"税收国家"依靠政府体系向国度内的单位和私人征税维系，而"预算国家"是在"税收国家"的基础上，用公开、受监督的计划控制政府收支的国家。预算国家的两个标志是预算集中统一和预算监督。[②]不过，从近现代预算思想和财政制度的发展脉络中，我们可以挖掘出预算国家制度更丰富的含义及其内在的反腐败机理。

在类似的研究中，王绍光、马俊、侯一麟等学者提出的"预算国家"和"跨年度预算平衡"的思想及机制更具理论高度和系统性。根据他们的研究，"税收国家"依靠政府体系向国度内的单位和私人征税维系，而"预算国家"是在"税收国家"的基础上，用公开、受监督的计划控制政府收支的国家。预算国家的两个标志是预算集中统一和预算监督。[③]不过，从近现代预算思想和财政制度的发展脉络中，我们可以挖掘出预算国家制度更丰富的思想内涵。其一，预算国家制度的实质是将预算视为国家与社会的关系及其调整的一种基本形式，是关于国家与公民的权利和义务、关于国民赋税与政府职能的一种基本规范，而不是单纯的收支计划。在预算国家中，公民与国家的关系实质上转化成了

---

① 何帆：《为市场经济立宪：当代中国的财政问题》，今日中国出版社 1998 年版，第 36 页。

② 王绍光：《从税收国家到预算国家》，载马骏、侯一麟、林尚立主编《国家治理与公共预算》，中国财政经济出版社 2007 年版，第 35 页。

③ 同上。

政府与纳税人集体的关系。有纳税能力的公民都有向政府纳税的义务，而政府则必须按纳税人集体的意愿提供有效的公共服务。① 没有纳税人核准的预算不仅意味着政府不能支出，更意味着政府不能行动，就此而言，预算国家制度是民主政治制度的一个基本构件。其二，预算国家制度的功能是保证公民以最低的负担获得最有效的服务，是通过政府的汲取对社会资源进行重新配置，使社会大部分人处境变得更好，同时又不加重另一些人的负担，收到"帕累托改善"之功。因此，责任预算、节俭预算和非特殊情况下的平衡预算应成为预算国家的基本原则。其三，预算国家制度的形式是关于政府收支的权限、度量、方向和过程的计划及法律规范的总和。为确保政府预算能真正体现其本质、实现其功能，预算资源的集中统一配置、预算收入的归税化、预算信息的明细化和预算监督的全程化是预算国家制度的基本要求。

预算国家思想所具有的核心价值就是为民众从财政上重新解读国家、审查公权力行为、防治公权力腐败提供了制度建设的新思维。从预算国家制度的含义中，不难发现其根本精神在于通过明确纳税人的权利与义务来厘清国家与公民的关系、确定政府活动的方向与边界。② 同时，也强调了作为代理人的政府并不直接创造财富，他们必须为自己收支的每一分钱提出令"纳税人"满意的理由。由此，我们可以挖掘其内在的反腐败机理：政府的每一项职能活动都离不开收支，而政府又是非盈利的，其收支均来自向社会的提取，如果能将政府的每一项收支都纳入预算，同时，附上与之相对应的政府活动的理由和信息，那么，只要监控政府预算的编制和执行，就能监管政府行为和公权力的运用，简言之，就是通过规制取财用财来防治腐败。因为任何形式的腐败都需要在政府公务过程中实现其谋私目的，规制用财不仅可以最大限度地控制政府过程，甚至可以使不符合预算目标的政府活动完全"歇业"。

预算国家制度是关于财政收支与国家活动关系的规范的总和，就此

① Rubin, I. S., 2000, *The Politics of Public Budgeting*: *Getting and Speeding*, *Borrowing and Balancing* (4th). New York: Chatham House Publishers of Seen Bridges Press, p. 22.

② 2008 年 10 月 22 日，著名经济学家丹尼斯·穆勒在浙江财经学院所作的题为"收入分配、利益集团和政府规模"的讲座中提出"纳税人"与"投票人"的等同关系，这意味着政府活动应直接来自"纳税人"的委托，通过规制财政来规制政府行为具有充分的合法性。

而言，它是近代的产物，虽然限制王室收支的动议早在 13 世纪就开始了。西方近现代预算思想的发展过程大致可以分为亚当·斯密的平衡财政思想、凯恩斯的负债财政思想和布坎南的立宪财政思想三大阶段。

亚当·斯密的平衡财政思想为预算国家的思想奠定了基石，它阐明了一个真正按预算收支的国家必须遵循的三条原则。一是节俭原则（财政责任原则）。斯密认为家庭收支与国家收支具有相似性，因为国家收入本来就是通过征税而来自家庭收入，因而"每个私人家庭的节俭行为，在一个国家也是可能做到的。"① 二是合理原则（平衡原则）。他强调"公共预算如果没有盈余，那至少也必须平衡，只有在非常特殊的情况下才容忍出现赤字"，因为，"节俭而不是挥霍浪费被看作是基本的美德而为人们所接受，这一规范使得实践必须广泛地遵循这一原理"。② 三是纳税人监督原则。它是在《国富论》出版一个世纪以后，由纳特·威克什于 1896 年挖掘出的。他指出："只要一个人面临着政府的税收账单，他同时就可以公开地对政府开支的各种议案进行合理的评价。……有效的民主政府要求制度的安排能够使得公民考虑到政府费用开支和收益，并且同时按这样来做。"③ 这一原则同时隐含着预算国家制度关于预算的解读——受监督、并得到切实执行的收支计划。1915年，现代预算专家克里夫兰对该要义进行了阐发。他说政府的预算计划应标明政府支用该预算的活动的详细信息，以便代议机构审批。④ 这些思想将原本单纯的政府收支计划与政府职能活动计划联系起来、将原本由政府主拟预算或形式上由议会审查推进到政府预算须接受公民和议会的实质监督与审批的高度、将政府收支从一种单向的政府权力和公民义务关系转化为一种政府与纳税人之间的权利与义务对等关系。由此，确立起预算国家制度的基本精神，这一制度蕴涵着抑制腐败的"基因"。正如布坎南和瓦格纳评论说："这种财政制度（古典财政制度）的重要

---

① ［英］亚当·斯密：《国民财富的性质和原因的研究》下册，郭大力、王亚南译，商务印书馆 2004 年版，第 383 页。

② ［美］布坎南、瓦格纳：《赤字中的民主》，类晨曙译，北京经济学院出版社 1988 年版，第 10 页。

③ 同上书，第 12 页。

④ Cleveland, F. A., 1915, Evolution of the Budget Idea in the United States, In Hyde, A. C. ed. 1992, *Government Budgeting Theory*, *Process*, *Politics*, Pacific Grove：Books/Cole Publishing Company, p. 40.

性就在于它对所有人的肆意挥霍具有强制约束的作用，包括公众和代表公众行动的政治家。"①

凯恩斯的负债财政思想更强调家庭收支与国家收支的区别，他从国家应在刺激需求、抑制通胀、扩大就业和增进公平等方面发挥更多的经济和社会功能的角度为扩大财政规模和赤字预算辩护。其基本的预算假设是"当总需求降到保持充分就业的最低水平以下时就产生了预算赤字。相反，当总需求超过了充分就业的水平时就出现了预算盈余，同时导致价格上涨。只有当总需求正好足以维持充分就业而又不导致对价格产生通货膨胀的压力时，才会出现平衡的预算。"显然，这种情况是难得的，因而，"失衡的预算是需要的"，具有正当性，人们也不必关心预算失衡的方向。但是，按照通常的税收—支出逻辑，政府支出的扩张必然增加民众的负担，受到民众的反对，为此，他确立了"只开支不征税"的原则，选择发行公债和增加货币供应来规避阻力。可以说，凯恩斯的负债财政思想与政策从实质上破坏了斯密以来的预算国家的精神。不仅节俭预算、平衡预算的原则遭到抛弃，更重要的是使责任预算制度难以实施，公民和议会对政府收支的监督更加困难。这不是说凯恩斯的负债财政没有预算计划和不需要议会的批准，而是说通过发行公债和增加货币供应而不是增加税收的办法来扩大政府支出，解构了公民监督政府支出的政治逻辑，弱化了公民监督政府支出的动力，消解了纳税人的权利意识。因为，公债不直接从公民收入中征收，相反，公民还可以从购买公债中获得稳定的收益，加之，增加政府支出或多或少会增添公共服务。从理性人的行为选择逻辑来看，在增加服务和控制预算之间，公民宁愿选择前者。另外，公债还涉及负担的代际转移，而制造货币的恶果总是要在一段时期过后才会显现，这些财政活动的成本与收益都不是在一个预算年度内所能显现出来的，这就使得议会在审批这样的预算计划时很难做出实质意义上的修改和否定。失衡预算制度实质上是对民主政治的破坏。

布坎南的立宪财政思想是对斯密平衡预算思想的回归。只不过布坎南引入了政治市场—选民的选择这一重要的变量，这也使得布坎南的平

---

① ［美］布坎南、瓦格纳：《赤字中的民主》，类晨曙译，北京经济学院出版社1988年版，第21页。

衡预算思想没有那么机械，而是更为实用。他从公共选择理论的视角对公共预算的本质作了精辟的解释："政治家按照选民对各种备选的税收和开支计划的支持程度来考虑自己的得失，形成了在政治竞争的民主体系内产生的预算结果。在这样一个竞争性民主的体制中，公共预算的规模和构成可被视为是政治家的一部分选民改变偏好和约束政治体系的宪法——制度原则的产物。"① 为确保公共预算能实现平衡，布坎南还提出了修改美国宪法的五点主张，其核心内容是：非紧急状态下国家的预算应按国会批准的预算计划保持平衡，建立预算自动平衡机制，即预算赤字一旦超过规定的限度则在三个月内自动削减联邦政府支出。布坎南的这一思想也被称为"经济（财政）立宪"，它将凯恩斯拽出于公民掌控之外的那部分公共预算重新纳入公民的监控之下，复兴了财政责任原则和纳税人的权利意识，对现代预算国家制度的完善具有十分重要的意义。其一是建构起了控制预算的政治逻辑，使公民和议会监督、批准政府预算的制度具有学理上的说服力。这一逻辑就是，在政治市场条件下，政府机构及其成员都有自身利益最大化的动力，政治家追求选票，而官僚追求预算最大化。② 因此，政府行为如果不受监控的话，其产出的公共利益要么是附带的、要么是高成本的，而不会是公民利益最大化所要求的结果。正如奥斯本和盖布勒揭露的那样："精明的政府管理人员会把每一个明细分类项目中的每一分钱都花掉，不管他们是否需要。"③ 其二是确立起了控制预算的法律权威。这一权威就是，将预算的编制、提交、审批和修改权及其实现方式统一纳入宪法规范中，由此预算权力的分配可以形成一个稳定的结构，为规避预算的分散、粗放和随意倾向奠定了基础。

如果说斯密是沿着"国民收入—政府征税—政府支出"的逻辑完成其以"平衡 + 节俭"为核心的责任型预算国家的制度构想的，那么，凯恩斯则完全颠倒了这一逻辑，按照"需求—政府支出—政府征税 + 公债"的思路，另外构想了一个以"赤字 + 膨胀"为核心的功能型预算

---

① ［美］布坎南、瓦格纳：《赤字中的民主》，类晨曙译，北京经济学院出版社 1988 年版，第 96 页。

② ［英］丹尼斯·穆勒：《公共选择》，王诚译，商务印书馆 1992 年版，第 83 页。

③ ［美］戴维·奥斯本、特德·盖布勒：《改革政府——企业家精神如何改革着公营部门》，周敦仁译，上海译文出版社 1996 年版，第 99 页。

国家的制度，而布坎南将这一被颠覆的逻辑重新颠覆了过来，只不过他不是简单从国民收入的状况来衡量政府支出的规模，而是增加了公民选择性需要这一要素，因此，他的逻辑是"公民选择性需要＋国民收入—政府征税—政府支出"，在此基础上建立以"规范＋合理"为核心的责任兼顾功能型的预算国家制度。

从预算国家制度的含义中，不难发现其根本精神在于通过明确纳税人的权利与义务来厘清国家与公民的关系、确定政府活动的方向与边界。同时，也强调了作为代理人的政府并不直接创造财富，他们必须为自己收支的每一分钱提出令"纳税人"满意的理由。由此我们可以这样来表述其内在的反腐败机理：政府的每一项职能活动都离不开收支，而政府又是非营利的，其收支均来自向社会的提取，如果能将政府的每一项收支都纳入预算，同时，附上与之相对应的政府活动的理由和信息，并向社会公开，那么，只要监控政府预算的编制和执行，就能监管政府行为和公权力的运用。简言之，就是通过规制政府取财用财的行为来防治腐败。

监督公权力的运行是公认的最基本的反腐败手段。但只有找准公权力滋生腐败的关键环节进行监督才能起到应有的作用。事实表明，不论是通过监督用人还是监督官员行为来达到防治腐败的目的，其关键点都得弄清政府行为的内容、方向和方式，最终全部要落实到政府的收支表上。因为财权决定事权，官员腐败需要通过事权扩张来实现，而事权扩张离不开财权的扩张。因此，没有一张公开、完整的政府预算和收支明细表，一切监督都要落空，防控腐败也不可能收到实效。一个清水衙门的官员可能数十年都不会发生任职者因贪腐而下台，而一个掌握庞大预算的岗位却可能接连数任都因巨贪而毙命。这样的例子在各国不胜枚举。这并不说明两种任职者的初始品格存在多大的差异，而是表明不受严格约束的财政支配力越大，产生腐败的危险也就越大。它在一定程度上印证了"规制用财"比"规制用人"更能收到稳定的反腐效果的道理，或者说，在"规制用财"的制度不健全的背景下，"规制用人"的制度无法充分发挥其防治腐败的作用。正如相关研究表明："在财政没有做到透明的情况下，要想通过其他方式和途径来防治腐败，如果不说是不可能的，那也必然是代价高昂的。"① 预算公开制度的精神就是要将预算文本和相关信息公布，并广泛吸收公民、社会组织等主体进入预算活动的过程，使内外部监督能够发挥作用。当政府各部门的资金使用情况都翔实地摆在媒体和公民面前时，不仅公民、非政府组织以及媒体会对行政支出的浪费和低效予以谴责，政府自纠其不合理行政花销的动力也会增强，这对防控腐败将会起到源头性的作用。反之则相反。国外学者的研究也认为，"20 世纪 90 年代以来，大量的腐败现象都是出现在转型国家之中，其中的一个重要原因就是缺乏公共预算的规则和会计准则报告标准，信息封闭和制度残缺为官员的腐败提供了大量的机会"。②

二 "规范用财"：预算国家制度的反腐败利器

要从根本上做到"规范用财"就必须建立预算刚性约束制度。根据我国预算编制和执行过程中存在的问题，要建立这一制度，强化对政府取财和用财的规制，达到防治腐败的目的，还需要对现行的预算思想、预算制度、预算权力结构、预算编制和实施方式、预算监督机制等方面深化改革。

（一）树立有利于防治腐败的公共预算约束思想

这需要以阳光财政的理念为核心，以防治"自收自支"式腐败为目的，从三个方面转变现行的预算思维：一是加快从"政府预算"思维向"公共预算"思维转型；二是从常年赤字预算思维向常规状态下的"节俭＋平衡"预算思维转型；三是从"不完全预算"思维向"完全预算"思维转型。前文已述，公共财政体制下的预算是一种义务预算、认可预算、常态条件下的平衡预算和完全预算。而我国当前的预算在很大程度上还受到"政府预算""膨胀预算"和"不完全预算"思想的支配。"政府预算"意味着政府有权向域内社会和民众征税，而"公共预算"则意味着政府有义务向域内社会和民众报告其收支规模和方向。

显然，只有"公共预算"思想，才包含监督政府收支的精神，依

---

① 蒋洪：《2009 中国财政透明度报告——省级财政信息公开状况评估》，上海财经大学出版社 2009 年版，第 9 页。

② Alex Matheson and Hae－Sang Kwon，public Sector Modernization：A New Agenda，*OECD Journal on Budeting*，3（1），2003.

此精神才可能建立起"阳光财政"的体制，达到通过监督财政来防治腐败的目的。而如果我们依然把预算当作"政府自己的预算"，那么，政府就没有向社会公布预算信息的动力，也不会有接受预算监督的自觉性，通过监督预算来防治腐败也就无从谈起。赤字预算对社会经济发展的刺激作用不可否认，但同样不可否认的是预算规模的扩大往往意味着腐败机会和腐败资源的增加。因为，不管如何加强监管和精打细算，由公共部门支配资金的节约性和合理性通常难以与私人支配自己的资金时匹比。正如审计报告披露的，我国当前还存在较为严重的虚报预算、违规列支费用等问题。更何况我们对预算的监督还不那么到位。近年来，我国的贪腐大案、要案增多与预算的膨胀相伴而生，可以在一定程度上说明这一问题。因此，就防治腐败而言，除非特别需要，赤字预算能少则少。①

"不完全预算"可以说是"政府预算"的衍生品，它是指政府向社会公布的预算或提交给人大代表审议的预算只是政府实际收支的一部分。这实际上规避了人大和民众对政府全部收支情况的监督，与阳光财政和真正意义上的公共财政制度是相悖的。从国家审计署的审计报告披露的情况看，即便是公开的预算在编制上还存在不够细化、在执行上还存在随意性等问题，那些不公开的收支是否会被滥用而导致腐败？人们自然有理由担心。因此，要建立一个有利于防治腐败的预算制度自然也要求政府提供的是一个完全的预算。

（二）确立有利于防治腐败的公共预算刚性约束的基本制度

这需要以"取用于民"的理念为核心，以防治无预算支出式腐败为目的，建设预算约束制度的三大支撑。

（1）推进政府收入形式的税式化改革。目前，政府收入的形式来源主要包括税收、收费、公债和投资性收益等，非税收入占比不小。表面上看，这些收入来源的解释意义不同，政府在预算编制、执行和监督管理时也对他们适用了不同的标准。而事实上，他们的法理意义是一样的，即国家对社会的提取。从政治学意义上讲，税收是其中唯一能表示这一法理意义的政府收入形式，也最能体现政府与公民之间的相互义务

---

① 而实际情况是，自1979年以来的30年里，仅1981年、1985年有财政盈余，其余28年均为赤字预算，其中，1999年以来赤字依存度均在10%以上。参见历年《中国统计年鉴》。

关系。

马克思说过："为了维持这种公共权力，就需要公民缴纳费用——捐税。"① 政府基于捐税提取而向社会提供服务，不需要也没有理由再收取规费，确需收取的政府规费也可以转化为税收，没有必要对这类政府收入采取不同的方式进行管理。因为税与费的性质不同。纳税是公民的义务，政府基于税为公民提供服务是政府的义务。而政府基于服务向社会收取费用，意味着这类政府服务是额外的，如果这种收费不能转化为捐税，则进一步意味着这类政府服务是公民不需要的。

从学理上讲，不经公民认可，即便政府提供了服务而收费，也不可取，否则就有乱收费之嫌。在现行收支管理体制中，国家对规费收支的监管比对税收及基于税收的支出的监管宽松得多，公民对规费的监管更不可能，如果政府收支中有许多都来源于规费，就会给腐败分子留下方便之门。我国当前所发生的一些腐败现象相当一部分就与这类收费的混乱和使用的不规范密切相关。政府发行的国内外债务应以专项需要而设，其收入专供该项职事所需，实行封闭运行，不应笼统地以弥补财政缺口之名发行，以抑制财政随意膨胀的倾向。至于政府的投资性收益，基于政府非营利性和非竞争性部门的性质，应逐步减少。对其中的国有资产收益部分，利润可以税式化为政府预算收入，而转让收入和股息收入在纳税之后，则应依"本源于民、利馈于民"的原则建立"国民福利基金"，定期向国民派发，不纳入政府预算收入，不划归政府财政支配。只有尽可能地将应该由政府支配的收入都税式化，并在此基础上全部纳入政府预算，公民与国家（政府）之间的相互义务关系才会更加清晰而稳定，公民对政府收支的监督才更有法理基础和制度保障。

（2）做实政府无预算不得收支的制度。预算需要经过严格复杂的程序形成，它是对政府收支的阳光安排和法律许可。政府依据预算收支，在制度意义上不会产生腐败，所需的只是严格监督预算的执行。但是，如果允许政府在预算之外进行收支，则在制度安排上就为腐败的滋生开了口子。所谓预算外收入就是不通过国家预算管理的财政收入，其使用由政府自行决定，完全不提交人大审议，可以说是政府无预算收支的典型形式。虽说它是历史遗留问题，也对地方社会事业的发展产生了

---

① 《马克思恩格斯选集》第4卷，人民出版社1995年版，第171页。

积极的影响，但那毕竟是我国预算制度尚不完善时的产物。无论是学理、法理，还是制度设计上讲，预算外收入都不符合公共财政体制的精神，更不符合公民与国家之间的权利与义务约定，况且它们的收支过程早已成为腐败滋生的"重灾区"，需要从预算制度上进行调整。对预算外收入要尽可能预算内化，或者先统一缴纳国库，再全额返还地方，即便不作统一分配，也要纳入严格的预算管理，适用预算监督程序。

（3）建立政府支出偏离预算安排的自动否决制度。如前所述，公共财政体制下的预算不仅仅指政府的收支计划，还包括政府的行动计划，也就是说，预算是政府行动计划和政府收支计划的统一。只有政府行为中实际发生的收支范围、数量和方式等信息符合预算规定的精神和原则，才能说预算真正被执行了。当前的情况是预算与政府行为不是一回事的现象还比较普遍。2014 年，审计报告所列举的 26 种政府收支违反预算的行为，大都是以虚假的政府行为信息、收支信息来"弥合"预算计划。比如，虚假报销、冒领、套取资金；不细化预算；挪用预算、公款（包括挤占公款和自行调整公款用途）等。因此，有必要建立根据预算计划否决偏离预算规定的政府收支行为的制度。

（三）建立有利于防治腐败的预算权力结构

这需要以各级人民代表大会为核心，以防治因预算失规、失序引发的腐败为目的，建立集中统一的预算编制、执行和监督的权力结构。预算权力的集中统一性是公共财政体制的一个基本要求。自 1999 年预算改革以来，通过推行国库收付、部门预算、统一采购和预算审批等制度，我国预算管理权力的统一性有了很大的加强，但分散性问题无论在预算编制、预算执行，还是在预算监督上，都依然存在。比如，一些部门通过虚报预算、长期不办理决算、不细化预算、挪用预算、自行调整公款用途、预算收入（包括非税收入）不上缴、向非预算单位或个人拨款等方式，不断膨胀了部门对预算的二次分配权，这在一定程度上削弱了财政部统一管理预算编制和预算执行的权力。而国家发展改革委等综合管理部门也有很大的预算分配权，这对财政部的预算管理权又构成了一定程度的分解。在预算监督方面也存在财政系统、审计系统和人大系统三分的局面，财政系统负责预算编制和预算执行的具体组织、审计系统侧重预决算执行情况的监督、人大系统负责预决算审批和总体监督。由于财政系统和其他行政职能部门同属于预算最大化的争取方，他们虽有监督能力，但监督责任不明、监督动力不足，甚至自己也常常出现不小的预算违规行为①；审计系统有监督责任，但查处的力度有限②；人大系统有充分的监督权力，但往往缺乏监督能力和完整的预决算信息，难免使其对预算的监督虚化。因而，三个系统都发挥不了令人满意的预算监督效能。建构有中国特色的预算权力结构应该是在人民代表大会统一主导预算的前提下，做实预算执行力、预算监督力和预算编制力。其中，预算监督力是核心。我国现行的预算管理体制表明，人大不参与预算的编制使之难以深入了解行政系统对预算的需求、掌握完整的预算信息，给人大充分行使预算审批权、监督权带来困难。另外，人大（特别是地方人大）也没有专门的预算审计、监察队伍。预算监督既是一项政治工作、法律工作，也是一项技术工作、常规工作，没有预算审计就会虚化预算监督。我国实行"议行合一"的政治体制，人民代表大会行使预算主导权是该体制的应有之义。当然，我们的人民代表大会不搞西方式的"议会拨款""议会税收动议"和"议会支出动议"，但可以建议人大的预算委员会与财政部合作共同编制预算，特别赋予其修改预算的权力，使之能够在预算编制阶段就掌握预算信息、监督预算的编制，从而改变目前人大在审议预算时的被动局面。同时，也可以建议审计署归建于人大常委会，或者将审计署对政府部门的审计职能交由人大预算委员会履行。这样有利于实化人大对预算的检查、监督能力，而审计署的工作也更有权威。为了便于人民代表大会行使国家预算主导权，建议将人大预算委员会由现在的人大工作机构升格为人大专门委员会，使之成为我国预算审议、监督和执行检查的核心机构。此外，为了强化财政部对经人大审批后的预算的执行组织力，必须进一步细化部门预算，尤其是部门的二级预算，最大限度地规制各职能部门对本级预算和所属二级预算的二次分配权，减少预算支出调整的随意性。其他综合性调控部门和预算支出大户，如国家发展改革委、中国人民银行、科技部等可以向财政部提出预算编制和执行的建议，但不享有"先斩后奏"

---

① 自 2003 年，审计署推出审计结果公开制度起，财政部就是被点名批评次数最多的部门之一，财政部在每年的审计报告中都被审计出有重大预算违规行为。参见 2004—2008 年审计公告。

② 我国现行《审计法》只赋予审计机关纠正、停止被审计单位的违法违规行为的权力，对直接责任人的处理只有建议权。

"先行切割""强行分配"等破坏预算管理集中统一的权力。当然，财政部在预算编制、执行和管理方面都要率先自律垂范。

（四）探索有利于防治腐败的预算编制、执行和监督的形式及工具

（1）在预算编制方面，改革单一的基数预算方式，实行基数预算和零基预算相结合，对职能相对稳定的部门采用基数预算，而职能不够稳定或变化较大的部门采用零基预算，防治部门预算的无因膨胀、只增不减和不合理配置。

（2）在预算审议方面，改革单一的整体表决方式，有选择地对数额大、对国计民生关联密切或者投入结果不确定的预算进行辩论预算和个案预算方式的试验，允许人大不通过某个部门的预算或某个单项预算，防止预算审批中的"搭便车"现象。

（3）根据我国两会召开的特定时间安排，将预算年度从现行的1月1日至12月31日调整为4月1日至次年的3月31日，解决我国预算未批先行的历史遗留问题，防止一些地方和部门利用既成事实"绑架"预算审批的现象。

（4）修改有关法律，强化对预算违法行为的法律约束力。我国现行《宪法》尚未有涉及预算的内容，《预算法》第七十三条、第七十四条、第七十五条对擅自变更预算、擅自动用国库库款、隐瞒预算收入行为的处罚也仅仅限于追究行政责任，而未提到承担法律责任的问题，这对预算违规、违法者的拘束力十分有限。因此，有必要在《宪法》中对国家预算的基本原则和精神加以规定，在《预算法》中增加对预算违法的法律责任追究的条款，同时，在《刑法》中也要增设预算违法方面的罪种。

三 探索任期预算平衡：约束政绩工程的财政手段

建立任期预算平衡机制，强化对地方各级政府财政责任的约束，有利于形成约束地方政府硬发展、硬扩权和大搞政绩工程的财政体制环境，从而枯竭行政潜规则生长的体制资源。客观上也可以抑制潜规则行为的蔓延。

传统的发展理论总是过于强调发展对解决社会矛盾的基础性作用，但在有限理性和不确定的社会环境下，政府能否推动科学的发展本身也是个不确定的问题。如果我们沿着"有限理性和不确定性—欠科学的发展制度安排—有限科学的发展行为—发展性风险"的学理逻辑，就不

难发现发展其实也内含着严重的风险，更何况是"硬发展"。这就意味着，加大政府投资，做大经济规模并不总是能增进社会福利。实际上，社会对公共服务的刚性需求并不会随社会发展而持续增长。因为社会发展强劲往往与社会群体和个体自身抗风险能力的增强同时出现，如果在此时继续扩大公共服务供给，公共服务支出就不会获得最优的效率回报。我国自改革开放以来的 30 多年间仅有不到 1/6 的年份有财政盈余，其余均为财政赤字年，顺周期的思维已根深蒂固。这种现象也引起了国内学者对单纯的顺周期财政政策的反思。这些反思的基本结论是：由于存在地方间的财税资源竞争和地方官员政治前途竞争，地方政府已成为我国实施逆周期财政政策和控制债务的最大障碍；年度预算平衡模式存在明显的缺陷，起不到控制财政赤字的功能。

根据国内外的相关研究，年度预算平衡模式的缺陷是它基于会计核算目的设立的，而在我国真正推动各级地方政府财政支出运作的是一届政府（尤其是主要党政领导）的发展意图，这种发展意图不会在会计年度终结日结束，而必须延期到政府任期届满。[①] 也就是说，经济周期变化和公民对政府公共服务需求的增加与各地方政府财政年度界限并没有必然的联系。所以，年度预算平衡并不足以消除周期性赤字。如果我们强行在财政年度的节点上实行平衡时，各级地方政府就只好顾及法律和上级政府政令的面子，将"偷来的锣鼓（不合规的负债）"隐藏起来。正因如此，我国现行的法律体系虽然已经对地方政府举债行为进行了严格的约束，比如，《预算法》第三条规定，"各级政府预算应当做到收支平衡"；第二十八条规定，"地方各级预算按照量入为出、收支平衡的原则编制，不列赤字"；《担保法》第八条规定，"国家机关不得为保证人，但经国务院批准为使用外国政府或者国际经济组织贷款进行转贷的除外"，但这些规定都没有得到很好的执行。

跨年度预算平衡模式其基本机理是，在经济周期波动中，实现"以丰补饥"。即在经济景气的"丰年"，政府有更多的增收资源，而社会自我抗拒风险的能力也较强，民众对公共服务的主动性需求会减少，政府具备减少公共服务支出以储备财政的条件，如果政府仍实行顺周期的财政政策将增收的财源投放出去，则会导致公共支出成效下降、公共服

---

① 侯一麟：《预算稳定基金：应对经济衰退的工具》，《国际经济评论》2009 年第 3 期。

务设施超配和重复建设；在经济衰退的"饥年"，政府收入来源收窄，且社会自我抗拒风险的能力会同时显著下降，民众对公共服务的主动性需求强烈，政府必须增加公共服务支出，如果没有丰年的财政储备，政府就只能加大举债的力度，这样，政府的债务就会沿着"丰年小债、饥年大债"的趋势高筑。

　　但是，在实践中要真正踩准经济波动的周期，实行"以丰补饥"的跨年度预算平衡并不容易。因为，经济周期的变化往往是潜在、不确定的，人们难以决断在什么时候少投放财政支出，什么时候多投放财政支出。如果我们不能准确地按照经济周期的波动来平衡预算，那么，按一届政府的任期跨度来实现财政预算平衡也不失为一种合理的财政约束机制。或者说，任期预算平衡模式是跨年度预算平衡模式的一种具体形式。依据我国现行《地方政府组织法》的规定，各级地方政府的任期均为五年，而每一届政府都有自己的发展意图、制定五年发展规划，这样，发展目标、建设周期都比较确定，相应地对财政支出的总量也容易估算。如果以政府的任期为预算平衡的约束时段，平衡周期有五年之久，回旋余地较大，既有利于该届政府自主支配财政资金的投放，保障建设规划和公共服务支出的需求，又有利于确定政府债务的责任主体，可以避免债滚债，以及前任与后任之间在政府债务责任问题上相互推诿扯皮。基于政府任期的预算平衡模式、强化财政绩效评估即对各级政府在任期内实现预算平衡做出刚性规定，预算审批、管理及监督部门要对该届政府进行卸任预算审计，厘清财政积欠，并将审计结果作为该届政府主要官员升职或留任的重要依据。这样，每一届班子的可支配资源就不可能无限制地扩张，也不可能什么钱都敢借、什么债都指望着上级还。

　　此外，还要建立有效约束政府举债成本分担的机制，使各级政府都没有随意举债的空间，当然也就难有随意支用的空间。因为如果举债成本的承担方有主观动力和制度能力反对政府的举债行为，那么，"举债—发展—扩权"之路就将面临合法性的拷问。显然，政府举债的成本是由地方民众分担的。按理说，民众对政府高额举债应有所说辞，乃至反对。然而，实际情况是，民众的反应比较木然。这除了地方民主制度、监督制度和信息公开制度还未真正落实外，民众自身利益最大化的选择和地方政府举债行为的隐蔽性、巧妙性也帮助了地方政府顺利地渡过了高额举债的合法性拷问关。目前，地方政府以直接的财政赤字方式表现的债务都在合理的范围内，而绝大部分债务是以政府兜底、企业化运作的债务平台方式形成的，这在很大程度上屏蔽了民主财政制度对政府债务的监督。而当地方政府以加快发展、改善服务的名义举债时，民众又没有多少动力去控制政府支出的膨胀。因为公债不直接从民众收入中征收，不是即期向民众分摊举债负担，而是滚动式地延后加到民众身上；相反，民众还可以从购买公债中获得稳定的收益，加之，增加政府支出或多或少会增添公共服务和福利，从理性人的行为选择逻辑来说，在增加福利与控制政府支出之间，民众宁愿选择前者。民众正是在这种"温水煮青蛙"式的福利陷阱中忽略了对政府举债的监督①，使政府不用担心民众的反对就能轻易将支出膨胀。因此，"福利陷阱"和"监督缺失"也成了我国地方政府债务在"举债—硬发展—硬扩权"的逻辑循环中恶性膨胀的助推器。

第六节　探索和建构反腐败的公民感知评价机制

一　公民感知评价对腐败的预警意义

已有研究表明，腐败的很多危害性都是在公众感知后才产生或延伸出来的，不被公众感知的腐败其直接的社会危害性较小。从政治意义上说，一旦腐败行为暴露或被感知，其危害性才会真正出来，腐败感知的程度越高危害程度就越大。按照戴维·伊斯顿的合法性三个层次分析，最低层级是当局层次，即公众理所应当会质疑所在地政府的有效性与治理能力，公众也有要求惩治腐败分子的心理，比如对政府提出"腐败零容忍"；再往上就是典则层次，即公众会对制度与政策的合理性与价值偏向产生不信任，进而有被抛弃与剥夺的感受，公众将会有要求变革制度、完善权力监督的诉求；最高层级就是共同体层次了，即公众已经

---

① 传统模式下，我国地方政府债务用于改善社会福利的份额极为有限。"审计署在近期公布的审计结果中指出，审计调查地区的政府性债务有 96% 用于交通运输、市政建设等项目"，可以说，政府举债改善社会福利是一种陷阱。陈昆才、史进峰、田林、顾佩：《"解包"浮现问题贷款　政府平台债务善后两难》，《21 世纪经济报道》2010 年 6 月 25 日。

因为自己感知的腐败对政府不满，公众可能选择的方式就是逃离或革命，认同危机非常明显。基于以上的认识，开展公民对政府清廉度的感知评价主要有以下三重意义：

（一）在学理上深化对反腐败的公众感知研究

已有的文献表明，关于政府廉洁反腐败研究，定性与定量的都相当广泛，不论是对腐败的特征的研究、对腐败的危害性的研究、多视角对腐败成因的研究、关于腐败测度研究，还是从以政府与市场关系为抓手和以政治与行政体制改革为焦点的反腐败的策略研究，得出的学术成果和结论对指导廉洁政府的打造与反腐败工作都有一定的推动，但是传统的研究已然形成了一种固定范式即"现象—危害—成因—测度—策略"的研究路径，但是腐败一直处于高发态势。学理意义的研究亟待探索新的范式，通过政府廉洁反腐败公众感知研究是一种新的范式，也是一种学理的新尝试，更可以看成是腐败研究的深化。

通过从公众感知的腐败测度，有利于找准反腐败的方向、重点和方式与路径，使政府的反腐败工作与公众的感知的需要高度结合，使政府的反腐败工作真正成为公众所需要的反腐败工作，这与传统的以研究政府自主的反腐败工作相比，应该有创新意义。

（二）使反腐败的公众感知研究对政府廉政建设起到评估和策励作用

政府廉洁反腐败公众感知研究的实践价值就在于对政府廉洁反腐败的行动和成效提供一种第三方测评和鼓励。学术研究的目的不是简单地为了学术而学术，研究的生命是应该服务于社会生活。政府廉洁反腐败公众感知研究可以成为服务型政府、廉洁政府和法治政府建设的陀螺仪。

建设服务型政府、廉洁政府和法治政府是一项巨大、复杂的系统工程。服务型政府、廉洁政府和法治政府建设能否落到实处，关键看公众满意不满意。政府廉洁反腐败公众感知可以发现地方政府在廉政建设制度建设、制度执行、反腐成效以及是否让民众得实惠，是否让社会经济发展环境真正得到改善等方面存在的问题。这些问题本身有的就是腐败问题，有的则为酝酿孵化腐败提供温床。从公众感知评价中，既可以看到我们长期以来积极推进廉政建设的伟大成就，也可以发现其中存在的一些问题，找出反腐败工作的新重点和方向，更重要的是，通过公众感知评价的方式，听取公众对反腐败工作的意见和建议是吸收公众参与反腐败的一种好形式。

（三）探索中国本土的政府清廉评价体系和方法

中国政府的清廉度到底怎样不能总是用某些国际组织一家之言来衡量。中国特殊的国情、传统的文化资源及其文化心理使得中国的反腐败状况如何难以用西方的廉政话语解释范式和语义说清楚，而必须用中国民众自己看得懂、理解得清、体会得到的语言和指标来表述，尤其是必须真正通过中国公众自己说出来。

二 政府清廉度的公民感知评价指标体系探索

（一）指标选取的要求

政府廉洁反腐败的公众感知指标体系要根据政府廉政建设、反腐败的性质和要求，揭示地方政府的公共服务价值，按照公众价值观来判断地方政府、社会的廉政程度。因此，政府廉政反腐败的公众感知指标体系要能反映公众对反腐倡廉制度体系的感知，要能反映公众对廉政建设、反腐败目标的感知，要能反映廉政建设、反腐败制度措施所设定的目标实现程度感知，要能反映公众对各项制度措施的实际效果是否与预定目标相符合感知，要能反映公众对廉政教育和廉政文化建设的效果感知，要能反映全社会是否形成了浓厚的廉政文化氛围感知，要能反映公众对廉政建设、反腐败体系的知晓度、支持度和参与度。

政府廉洁反腐败的公众感知指标体系要以一定的价值观为指导，这种价值观应反映政府活动是为公民利益服务为核心价值的、以全面依法行政为手段的管理行为。政府廉洁反腐败的公众感知指标体系应该以评价主体的思想和评价对象的行为活动为依据、以进行效果判断为结果的，来揭示地方政府的廉政建设、反腐败工作的效果。政府廉洁反腐败的公众感知指标体系是以促进地方政府廉洁行政反腐败工作为目的来提高地方社会的廉洁文化氛围。

（二）指标选取与设计的原则

政府廉洁反腐败的公众感知指标体系选取包括以下四个原则：（1）完整性原则。评价指标应尽可能全面地反映地方政府廉洁行政各方面的因素，指标体系实施后，对地方政府廉政建设工作要能起着重要的导向作用，要使这一指标体系成为地方政府廉政建设、反腐败工作的操作标准，实现促进地方政府廉洁高效的目的。（2）重要性原则。各项指标要能体现县级政府清廉反腐败工作重点、重心。只有选择突出重点内容的量化指标，才能准确、完整地反映地方政府反腐败、廉政建设的工作内容。（3）系统性原则。系统性原则是指廉洁、反腐败的公众感知指标之间的融会贯通性和相互印证性。系统性原则还要求同层次指标之间尽可能的界限分明，不同层次的指标要为共同测量矢量服务。（4）可操作性原则。评价指标均应尽量选择量化指标，并可用于指标与指标之间的两两比较。

政府廉洁反腐败的公众感知指标问题设计时，要做到：第一，主题明确，层次分明。围绕所需要的主要问题来确定问卷的结构，重点突出层次清晰。第二，题量适中，题意清晰。没有过细过多的问题，不至于让被调查者无从回答，不想回答。所有问题都用民众能清楚理解的语言表达，而且都与基层廉政领域的现实问题紧密相关。第三，内在逻辑连贯，问卷问题的设计都与基层党政干部易腐环节关联，而且前后顺序符合被访问者的思维习惯。第四，收集处理方便，问卷采集的数据要方便计算机录入、数据处理等。

（三）指标选取的依据

政府廉洁反腐败的公众感知指标选取的依据是反腐败、廉政建设的阶段划分。我们把反腐败、廉政建设大体划分为事前、事中和事后三个阶段，这三个阶段分别为防反规制、廉政行为和廉政氛围。每个阶段又包括了若干个方面，即防腐制度感知、防腐程序感知、反腐败保障感知、业务不正感知、作风腐化感知、行为腐败感知、腐败文化感知和防反成果感知，这几个方面共同构成一个既有区别又有联系的有机系统。

设计指标时通常可以分层进行，第一级是综合指标层，根据党中央"八项规定"的要求，按照事前、事中和事后三个阶段的八个方面进行设计；对二级指标的具体内容进行较详尽的细化，构成了第二级指标层，即问项层。采用逐级细化的指标体系，这样的层级指标主要有如下优点：（1）层级设计可以保证指标体系较全面且直观，系统性强；（2）同层次各指标之间独立性强，不同层次指标之间区分度明显；（3）各项指标所涉及的内容都是公众在接受或观察政府服务行为中能够直接接触和感受到的，较好地保证了调查结果的有效性和可靠性。

因为，通过直接询问或观察的方法来了解公众对反腐败、廉政建设的态度是很困难的，而通过量化处理，有利于将隐讳的问题表达出来。可以采用让公众对反腐败、廉政建设中的陈述进行评价，比如，观察"四风"问题的公众感知程度，便可要求公众对"我所在地方政府官员常出入娱乐会所"这一陈述进行评价，这是态度测量技术所运用的基本工具，选项设计时可以采用李克特5点量表，这种量表比较容易设计和处理，公众也比较容易理解，采用5级顺序量表，即为很不同意、不同意、很难说、同意、非常同意，相应赋值为1、2、3、4和5。

为探索建立有中国特色的政府清廉公民感知评价体系，以中央"八项规定"为基准，可以把八个一级指标分别定义为制度完备感知、程序公正感知、结果公平感知、业务规范感知、作风正派感知、行为正义感知、文化清明感知和成效显著感知。40个二级指标分别用来测评八个一级指标。我们在2014—2016年间开展的《浙江省县（市、区）政府廉洁反腐败的公民感知评价》实验，采用了8个一级指标和40个二级指标的体系（见表6-1）。

表 6 - 1 　　　　政府廉洁反腐败的公众感知各层次指标

目标层	一级指标	二级指标	编号
政府廉洁反腐败的公众感知	制度完备（A）	我所在地方的主要领导对反腐败重视不够	A1
		我所在地方具有严格的反腐败规章制度	A2
		我所在地方严格执行反腐败法规、制度	A3
		我的媒体经常宣传反腐败措施、方法	A4
		举报我所在地方的官员腐败行为简单、便捷	A5
	程序公正（B）	我可以随时通过网络查询所在政府信息	B1
		我所在地方重大项目招投标公开、公平	B2
		我所在地方政府并没有具体的权力清单	B3
		我所在地方审计部门在审计时只注重形式	B4
		我所在地方的财务信息根本不公开	B5
	结果公平（C）	我官员腐败行为查实就被司法部门立案	C1
		我所在地方的官员腐败处罚相对较轻	C2
		我所在地方的媒体经常报道腐败案件	C3
		我所在地方的举报行为不会受到任何报复	C4
		我所在地方的官员一被举报就会受到调查	C5

续表

目标层	一级指标	二级指标	编号
政府廉洁反腐败的公众感知	业务规范（D）	我所在地方的官员没有公车私用现象	D1
		上级给我所在地方的各种补助总是被克扣	D2
		在我所在地方办理证照常受到故意刁难	D3
		我所在地方的企业经常遇到不公正的对待	D4
		我所在地方官员参与企业股份现象严重	D5
	作风正派（E）	我所在地方的政府大楼过于豪华	E1
		我所在地方的官员大吃大喝现象严重	E2
		我所在地方的官员总是外出游山玩水	E3
		我所在地方政府官员常出入娱乐会所	E4
		我所在地方的官员大多都会有婚外情	E5
	行为正义（F）	我所在地方官员经常参与赌博	F1
		我所在地方官员常有强行占用他人财物现象	F2
		我所在地方官员子女上学都会走后门	F3
		我所在地方官员利用婚丧嫁娶接受礼金	F4
		我所在地方官员家属不上班也在领政府工资	F5
	文化清明（G）	我所在地方几乎不存在权钱交易现象	G1
		我所在地方的官员人情关系网络非常复杂	G2
		我所在地方不存在官官相护的现象	G3
		我所在地方的政府官员大多都是有背景的	G4
		当官的为自己的亲戚谋取利益是很正常的	G5
	成效显著（H）	我所在地方买官卖官现象非常严重	H1
		我所在地方反腐败工作力度很强	H2
		我所在地方的官员腐败程度还是可以接受的	H3
		我所在地方的官员生活水平普遍高于群众	H4
		我所在地方政府官员正直、清正、廉洁	H5

（四）公众感知综合分值计算模型

（1）对样本数据进行无量纲化。采用改进的功效系数法对样本数据进行无量纲化，具体表达式为：

$$k_{ij} = \frac{x_{ij} - x_{(s)}}{x_{(h)} - x_{(s)}} \times 40 + 60$$

其中，k_{ij} 为具体的指标得分，x_{ij} 为指标的实际值，$x_{(s)}$ 为指标实际的最小值，$x_{(h)}$ 实际指标的最大值。

（2）计算政府廉洁反腐败的公众感知的各二级指标值。我们通过每个具体的二级指标值和因子载荷矩阵的荷载，然后，除以特征根的平方根，得到各一级指标值，具体的计算表达式为：

$$F_j = \frac{\sum k_{ij} \times l_{ij}}{\sqrt{e}}$$

其中，F_j 为一级指标得分，k_{ij} 为二级指标的均值，l_{ij} 为二级指标的因子载荷矩阵的荷载，$\sqrt{e}$ 为所得因子特征根的平方根。

例如，程序公正 F_{B1} =（B1 可以随时通过网络查询 × 0.594 + B2 重大项目招投标公开 × 0.590 + B3 政府并没有具体的权力清单 × 0.394 + B4 审计部门在审计时只注重形式 × 0.637 + B5 财务信息根本不公开 × 0.700）/$\sqrt{1.753}$。

程序公正 F_{B2} =（B1 可以随时通过网络查询 × (- 0.508) + B2 重大项目招投标公开 × (- 0.521) + B3 政府并没有具体的权力清单 × 0.666 + B4 审计部门在审计时只注重形式 × 0.318 + B5 财务信息根本不公开 × 0.205）/$\sqrt{1.117}$。

（3）政府廉洁反腐败的公众感知的综合评价得分。我们通过因子分析得到特征值的贡献率作为加权系数求得各指标的综合得分，具体表达式为：

$$K_j = \sum F_j \times W_j$$

其中，K_j 为政府廉洁反腐败的综合评价得分，F_j 为一级指标得分，W_j 为因子分析得到特征值的贡献率。

例如，程序公正综合得分为：K_j = 程序公正 F_{B1} × 0.35051 + 程序公正 F_{B2} × 0.22336。

政府廉洁反腐败的公众感知的综合得分：$K = F_1$ × 0.38520 + F_2 × 0.18273。

三 公民感知评价对建设防控腐败预警机制的启示

任何制度、组织和行为的合法性都是由两大结构组成的，一是绩效性的合法性，二是建构性的合法性。因为合法性是一种被公众认同的过程和结果。政府廉政建设的被认可度也是如此。要有较高的公众感知度，必须要有切实的廉政制度建设、具体反腐败行为和实际成效，这是关键和基础，但仅仅这样还不够，还需要使之被公众切实感知。

第一，善用新媒体、做好反腐败的精准宣传，让反腐败工作和成效切实被民众所感知。当前，不少县（市、区）的反腐败宣传还主要依赖传统媒体、还主要运用中规中矩的方式，结果民众不经常看、不喜欢看，一定程度上导致了反腐败工作有宣传、少感知的局面。在新媒体时代，要提高反腐败工作的宣传效度，自然也离不开发挥新媒体的力量。特别是利用政府微博、微信等平台通过图文、音视频等形象化的形式介绍民众在与政府打交道和接受政府公共服务过程中，与以往相比有哪些程序上的改进，政府采取了哪些防止走后门、拉关系的举措，查处了哪些典型案例。只有通过那种点对点的、有比较的精准宣传，才能让民众实时感知到现在与过去的不同，触摸到政府朝着廉政方向迈进的动感。

第二，开展精准反腐败，重视查处民众身边干部的腐败和密切关乎公众利益的公务环节腐败。一般公众对政府的印象总是从与他们打交道最多的干部的形象中形成的。有人曾形象地说，大多数民众只知道两个书记，一个是总书记（省、市、县委书记），另一个就是支部书记。他们对党和政府形象的认知途径，总是从高层获取方向性的，从身边形成现实性的。民众身边的干部如果不清正、廉洁，直接损毁着整个政府的形象。因为，在不少民众的可视触范围，支部书记、办事员就是政府。由于我国廉政制度的许多规定重点针对党员领导干部、班子成员，尤其是处级以上的领导干部，一些地方便放松了对广大的非党员、非领导或低级别公职人员的监管和廉政警示，在反腐败重心的把握上存在抓"县官"放"现管"的现象。但事实上，许多非党员、非领导或低级别公职人员是有机会接触大额公共资金和公共财物的。这种反腐败方式，容易使小官的贪腐行为演变为大案。最终，"现管"毁了"县官"乃至整个政府的形象。

一般公众对政府的印象也总是从他们经常要找政府办的事情中形成的。民众身边的办事程序是否公平、公正最容易影响他们对地方政府清廉度的认知。所以，各级地方政府的廉政建设要注意从基层抓起，从基本公共服务供给和便民办事流程做起，从民众反映的"七难八难"改起。只有当政府的廉政建设在一步一步地改变着民众办事难的问题，在一点一滴地改善着民众的工作和生活环境，民众才能从内心体认到反腐败工作的成效。

第三，主动开展廉政建设公众测评，发布相关报告，积极引导社会舆论正确认知政府廉政建设的真实状况。习近平总书记曾说："小康不小康，关键看老乡。"政府的清廉状况如何，也应该接受民众的评价。有评价总比没评价好，与其让国内外媒体捕风捉影地瞎评价，还不如开诚布公接受民众评价。从本次评价过程和结果看，绝大部分民众很热心、也较认真，评估结果也不像国际组织说的那样糟糕。因为，民众最清楚什么样的领域、环节、部门和干部容易腐败。接受民众对政府廉政建设的评价，表明政府是真心实心反腐，也只有这样，才能将政府自主的反腐败与民众需要的反腐败有机结合起来，使党和政府的廉政建设扎根于民众心中。

第四，积极组织有关力量开展政、学、研合作，研究建立我国自主的政府廉政评价指标体系和方法，主动在政府廉政公众评价领域发声，还原我国政府廉政建设的真实状况，回击国际评价组织对我国政府形象的恶意损毁，为保障我国廉政建设的政治安全做出贡献。

参考文献

一　中文著作（按音序排列）

1. 卜宪群：《中国历史上的腐败与反腐败》，鹭江出版社 2014 年版。

2. 丛树海：《财政扩张风险与控制》，商务印书馆 2005 年版。

3. 陈家喜：《改革时期中国民营企业家的政治影响》，重庆出版社 2007 年版。

4. 段龙飞、任建明：《香港反腐败制度体系研究》，中国方正出版社 2010 年版。

5. 邓杰、胡庭松：《反腐败的逻辑与制度》，北京大学出版社 2015 年版。

6. 冯兴元：《地方政府竞争：理论范式、分析框架与实证研究》，译林出版社 2010 年版。

7. 高培勇：《全口径预算管理制度》，中国财政经济出版社 2009 年版。

8. 高培勇：《中国财税体制改革 30 年——奔向公共化的中国财税改革》，经济管理出版社 2008 年版。

9. 郭剑鸣、裴志军：《浙江省县（市、区）政府廉洁反腐败的公民感知评价报告（2015）》，红旗出版社 2016 年版。

10. 过勇：《经济转轨、制度与腐败》，社会科学文献出版社 2007 年版。

11. 何增科：《政治之癌发展中国家腐化问题研究》，中央编译出版社 2008 年版。

12. 何显明：《市场化进程中的地方政府行为逻辑》，人民出版社 2008 年版。

13. 洪振快：《亚财政：非正式财政与中国历史弈局》，新星出版社 2008 年版。

14. 贾康、赵厚全：《中国财税体制改革 30 年回顾与展望》，人民出版社 2008 年版。

15. 蒋洪：《2009 中国财政透明度报告——省级财政信息公开状况评估》，上海财经大学出版社 2009 年版。

16. 兰小欢：《腐败与反腐败的经济学》，北京大学出版社 2016 年版。

17. （明）李伯元：《官场现形记》，上海古籍出版社 2005 年版。

18. 李成言：《廉政工程：制度政策与技术》，北京大学出版社 2006 年版。

19. 李成言：《中国行政成本控制机制研究：基于预算改革的视角》，经济科学出版社 2011 年版。

20. 李浩铭：《办公室潜规则》，新华出版社 2010 年版。

21. 李辉：《当代中国反腐败制度研究》，上海人民出版社 2013 年版。

22. 李军晓：《筚路蓝缕，先行一步——广东改革开放初期历史研究》，广东人民出版社 2008 年版。

23. 李秋芳、孙壮志：《反腐败体制机制国际比较研究》，中国社会科学出版社 2015 年版。

24. 李秋芳、杨海蛟编：《反腐败思考与对策》，中国方正出版社 2005 年版。

25. 李治安：《中国五千年中央与地方关系》，人民出版社 2010 年版。

26. 林尚立：《国内政府间关系》，浙江人民出版社 1998 年版。

27. 林尚立：《制度创新与国家成长：中国的探索》，天津人民出版社 2005 年版。

28. 刘建雄：《财政分权、政府竞争与政府治理》，人民出版社 2009 年版。

29. 刘亚平：《当代中国地方政府间竞争》，社会科学文献出版社 2007 年版。

30. 刘志彪、郑江淮：《冲突与和谐：长三角经济发展经验》，中国人民大学出版社 2010 年版。

31. 金太军：《行政腐败解读与治理》，广东人民出版社 2003 年版。

32. 金太军、赵晖：《中央与地方政府关系构建与协调》，广东人民出版社 2005 年版。

33. 金太军：《政治文明建设与权力监督机制研究》，人民出版社 2010 年版。

34. 康蚂：《底层潜规则》，武汉出版社 2010 年版。

35. 马骏：《中国公共预算改革：理性化与民主化》，中央编译出版社 2005 年版。

36. 马骏、侯一麟、林尚立主编：《国家治理与公共预算》，中国财政经济出版社 2007 年版。

37. 倪新：《腐败与反腐败的经济学研究》，中国社会科学出版社 2004 年版。

38. 秦晓：《市场化进程：政府与企业》，社会科学文献出版社 2010 年版。

39. 任建明：《反腐败制度与创新》，中国方正出版社 2012 年版。

40. 任建明：《中国新时期反腐败历程》，党建读物出版社 2014 年版。

41. 容志、沈荣华：《土地调控中的中央与地方博弈：政策变迁的政治经济学分析》，中国社会科学出版社 2010 年版。

42. 商红日、张惠康：《反腐败与中国廉洁政治建设研究报告（1）》，北京大学出版社 2016 年版。

43. 沈荣华、钟伟军：《中国地方政府体制创新路径研究》，中国社会科学出版社 2010 年版。

44. 孙立平：《博弈——断裂社会的利益冲突与和谐》，社会科学文献出版社 2006 年版。

45. 王爱琦、王寿林：《权力制约和监督专题研究》，中共中央党校出版社 2007 年版。

46. 王焕祥：《中国地方政府创新与竞争的行为、制度及其演化研究》，光明日报出版社 2009 年版。

47. 王俊豪等：《中国城市公用事业民营化绩效评价与管制政策研究》，中国社会科学出版社 2013 年版。

48. 汪涛：《竞争的演进：从对抗的竞争到合作的竞争》，武汉大学出版社 2002 年版。

49. 王秀芝：《部门预算制度研究》，经济科学出版社 2007 年版。

50. 王雍君：《政府施政与预算改革》，经济科学出版社 2006 年版。

51. 吴思：《除蔽的秩序——拆解历史弈局》，海南出版社 2004 年版。

52. 吴思：《潜规则：中国历史中的真实游戏》（修订版），复旦大学出版社 2011 年版。

53. 吴思：《血酬定律：中国历史中的生存游戏》，语文出版社 2009

年版。

54. 吴思、李晨：《转折：亲历中国改革开放》，新华出版社 2009 年版。

55. 巫永平、吴德荣：《寻租与中国产业发展》，商务印书馆 2010 年版。

56. 谢春涛：《中国共产党如何反腐败》，新世界出版社 2016 年版。

57. 谢庆奎、杨宏山：《府际关系的理论与实践》，天津教育出版社 2007 年版。

58. 许亚萍、王再文：《企业公民理论与实践研究》，知识产权出版社 2010 年版。

59. 许宗力：《法与国家权力》，（台北）月旦出版公司 1994 年版。

60. 薛立强：《授权体制：改革时期政府间纵向关系研究》，天津人民出版社 2010 年版。

61. 杨国枢：《中国人的心理与行为：本土化研究》，中国人民大学出版社 2004 年版。

62. 杨虎涛：《政府竞争对制度变迁的影响机理研究》，中国财政经济出版社 2006 年版。

63. 杨其静：《市场、政府与企业：对中国发展模式的思考》，中国人民大学出版社 2010 年版。

64. 杨雪冬、赖海荣：《地方的复兴：地方治理改革 30 年》，社会科学文献出版社 2009 年版。

65. 姚洋：《作为制度创新过程的经济改革》，上海人民出版社 2008 年版。

66. 余晖：《谁来管制管制者》，广东经济出版社 2004 年版。

67. 郁建兴：《政府与企业：以温州商会为研究对象》，浙江人民出版社 2006 年版。

68. 张宏杰：《顽疾——中国历史上的腐败与反腐败》，人民出版社 2016 年版。

69. 张建明：《制度反腐：浙江反腐败实践与对策研究》，浙江人民出版社 2012 年版。

70. 张紧跟：《当代中国政府间关系导论》，社会科学文献出版社 2009 年版。

71. 张军等：《中国企业的转型道路》，上海人民出版社 2008 年版。

72. 张军、周黎安：《为增长而竞争——中国增长的政治经济学》，上海人民出版社 2008 年版。

73. 张可云：《区域大战与区域经济关系》，民主与建设出版社 2005 年版。

74. 张劲松：《政府关系》，广东人民出版社 2008 年版。

75. 张云鹏：《反腐败经济学》，社会科学文献出版社 2009 年版。

76. 郑永年：《中国模式经验与困局》，浙江人民出版社 2010 年版。

77. 郑育家：《企业性质、政府行为与真实控制权安排》，上海交通大学出版社 2010 年版。

78. 周黎安：《转型中的地方政府：官员激励与治理》，上海人民出版社 2008 年版。

79. 周益阳：《反腐败研究》第 12 集，浙江大学出版社 2013 年版。

80. 周振超：《当代中国政府"条块关系"研究》，天津人民出版社 2008 年版。

81. 朱春奎、侯一麟、马俊：《公共财政与政府改革》，上海人民出版社 2008 年版。

82. 朱光磊等：《当代中国社会各阶层分析》（修订版），天津人民出版社 2007 年版。

83. 朱光磊：《当代中国政府过程》，天津人民出版社 2008 年版。

84. 朱光华、陈国富：《政府与企业——中国转型期政企关系格局演化》，中国财政经济出版社 2005 年版。

85. ［美］爱德华·L. 格莱泽、克劳迪娅·格尔丁主编：《腐败与改革：美国历史上的经验教训》，胡家勇、王兆斌译，商务印书馆 2012 年版。

86. ［美］阿奇·B. 卡罗尔、安·K. 巴克霍尔茨：《企业与社会——伦理与利益相关者管理》，黄煜平、李春玲等译，机械工业出版社 2004 年版。

87. ［美］埃莉诺·奥斯特罗姆：《公共事务的治理之道》，余逊达、陈旭东译，上海三联书店 2000 年版。

88. ［英］安德鲁·海伍德：《政治学核心概念》，吴勇译，天津人民出版社 2008 年版。

89. ［英］安东尼·吉登斯：《超越左与右——激进政治的未来》，李惠斌、杨雪冬译，社会科学文献出版社 2000 年版。

90. ［美］彼得·M. 布劳：《社会生活中的交换和权力》，孙非等译，华夏出版社 1988 年版。

91. ［美］比尔·麦基本：《幸福经济：从"更多"到"更好"》，林丽冠译，海南出版社 2010 年版。

92. ［美］布坎南、瓦格纳：《赤字中的民主》，刘廷安、罗光译，北京经济学院出版社 1988 年版。

93. ［美］布坎南、康格尔顿：《原则政治，而非利益政治：通向非歧视民主》，张定淮、何治平译，社会科学文献出版社 2008 年版。

94. ［美］盖伊·彼得斯：《税收政治学：一种比较的视角》，郭为桂、黄宁莺译，凤凰出版传媒集团 2008 年版。

95. ［美］哈特：《企业、合同与财务结构》，费方域译，上海三联书店 1998 年版。

96. ［美］理查德·雷恩：《政府与企业——比较视角下的美国政治经济体制》，何俊志译，复旦大学出版社 2007 年版。

97. ［新西兰］克里斯·肖尔、［美］迪特尔·哈勒：《腐败：人性与文化》，诸葛雯译，江西人民出版社 2015 年版。

98. ［美］乔纳森·卡恩：《预算民主：美国的国家建设和公民权》，叶娟丽等译，上海人民出版社 2008 年版。

99. ［美］T. 格雷姆、J. 巴拉：《官僚机构与民主——责任与绩效》，俞沂暄译，复旦大学出版社 2007 年版。

100. ［德］于尔根·哈贝马斯：《公共领域的结构转型》，曹卫东译，学林出版社 1999 年版。

二　英文文献

1. Breton, A. , *Competitive Governments：An Economic Theory of Politics and Public Finance*, Cambridge：Cambridge University Press, 1998.

2. Henderson, W. O. , *The Natural System of Political Economy* 1837, To-towa, N. J. : Frank Cass, 1983.

3. Musgrave, R. A. and P. B. Musgrave, *Public Finance in Theory and Practice*, New York：McGraw – Hill, 1984.

4. Musgrave, R. A. , *The Theory of Public Finance：A Study in Public Economy*, New York：McGraw – Hill, 1959.

5. North, D. C. , *Institutions, Institutional Change and Economic Performance*,

Cambridge: Cambridge University Press, 1990.

6. Olson, M. , *The Logic of Collective Action. Public Goods and the Theory of Groups*, Cambridge, Mass. : Havard University Press, 1965.

7. Rubin, I. S. , *The Politics of Public Budgeting: Getting and Speeding, Borrowing and Balancing* (4th), New York: Chatham House Publishers of Seen Bridges Press, 2000.

8. Getz, Kathleen A. Research in Corporate Political Action—Integration and Assessment, *Business & Society*, 1997, 36 (1) .

9. Holmstrom, B. , On the Theory of Delegation. In Boyer, M. and Kiehlstrom, R. (eds.), *Bayesian Models in Economic Theory*, New York: North – Hollan, 1984.

10. Weidenbaum, M. L. , Public policy: No longer a spectator sport for business, *Journal of Business Strategy*, 1980, 3 (4) .

11. Bowen, H. R. , *Social Responsibilities of the Businessman*, New York: Harper & Row, 1953.

12. Charles E. Lindblom, *Politics and Markets*, New York: Basic Books, 1977.

13. Carroll, A. B. , The pyramid of social responsibility: Toward the moral management of organizational stockholders, Business Horizons, 1991, 7 – 8.

14. Carroll, A. B. , The four faces of corporate citizenship, *Business and Society Review*, 1998, 100.

15. Hillman, A. J. and Hitt, M. , Corporate political strategy formulation: A model of approach, participation and strategy decisions, *Academy of Management Review*, 1999, 24.

16. Waddock, S. , The multiple bottom lines of corporate citizenship: Social investing, reputation, and responsibility audits, *Business and Society Review*, 2000, 105.

17. Waddock, S. , Parallel universes: Companies, academics, and the progress of corporate citizenship, *Business and Society Review*, 2004, 109.

后 记

　　本书是我承担的国家哲学社会科学规划重点项目"完善我国反腐败的系统机制研究"（13AZZ007）的结题成果。在完成课题过程中，我将一些研究结论写出建议报告，提交给省级以上有关部门，等到了肯定性批示并被不少基层政府采纳，课题被批准"免予鉴定"结项，这令我颇为欣慰！

　　关于腐败的研究成果可以说是"汗牛充栋"。特别是党的十八大后，各界对腐败和反腐败问题的关注更为深入和全面。正如习近平总书记在十八届中央纪委七次全会上指出的，"我国反腐败斗争压倒性态势已经形成"。这是对反腐败斗争形势的重大判断，也是对四年多来全面从严治党成效的充分肯定。在这样的形势下，从什么角度去"深耕"反腐败研究，才能对国家发展与治理有所意义？令我百思难定。

　　在课题研究过程中，我尝试从理论梳理和案例挖掘两条路径寻找答案。通过大量腐败案例分析和实地调查，有一个问题不断地在我脑海闪现——为什么在长期的追赶式发展中会有诸如"集体腐败""腐败窝案"和"前腐后继"式腐败现象发生？这显然不能仅仅从个人因素层面获得完整的解释。这其中应该有传统发展模式和官员治理方式上存在的问题。在我们取得反腐败积极成果之时，更需要反思既往腐败多发的根源，防止类似腐败现象的阶段性反复。因此，我将课题研究方向确定为"传统政府治理与监管模式下的公务腐败"，重点从体制上探讨既往腐败发生的"动力—压力—能力"问题。

　　本书主要研究传统的"追赶发展模式—强激励的官员治理模式—软监管模式"下，到底有哪些相关的体制机制对腐败的滋生产生了重要的影响？研究发现：（1）相机授权体制的弊端催生了纵向政府间的非规范交换支持现象；（2）硬政绩激励机制的弊端加剧了横向政府间的潜规则竞争；（3）各种潜规则的权力、资源和非物质交换支持助长了政企、政事间的非规范交往；（4）软预算约束的弊端为各种非规范交往活动提供了物质条件。由此，形成了关于行政交换及公务腐败滋长的制度寻租生态链分析框架。

从理论与实证结合的视角，本书提出防控腐败需要推进以下制度的现代化：（1）权力管理制度现代化，以公开、公平和透明的制度管理好党权、军权、立法权、行政和司法权，堵塞违纪违规公关的空间；（2）考评制度现代化，以政府政绩多元化评价机制改革硬政绩激励机制，缓解地方政府、企事业单位硬发展的动力和压力；（3）财政与预算制度现代化，以任期预算平衡机制改革软预算约束，消解相关方违纪违规公关的物质条件；（4）政企、政事关系机制现代化，以公开、轮换的行政联系机制防控政府官员私自与下级政府和企事业单位的违规违纪关联；（5）积极探索和推进公务员薪酬制度的现代化，逐步建立起公务员的奉献、责任履行与报酬相匹配的工薪制度；（6）构筑常态化的预警机制，包括党政系统内部的各种巡视、考核、审计、监察和述职等机制，特别是公民对政府廉政状况的常态化的感知评估机制。由此，形成一条防控腐败蔓延的新制度生态链。

本书的基本结论是，传统发展模式—政府治理方式—官员监管体制机制相比于个人因素，更有制度化地催生腐败的能力。在党的十八大深入开展反腐败斗争的背景下，一些官员明目张胆的贪贿谋私行为也许会收敛些，但如果不从制度层面消解这些行为的"动力—压力—能力"，腐败可能会以更隐蔽的方式来实现。因此，转变发展方式、促进政府治理体系与能力现代化是实现防控公务腐败的关键，运用整体性治理思维来设计、建构和执行防控公务腐败的系统机制势所必然。要长效防控公务腐败，不能简单就腐败治腐败，而必先转变发展模式和治理方式，使那些催生腐败的体制机制难以在"新常态"下附着。只有当我们在追求更全面目标的发展模式和现代治理方式下建立起与之相适应的政府权力配置机制、政企政事关系机制、预算约束机制、政府内部考核与激励机制和公民对反腐败的感知评价五位一体的反腐机制，腐败生存的制度空间才能得到最大限度的抑制。

需要指出的是，为了客观地剖析传统模式下官员腐败发生的机理、机制，书中主要使用2012年以前的案例和数据，有些腐败案例虽然在2012年以后发现，但案由主要发生在此之前。系统解释传统体制下的腐败滋因，只为不覆旧辙。

本书的出版得到了浙江省政府管制与公共政策研究中心和浙江省城市公用事业政府监管协同创新中心的资助和王俊豪教授的指导。裴志军教授、操世元副教授、潘迎春副教授、廖丹子副教授、冯涛副教授等参与了课题的调研。

中国社会科学出版社卢小生编审为本书的出版给予了大力支持，在此一并表示感谢！

郭剑鸣

2017 年 3 月 18 日